IMPERIALISMO, ESTADO E RELAÇÕES INTERNACIONAIS

LUIZ FELIPE OSÓRIO

IMPERIALISMO, ESTADO E RELAÇÕES INTERNACIONAIS

EDITORA
IDEIAS &
LETRAS

Direção Editorial:
Marlos Aurélio

Conselho Editorial:
Fábio E. R. Silva
Márcio Fabri dos Anjos
Mauro Vilela

Coordenador da Série:
Alysson Leandro Mascaro

Copidesque e Revisão:
Luiz Filipe Armani
Pedro Paulo Rolim Assunção

Diagramação e Capa:
Tatiana Alleoni Crivellari

Ilustração da Capa:
Globo e luta
Gravura de Alysson Leandro Mascaro

Série Direito & Crítica

Todos os direitos em língua portuguesa, para o Brasil, reservados à Editora Ideias & Letras, 2020.

2ª reimpressão

EDITORA
**IDEIAS&
LETRAS**

Rua Barão de Itapetininga, 274
República - São Paulo /SP
Cep: 01042-000 – (11) 3862-4831
Televendas: 0800 777 6004
vendas@ideiaseletras.com.br
www.ideiaseletras.com.br

**Dados Internacionais de Catalogação na Publicação (CIP)
(Câmara Brasileira do Livro, SP, Brasil)**

Imperialismo, Estado e Relações Internacionais/Luiz Felipe Osório
São Paulo: Ideias & Letras, 2018.
Bibliografia.
ISBN 978-85-5580-039-9
1. Capitalismo 2. Direito e economia política 3. Direito internacional
4. Filosofia política 5. Imperialismo 6. O Estado 7. Relações
internacionais I. Mascaro, Alysson Leandro.
II. Título. III. Série.

18-12959　　　　　　　　　　　　　　　　　　　　　　　　CDU-34:339

Índice para catálogo sistemático:
1. Imperialismo, Estado e Relações Internacionais:
Economia política e Direito　34:339

SUMÁRIO

PREFÁCIO	7
APRESENTAÇÃO	13
INTRODUÇÃO	17

1. O DEBATE PIONEIRO — **41**
1.1. Contexto histórico — 42
1.2. Contexto teórico — 44
1.3. Rudolf Hilferding e o capital financeiro — 50
1.4. Rosa Luxemburgo e o subconsumo — 54
1.5. Karl Kautsky e o ultraimperialismo — 58
1.6. Nikolai Bukharin e a economia mundial — 62
1.7. Lênin e a fase superior do capitalismo — 67

2. O DEBATE FORDISTA — **77**
2.1. Contexto histórico — 78
2.2. Contexto teórico — 83
2.3. O capital monopolista — 91
2.4. Teorias marxistas da dependência — 96
2.5. Teorias do sistema-mundo e das trocas desiguais — 108
    2.5.1. Wallerstein, Arrighi e o sistema-mundo — 110
    2.5.2. Amin e as trocas desiguais — 119

3. O DEBATE PÓS-FORDISTA — 125
3.1. Contexto histórico — 127
3.2. Contexto teórico — 132
3.3. Politicismo — 134
    3.3.1. Hardt e Negri e Império — 137
    3.3.2. Panitch e Gindin e o império informal estadunidense — 142
    3.3.3. Wood e o Império do Capital — 146
3.4. Parcial Politicismo — 152
    3.4.1. Harvey e o Novo Imperialismo — 160
    3.4.2. Callinicos e as rivalidades interestatais — 166
3.5. Plena Crítica — 171
    3.5.1. O debate da derivação do Estado — 173
    3.5.2. O debate (alemão) do mercado mundial — 181
    3.5.3. Hirsch, teoria materialista do Estado e imperialismo — 217
    3.5.4. Mascaro, forma política e imperialismo — 234
    3.5.5. Miéville, imperialismo e direito internacional — 245

4. CONSIDERAÇÕES CONCLUSIVAS — 259

REFERÊNCIAS — 265

PREFÁCIO

Combatido conceitualmente há um século e sustentado enquanto movimento do capital há muito mais, o imperialismo continua a ser central na reflexão política contemporânea. Com Lenin, o século XX conheceu o apogeu de sua problemática. No entanto, tanto após a Segunda Guerra Mundial quanto, em especial, com o neoliberalismo, a inteligência burguesa – e, peculiarmente, até mesmo boa parte do pensamento crítico – fez imaginar o conceito datado. Mas, nas recentes décadas, o imperialismo ressurge como questão atual e incontornável na discussão das relações internacionais. O mundo não cumprido da paz mercantil pós-soviética revela ainda a guerra como motor contínuo da reprodução da crise capitalista atual. A concorrência entre capitais e Estados persevera articulando e jungindo países, estratégias militares e lutas ideológicas em alianças, bloqueios, hierarquizações, dominações e explorações do espaço geopolítico mundial atual.

Este *Imperialismo, Estado e Relações Internacionais* de Luiz Felipe Osório, expõe uma leitura crítica e radical sobre o imperialismo e sua implicação no âmbito das relações internacionais: atrelando estruturalmente imperialismo a capitalismo, estabelece sua imediata correspondência. O capital, na medida em que é inerentemente expansionista, é daí necessariamente internacional. Será o marxismo o ferramental teórico que permite entender cientificamente a estrutura, as leis gerais e a dinâmica do capitalismo, além de captar, especificamente, o papel do Estado em tal movimento? Esta obra, então, ao fundar-se numa perspectiva materialista do imperialismo, traz cientificidade ao próprio campo das Relações Internacionais.

Propõe-se aqui que as leituras marxistas sobre o imperialismo sejam compreendidas a partir de grandes momentos históricos que lhe forneceram bases. Osório denomina por debate pioneiro o pensamento do final do século XIX e do início do século XX, perpassando as ideias de Hilferding, Rosa Luxemburgo, Kautsky, Bukharin e Lênin. Em sequência, sistematiza o pensamento a respeito do imperialismo produzido ao tempo do fordismo, nos meados do século XX. Aqui estão enfeixadas as leituras do capital monopolista, as teorias marxistas da dependência e, ainda, as visões de Wallerstein, Arrighi e Amin. Por fim, abre-se a reflexão sobre o imperialismo nos tempos do pós-fordismo, produzindo, desde as últimas décadas do século XX até hoje, a mais alta investigação teórica a respeito do tema.

Muito do debate crítico das décadas atuais esteve centrado na dicotomia imperialismo *versus* Império, envolvido pelos termos de Negri. Avançando para além disso, Osório propõe que a reflexão marxista sobre o imperialismo na atualidade pós-fordista seja pensada a partir dos diapasões de politicismo, parcial politicismo e plena crítica. Nos campos de politicismo, estão tais conhecidas leituras de Hardt e Negri sobre o Império e, ainda numa outra ponta do mesmo contexto, posições sobre a ligação entre hegemonia e imperialismo como as de Panitch. Num campo de parcial politicismo, encontram-se visões mais consequentes, embora ecléticas, da relação entre capital, Estado e política, a exemplo das de Poulantzas e Harvey. No âmbito mais alto deste pensamento, de plena crítica, ressalta o fio condutor da leitura pachukaniana e também daquilo que Elbe denomina por novo marxismo, atrelando a forma política estatal e também a forma jurídica à forma mercantil e à forma valor. O imperialismo então passa a ser pensado a partir dessa associação estrutural que organiza o modo de produção capitalista. Aqui desponta o debate derivacionista, surgido na Alemanha na década de 1970. Hirsch e von Braunmühl reposicionam o imperialismo nos quadrantes das formas que engendram e dão a dinâmica ao capital e à política. A partir daí, sob o pano de fundo do pachukanianismo, a investigação de Osório chega a debates e reflexões do século XXI, como, dentre outros, os de Miéville no campo do direito internacional.

Este livro enfatiza a importância de pensar a multiplicidade de Estados como traço estruturante do capitalismo, em similitude às ideias de Claudia von Braunmühl. A dominação capitalista necessariamente se faz mediante a forma política estatal, mas esta se desenvolveu no plural, em Estados, erigindo, nesse espaço concorrencial da valorização do valor, o imperialismo. Tais ideias acompanham Joachim Hirsch quando este estabelece os parâmetros gerais de uma teoria materialista do Estado, inscrevendo as relações internacionais e o imperialismo em tal chave teórica. Osório também aqui dialoga diretamente com minhas ideias em *Estado e forma política*, refletindo sobre a específica interação entre a forma jurídica e a forma política estatal para a dinâmica do capitalismo e a pluralidade de Estados.

Ao contrário de outros tempos históricos e de outros modos de produção que conheceram figuras e dinâmicas políticas imperiais distintas, o imperialismo contemporâneo tem especificidade e é intrinsecamente capitalista, estruturado a partir da acumulação, arraigado na condição múltipla de Estados e atravessado por contradições: a valorização do valor aglutina de modo não totalmente funcional a economia, a política, o domínio militar, as nacionalidades, a ideologia. Não se trata de uma hierarquização lógica entre Estados e espaços sociais do mundo, mas sim de um processo factual e histórico, portando crises, estratégias e lutas.

As relações de força político-sociais revelam muito da condição dinâmica do imperialismo. Concorrências entre frações nacionais da burguesia e entre estas e suas símiles estrangeiras, injunções ideológicas, culturais, religiosas, militares e, ainda, disputas pela hegemonia delineiam os vetores imperialistas da reprodução do capital. No espaço de uma sociabilidade capitalista cada vez mais negocial e ideologicamente mundial, mas sempre lastreada em Estados plurais, muito da reação ao imperialismo acaba por ser a reiteração do próprio capitalismo nas formas de estratégia de inversão das posições nas escalas imperialistas. Desenvolvimentismos e processos de modernização conservadora, por todo o mundo, assim o demonstram. Tal processo, ainda quando busca fazer subir as posições de alguns países na hierarquia do domínio e da exploração no plano mundial, porta suas contradições necessárias. Submetendo as populações da Terra a explorações e humilhações, o movimento do capitalismo – e do imperialismo que lhe é inexorável – encontra sempre, instabilizando seus pés, as lutas de classes. O conflito, cuja escala é mundial e cujas formas sociais de constituição e apelo também vão se tornando cada vez mais homogêneas mundialmente, permanece como o grande Outro de séculos de específico imperialismo capitalista, esmagado no mais das vezes, mas latente.

Luiz Felipe Osório entrega, aqui, uma valiosa contribuição à reflexão teórica e política brasileira e mundial. Acompanho sua trajetória desde os tempos de sua pós-graduação. Supervisionei sua pesquisa de pós-doutorado em São Paulo – cujo texto originou o presente livro – e tenho a alegria de nele ver um pesquisador e pensador de grande rigor e mirada intelectual sempre inovadora. Figura humana de destacada retidão e caráter. Professor da UFRRJ, no Rio de Janeiro, onde é coordenador do curso de Relações Internacionais, liderando importantes trabalhos na área, Osório se distingue pela feliz união de qualidade teórica e docente ímpar, além do melhor posicionamento político em favor de nosso povo.

O público leitor e os lutadores pela transformação social encontram, aqui, obra de leitura incontornável, pioneira pela envergadura – num arco que abrange dos clássicos marxistas aos pensadores e debates mais de vanguarda –, consistente pela radical abordagem materialista. Eis, entre nós, o estudo mais importante sobre o imperialismo da atualidade.

São Paulo, 2018.

Alysson Leandro Mascaro
Professor da Faculdade de Direito da USP

APRESENTAÇÃO

A obra *Imperialismo, Estado e Relações Internacionais* floresce em um contexto que não poderia ser mais inspirador. No seio do acirramento das contradições do capitalismo. Apesar de não ser a exceção, mas, sim, a regra, a normalidade do sistema capitalista de Estados, o período de crise franqueia fendas no bloco monolítico travestido pela ideologia para enxergar horizontes de transformação e, concomitantemente, chama a atenção da centralidade do aspecto internacional para a reflexão acerca do capitalismo. Por uma coincidência cronológica a segunda década do século XXI carrega consigo algumas celebrações altamente marcantes, muito além de mero simbolismo. O bicentenário de nascimento de Marx, os 150 anos da publicação da ciclópica obra *O Capital Volume I* e, sobretudo, o jubileu centenário do êxito do processo revolucionário que não tinha paralelo na história, a Revolução Russa, e os prévios e pioneiros debates do imperialismo.

Aqui se chega à encruzilhada que liga todos os caminhos. Extrair lições do movimento que redirecionou os rumos do século XX e da realidade que vivemos hoje é tarefa mais do que fundamental, é urgente. Não foi absolutamente fortuito, mas, sim, fruto de uma janela científica ímpar que se abriu com o processo revolucionário, convocando as ciências a pensar sobre os temas cardiais do capitalismo: Estado, direito e relações internacionais. É perfeitamente plausível alicerçar a formação de correntes teóricas críticas sobre as três matérias nesse interregno, as quais se diferenciaram por colocar a mola mestra que irá servir de parâmetro para as gerações vindouras, quer para a sua contestação, quer para seu aperfeiçoamento. Os tidos como primeiros intérpretes de Marx carregam em uma mão a caneta dos estudos e na outra o rifle da batalha. E nessa combinação de teoria com prática o que conferiu destaque e imortalidade aos envolvidos não foram apenas as conquistas concretas, pois somente Lênin triunfou, mas as contribuições teóricas, dentre as quais, a que obteve mais envergadura foi a discussão e fundação das Relações Internacionais, enquanto campo científico.

Diferentemente do que a seara foi transformada pela apropriação anglo-saxônica idealista kantiana e antimarxista, os pioneiros do imperialismo legaram as lições basilares da investigação das relações internacionais pela essência expansiva do capitalismo, a qual é impulsionada pelas duas balizas norteadoras do modo de produção, o Estado e o direito. Portanto, é preciso contemplar as Relações Internacionais como o estudo do mundo concreto. Nessa seara, não há o *glamour* dos grandes bailes, a fartura dos banquetes e a pompa das vestimentas. O que todo internacionalista terá que lidar é com a realidade. Nesse cenário, imperam a destruição e o desespero das guerras, a fome extrema e cotidiana e os farrapos dos carentes. Nela, basta atravessar a rua e ver pessoas sem-teto, famintas, sem dignidade; guerras e opressões, nas quais crianças são alvos e o estupro é tática. O horror e a miséria que vivemos, este é o mundo das regras, instituições, das relações internacionais.

É por esse fio que se pode incluir a presente obra na vanguardista série *Direito & Crítica* da Editora Ideias & Letras.

Uma reunião de livros que por meios distintos puxam o leitor para a mesma e nuclear advertência: o direito não é uma ciência pura e não pode ser analisado isoladamente, como se não fosse uma ciência social. E as ciências sociais precisam ser discutidas em sua totalidade, uma vez que o meio social não se departamentaliza em vários vetores, mas, sim, é uma conjunção, uma articulação dessas múltiplas implicações. Em virtude disso, a importância de um foco ampliado e sistemático aos fenômenos sociais. Nesse sentido, a coleção ora publicada coloca-se a léguas de distância da incômoda e infértil normalidade dos estudos jurídicos, destinados a fetichizar as normas ou outras questões abstratas e a ficar atrelados aos debates de filigranas. O direito frutifica em um terreno concreto e específico que é o do modo de produção capitalista e é a partir dele que ganha essência e aparência. A crítica ao direito e ao Estado pela investigação da engrenagem do capitalismo é o que coloca Evgeni Pachukanis no patamar de grande referência teórica. Assim, com fulcro em nas concepções angulares do autor, pensadores contemporâneos virão desenvolver suas reflexões críticas, as quais vão tocar visões inovadoras sobre o imperialismo.

Disso advém toda dificuldade da tarefa do livro de reposicionar a crítica marxista para a teoria materialista do imperialismo, buscando inseri-la no contexto de revisão e discussão das marcantes contribuições anteriores. A empreitada não teria sido realizada, contudo, sem a supervisão, orientação, apoio e incentivo dados pelo professor Alysson Mascaro. Pessoa ímpar, capaz de mudar os rumos da vida daqueles que estão a sua volta, destaca-se como um vanguardista, muito a frente de seu tempo, que não se verga ante os ataques que recebe, resistindo e construindo uma rede de pesquisadores afinada com as visões mais relevantes da teoria social, capaz de esgarçar os restritos horizontes teóricos do direito e propor reflexões nodais nos mais variados campos do pensamento social. A ele tenho todo respeito e admiração por ter ensinado a enxergar a teoria e a prática para além das turvações das formas sociais. Este livro é resultado dessa vivência e aprendizado, formalmente realizados durante o estágio pós-doutoral, mas que existiam antes e durarão para toda a vida.

Por meio dele conheci e aprendi a apaixonar-me pela cidade de São Paulo, da qual carrego as melhores lembranças. Nessa toada, guardo toda minha gratidão à Universidade Presbiteriana Mackenzie, seus professores e funcionários, pela oportunidade de incrementar os estudos e a formação acadêmica, que sempre esteve ao lado do pesquisador, oferecendo as condições de excelência, infraestrutura e liberdade de pensamento, para o fomento do trabalho acadêmico na ampla área das ciências sociais no Brasil. Assim como à CAPES (Coordenação de Aperfeiçoamento de Pessoal de Nível Superior), pelo apoio financeiro incondicional. E, por fim, à UFRRJ (Universidade Federal Rural do Rio de Janeiro), pelo apoio e incentivo institucional.

Feita a devida apresentação da obra, na medida das idiossincrasias do autor, partamos agora para a leitura permeada por momentos que buscam sedimentar o edifício rumo ao cume do pensamento social crítico, a teoria materialista do imperialismo e seus desdobramentos pelo Estado e pelo direito. Avante!

INTRODUÇÃO

Em meio ao jubileu centenário dos primeiros debates, o imperialismo retoma a carga em plena potência. Dado como esgotado e superado, ressuscitou como atual e incontornável nas discussões internacionais. Após um curto interregno de ilusória prosperidade no limiar da transição entre séculos, o tão propalado termo volta à boca e aos ouvidos dos operadores e dos estudiosos das relações internacionais. Em muito o protagonismo hodierno deve-se aos rumos práticos e teóricos que impactaram o estudo do sistema de Estados. O imperialismo torna-se ferramenta indispensável para entender um mundo que se gaba em níveis inéditos de produtividade e de desenvolvimento tecnológico e, ao mesmo tempo, padece da deterioração exponencial das condições sociais pelos continentes.[1] Os acontecimentos registrados nas primeiras décadas do século XXI impõem às correntes teóricas e aos embates políticos novas tarefas.

No plano prático, o cenário de degradação ilustra o panorama nefasto: elevação dos índices de violência; acirramento das convulsões sociais, com a respectiva galopante concentração de renda, também em países centrais; patentes explorações econômicas e sociais, balizadas pelo racismo, intolerância e xenofobia;

---

1 Cf. Sader, 2000.

e exacerbação das rivalidades interestatais, acompanhadas de movimentos militares e de conflitos duradouros, presentes em todos os quadrantes do globo. No quadrante teórico, após o breve período de brumas no fechamento do século XX, a realidade internacional trouxe à baila novamente a imprescindibilidade do debate crítico sobre o papel do Estado no capitalismo, fomentados pelas reverberações do fenômeno da intensificação da internacionalização das relações de produção, que se desdobra pelas diversas áreas da sociabilidade, como a do saber.

Em lugar da farsesca cena dos grandes bailes, banquetes e pomposas vestimentas, em sua concretude, manifestam-se as guerras, a fome e os farrapos. A miséria e o horror que povoam as relações internacionais impelem pela consideração premente do imperialismo, tanto na prática quanto na teoria, como elemento indisfarçável e estrutural. Refletir sobre esse vocábulo não é um exercício simples. Ele traduziu os rumos do desenvolvimento do capitalismo desde o século XIX, tendo oscilado como nenhum outro na trajetória sistêmica. De conceito crítico passou a criticado, de virtuoso a desvirtuado. De tema reluzente foi relegado às sombras, tido como ultrapassado e esgotado, até seu ressurgimento. Com fulcro em sua incômoda atualidade, a visão crítica acerca das relações internacionais volta-se para o manancial do imperialismo. Esse fenômeno é de tamanha amplitude que não cabe em si, ou em fronteiras artificiais, seus desdobramentos ocorrem e/ou afetam o âmbito internacional por essência. Imperialismo e relações internacionais mesclam-se como se fossem gêmeos siameses, não se podendo tratar de um sem mirar o outro. A inerente interface não é, entretanto, obra do acaso ou uma construção dada e inacabada. Sim, ela foi erigida ao longo dos anos, tendo a historicidade dessa figura um aspecto nodal, ganhando feições distintas. Nesse diapasão, é imprescindível apontar sua especificidade necessária, para que não se perca a precisão teórica em abordagens abstratas, a-históricas e transcendentais.

O conceito de imperialismo carrega consigo há séculos conteúdos e estereótipos que podem retroceder ao patamar da imprecisão teórica. Desde o resgate dos impérios da antiguidade, como o romano, passando pelos grandes poderes feudais, atravessando as monarquias absolutas modernas, até chegar à era dos impérios contemporânea,[2] todo esse arco histórico foi e pode ser pintado aleatoriamente sob a tinta do imperialismo. Ainda que se verifique a existência de violência, opressões e explorações como condicionantes em todos os momentos, o atrelamento ao aspecto quantitativo enclausura o cientista à aparência da investigação fenomênica, perdendo a precisão da lente analítica em um espaço difuso e distinto em suas bases. O passo científico decisivo para desvendar a real essência do imperialismo toma a direção da compreensão dos mecanismos e da estrutura que lhe conferem especificidade, ou seja, o seu aspecto qualitativo,[3] que permite identificar o imperialismo, a partir de certo ponto histórico, com conteúdo e forma particulares, que contrastam irremediavelmente em relação a experiências anteriores.

Em que pese às coincidências pontuais ou aos traços excepcionalmente semelhantes, não há como delinear liames que aproximem ínterins tão díspares quanto o Império Romano da antiguidade e os impérios contemporâneos do pós-século XIX. Apesar de o significado ancestral do léxico latino[4] trazer consigo

---

2 A referência ao termo era dos impérios é uma alusão de deferência ao ímpar historiador Eric Hobsbawn, de importância seminal para a compreensão da contemporaneidade, que escreveu obra homônima à expressão citada, *A Era dos Impérios (1875-1914)*.
3 É possível executar uma analogia ao raciocínio exposto por Mascaro (2012), para explicar o direito na contemporaneidade, utilizando didaticamente o par quantidade/qualidade para revelar a essência jurídica.
4 Para Andersson (2001) e Kurz (2003), o vocábulo latino *imperium* já traz inerente a conotação do poder de ordenar. O poder de dominação e seu caráter repressivo podem ser verificados nas civilizações mais remotas, o que, em nada, permite que sejam comparadas à especificidade capitalista que moldou os contornos do fenômeno na atualidade.

o uso da força e a dominação, os fenômenos históricos não são coincidentes nem mesmo comparáveis. Isso porque a violência para a imposição da vontade dos mais fortes é um fenômeno que transcende as sistematizações históricas. Pode ser verificado desde a antiguidade até a contemporaneidade. O que não significa dizer que o conceito de imperialismo se reduz à coerção, nem que deve ser retomado e traçado a partir dos primórdios das civilizações. Nesse sentido, é fulcral traçar nortes que orientem a narrativa científica.

É a partir da emergência do modo de produção capitalista, inaugurando a contemporaneidade histórica, que determinadas relações sociais e econômicas insculpiram as bases estruturais específicas do imperialismo, delineando as relações internacionais. Em modos de produção pretéritos, o que se tenta associar como imperialismo é impreciso, acontecendo em dinâmicas completamente distintas, haja vista as engrenagens centrais em nada se assemelharem. Em outras palavras, o imperialismo alicerça-se e desdobra-se em um contexto político-econômico muito específico, aquele moldado pelas relações sociais concretas dadas no terreno do capitalismo. No cerne desse construto está a forma mercantil, da qual derivam os mecanismos de operacionalização dessa sociabilidade, como a forma política estatal (na qual se insere o Estado burguês, o Estado-nação ou o Estado nacional), o qual é o ator que caracteriza nominalmente a interação dos agentes. Em outros tempos, a mercadoria até se fazia presente, mas não ocupava o núcleo das sociabilidades pretéritas. Assim, o imperialismo finca seus sustentáculos na manifestação mais plena do capitalismo, as relações internacionais, no sistema capitalista de Estados.

Assim, antes de maiores aprofundamentos conceituais, é fundamental pontuar que o destrinchar do imperialismo passa necessariamente pelo entendimento do capitalismo, e consequentemente do Estado nacional. Logo, falar em imperialismo é tratar de capitalismo; abordar as relações internacionais é tocar em capitalismo. Essa primeira demarcação conduz ao escapamento das armadilhas que encontra pelo caminho do desvendamento do significado de imperialismo. Abandonando as visões totalizantes vulgares, é preciso superar as vertentes contemporâneas que buscam se acoplar nas concepções críticas e, assim, confundi-las. Não faltam livros ou estudos que ambicionaram mapear o imperialismo, seja para compreendê-lo, seja para enterrá-lo ou até para ressuscitá-lo. Desde análises compartimentadas (conceituando-o por vieses apartados, como somente um vocábulo político ou estritamente econômico), até perspectivas positivas e negativas, bem como abordagens teóricas e empíricas, é possível identificar leituras dos mais díspares matizes políticos. Portanto, pululam tentativas de apropriação. A miríade de enfoques atrapalha muito, pois leva à confusão e, consequentemente, às imprecisões teóricas e conceituais. A multiplicidade de escritos sobre a questão não a esgota, todavia; requer ser elucidada.

A explicação plena e ampla do imperialismo como manifestação específica do capitalismo é dada pelo horizonte teórico das Relações Internacionais. O panorama atual demanda um estudo orgânico e sistemático das Relações Internacionais, o qual perpassa inexoravelmente o estabelecimento de balizas metodológicas que viabilizem um olhar coerente e rigoroso sobre sua trajetória. Com fulcro nessa empreitada, é pertinente adentrar nas Relações Internacionais, enquanto campo científico. Nesse exercício, cabe ao leitor atentar para as falácias postas pelas abstrações que cooptam essa seara científica para uma verve orgulhosamente e manifestamente ostentada como conservadora.[5] É interessante ressaltar como a narrativa científica das Relações

---

5 Cf. Teschke, 2016.

Internacionais trata suas promíscuas relações com os aparatos governamentais, gabando-se de ser uma ciência que se limita a repetir e, eventualmente, a sofisticar os discursos e posições oficiais dos Estados nacionais. Quando, em verdade, ratificam estratégias de dominação, universalizando conceitos em abstrações que travestem interesses de classes sociais singulares. Há toda uma literatura que se evoca ser a dominante no estudo das Relações Internacionais que alicerça o início da verve acadêmica e científica da matéria nos estertores da Primeira Guerra Mundial. Na emergência de um novo cenário, de decadência britânica e ascendência estadunidense em um condomínio fraternal de poder que se impunha ao, então, ameaçado mundo capitalista, pós-1917. Como se, por exemplo, as discussões anteriores, notadamente as da Segunda Internacional (1889), os debates pioneiros e a polêmica entre Lênin e Kautsky sequer tivessem existido.

A partir da expansão do capitalismo pelos quadrantes do globo, a investigação científica inaugurou novos patamares, mas manteve o caráter enviesado e a aridez teórica que caracterizam o monopólio anglo-saxão sobre sua narrativa.[6] Há uma flagrante limitação entre os paradigmas teóricos, calcados na inócua discussão entre idealismo/liberalismo e realismo, e seus desdobramentos.[7] Por exclusão o que não se encaixa nesse eixo é colocado no balaio das teorias críticas. A imprecisão e a incorreção desse agrupamento dificultam ainda mais o estudo alternativo. Para que a crítica não fique comprometida é fundamental extrapolar o monopólio anglo-saxão, sem o qual não se consegue enxergar além da superfície. O pensamento único e tecnicista busca descolar-se das críticas ao apresentar-se como puro, aparentando rigor científico. As Relações Internacionais padecem do mesmo mal da especialização que contamina as ciências sociais como um todo. A falta de uma abordagem ampla que

---

6 Cf. Monteiro e Gonçalves, 2015.
7 Cf. Fernandes, 1998; Berringer, 2014.

enfoque o objeto de estudo, mas a ele não se circunscreva, agregando outras áreas, é a regra e não a exceção. A inter ou multidisciplinaridade das Relações Internacionais não é a sua mácula, como pensam os puristas, ao contrário, é a sua imanência, que não se coaduna ao dogmatismo da departamentalização e consequente segregação das áreas do conhecimento.

Por isso, o marxismo revela-se a ciência apta a decifrar os enigmas esfíngicos das relações internacionais. O marxismo é a ciência internacionalista por essência, aquela capaz de captar a plenitude do capitalismo, modo de produção que somente se completa em âmbito internacional. Em meio ao contexto histórico e estrutural da heterogeneidade entre países que predomina no sistema internacional, nada melhor do que evocar a concretude da totalidade social dos fenômenos sociais para apreender sua essência. A inserção do marxismo nos debates internacionais, além de imprescindível, é incontornável para superar a aparência de sofisticação e penetrar até o cerne da realidade. É a tradição marxista que conferirá as balizas metodológicas e teóricas para que se possa haurir a interpretação científica às relações internacionais. São os autores marxistas que enfocam o papel do Estado e do capitalismo na dinâmica internacional. Por isso, eles têm como categoria central o imperialismo, atribuindo a esse fenômeno político-econômico a devida luminosidade.

Nessa empreitada, é perfeitamente plausível redimensionar as balizas do estudo das relações internacionais. Nesse diapasão, a segunda demarcação introdutória segue o raciocínio: se o imperialismo é moldado pelo capitalismo e se manifesta, por essência, em âmbito internacional; é o marxismo nas relações internacionais que viabilizará sua leitura fulcral. É a vertente que franqueará o horizonte teórico necessário para desenvolver os nortes do conhecimento científico. Em suma, como a visão de Marx é focada na anatomia da sociedade capitalista,[8] o marco temporal só pode ser a contemporaneidade, a consolidação e o espraiamento do modo de produção capitalista pelo mundo. É somente no capitalismo que o imperialismo adquire especificidade, tornando-se elemento estrutural, sem o qual não se consegue compreender plenamente a essência das relações internacionais. Historicamente, verificou-se a existência de formas em torno da exploração, violência e dependência, que adquiriram uma face determinada com o capitalismo, a partir da reprodução das relações de produção pelos quadrantes do globo. A dinâmica globalizante já era anunciada pelo alemão de Trier, na obra conjunta com Engels, em meio à realidade industrial daquele ínterim, chamando a atenção para o caráter cosmopolita imposto à produção e ao consumo em todos os países pela burguesia.[9]

Essa verve pode ser atestada desde os primeiros esboços de investigação sobre a sociabilidade capitalista. Ao longo de várias linhas de suas obras, bem como no plano de estudo que traçou, as reflexões marxianas sobre Estado e mercado mundial encontravam-se presentes.[10] O plano originário estrutural para *O Capital* perfazia o caminho completo em 6 volumes, a saber: 1) sobre o capital (com uma seção para o capital em geral, com ênfase no processo de produção, no de circulação e nos lucros e juros; uma segunda seção sobre a concorrência; um terceira sobre o sistema de crédito; uma derradeira sobre o capital dividido em ações); 2) sobre a propriedade da terra; 3) sobre o trabalho assalariado; 4) sobre o Estado; 5) sobre o comércio internacional; 6) sobre o mercado internacional e as crises. Quase dez anos depois, em 1865, Marx optou por um esquema mais enxuto e mais próximo daquele efetivamente publicado, dividido em quatro livros. O livro I ficaria

---

8   Cf. Marx, 1986 e 2013; Rosdolsky, 2001; Naves, 2008; Netto, 2011; Konder, 2011.
9   Cf. Marx e Engels, 2010 [1848], p. 43.
10 O que se trouxe à tona com a publicação dos *Grundrisse*, de 1857-1858, foi a relevância do âmbito internacional para a compreensão plena do capitalismo. Cf. Marx, 2011b; Rosdolsky, 2001.

por conta do processo de produção do capital. O livro II referente ao processo de circulação do capital. O livro III tocante ao processo global da produção capitalista. Por fim, o livro IV sobre história da teoria. Não obstante toda a polêmica acerca das edições e compilação *post-mortem*, o que se denota, por ora, é a preocupação nas reflexões marxianas com a expansão do capitalismo no espaço internacional. Desde os esboços da crítica à economia política já é possível descobrir elementos que conferem o substrato teórico necessário para as análises. Em seu tempo, Marx já delineara os traços que contornariam debates que perpassaram a história do capitalismo e das relações internacionais.[11]

A imanente tendência à expansão do capital é detectada por Marx, sem que ele tenha feito referência direta ao termo imperialismo e sem que tenha realizado um estudo sistemático sobre as relações internacionais. Ainda assim, a prematura morte do intelectual alemão, em 1883, não impediu a fertilização de suas ideias em um século de ebulição e de consolidação da classe operária. À sua época fez brilhantes análises sobre o colonialismo britânico em locais distintos, denunciando a essência dessa prática, as quais repercutiram mundialmente. Malgrado os relevantes escritos de Marx sobre política internacional, nos quais, em artigos de conjuntura, publicados em periódicos,[12] impunha sua visão sobre as experiências ultramarinas britânicas, o pensador alemão não legou obras sistematizadas e acabadas sobre o tema. Mesmo assim, a sanha expansiva e internacionalizante do capital foi ressaltada ao longo de seus escritos. "A tendência de criar o mercado mundial está imediatamente dada no próprio conceito de capital".[13]

Para além de esboços e rascunhos, também em sua obra magna, Marx (2013), ao tratar das relações de produção, enfatizava

---

11 Cf. Marx, 2011b, p. 445-446.
12 Cf. Ferreira, 1999; Molnár, 1975; Papaioannou, 1991; Carnoy, 1994.
13 Cf. Marx, 2011b, p. 332.

a dinâmica entre anarquia e despotismo que cercava os capitais, que dentro de si são arbitrários, mas entre si são rivais em franca disputa descoordenada e sem limites espaciais. Nesse sentido, o capital somente existe em multiplicidade, coletividade; por meio da interação entre os muitos capitais as leis gerais do capitalismo se concretizam. Um único capital universal é uma contradição em termos. É característico do capitalismo, o qual se desenvolve pela competição, que é a fonte e a expressão da anarquia da produção. Logo, para Marx (2013), as relações sociais capitalistas tomam a forma dual de anarquia e despotismo. Entre muitos capitais há a anarquia; dentro de cada capital, o despotismo. Cada relação, anarquia e despotismo, é a condição uma da outra. Assim também o é entre os Estados, dentro das suas fronteiras perante seus nacionais (sujeitados a seu direito), soberano, despótico; e fora, na inter-relação com seus pares, reina a anarquia, a falta de um comando central e hierarquicamente superior.

Não obstante a ausência de uma seção explícita sobre o assunto, um olhar mais atento conduz o leitor às chaves da reflexão marxiana, que passam necessariamente pela forma capitalista mais desenvolvida, o mercado mundial. Ainda no livro I, em seu capítulo 3, a tendência à internacionalização e a relevância do âmbito do mercado mundial ficam patentes, quando trata do dinheiro mundial, que ao deixar a esfera interna de circulação, despe-se das vestes nacionais, adentrando o mercado mundial,[14] ou quando, no capítulo 20, lega poucas, porém, importantes linhas para abordar a diversidade nacional dos salários no âmbito ampliado.[15]

É no livro III de *O Capital*, na reunião da obra inacabada e editada por Engels, que as observações mais aprofundadas aparecem. Intitulado o processo global da produção capitalista, este volume derradeiro da crítica à economia política argumenta

---

14 Cf. Marx, 2013, p. 215.
15 Cf. Marx, 2013, p. 631-632.

basicamente que o mercado mundial constitui em geral a base e a atmosfera vital do modo de produção capitalista, sendo o pressuposto e o resultado da reprodução das relações sociais capitalistas.[16] Essa percepção sugere que o mercado mundial não é produto da soma de vários Estados ou de suas economias nacionais, senão, é a condição por meio da qual existem as relações entre Estados. O mercado mundial apresenta-se como a forma universal de existência capitalista. Em outras palavras, é por meio do mercado mundial que a mercadoria deixa de ser nacional para ser irrepreensivelmente capitalista. Com esse legado teórico, não foi imprescindível, portanto, para Marx, escrever um livro específico sobre o tema para que este ganhasse consistência e um posterior desenvolvimento notável. Muito além de seu tempo, o filósofo de Trier já interpretava com argúcia os desdobramentos da intensificação das relações de produção capitalistas.[17] A teoria marxiana serviu de eixo para teorizações vindouras sobre a temática internacional, que frutificaram em contextos bem mais propícios.

As transformações na produção industrial, com o fortalecimento dos monopólios, a concentração e centralização produtiva, a emergência do setor financeiro e a exportação crescente de capitais, bem como o acirramento das rivalidades e a intensificação do uso da violência e do domínio pelo mundo, impulsionaram as relações de produção capitalista para outros patamares. Marx não viveu esse momento de exponencial transmutação e internacionalização do capitalismo, mas suas premissas foram, todavia, ratificadas ao longo dos tempos. Os autores que lhe sobreviveram, e dele extraíram a matriz teórica, buscaram interpretar suas ideias acerca das relações internacionais e o capitalismo, tendo em vista

---

16   Cf. Marx, 2017.
17   Não fortuitamente, aparece na edição utilizada nesta pesquisa o capítulo 25 do Volume I, a teoria moderna da colonização para tratar do fenômeno emergente e crescente de expansão das relações capitalistas para outras áreas virgens, cujo exemplo inspirador do pensador alemão naquele momento era os Estados Unidos. Para mais, ver Marx (2013).

a inédita expansão das relações de produção pelo mundo. Nessa seara, impõem-se os debates do imperialismo que não apenas inauguram, mas fundamentalmente carreiam o estudo das relações internacionais contemporâneas.

Logo, o fenômeno imperialista demanda ser debatido, conforme as vertentes marxistas, em termos de desenvolvimento do capitalismo. É fulcral ir além de análises que se limitam à identificação imediata entre imperialismo e exportações de capitais ou políticas invasivas e intervenções militares. Assim, o edifício teórico marxista do imperialismo é erigido, ainda que em seus vários andares se encontrem interpretações distintas em meio a importantes momentos de inflexão em sua trajetória. A partir desse construto é que se verifica a interface entre imperialismo e relações internacionais, estimulando a visão conjunta e entrelaçada de ambos. Na miríade de vetores que se apresentam e nas oscilações sofridas pelo conceito, emerge a tarefa de sistematização e de organização das interpretações consideravelmente distintas, que são inviáveis de ser homogeneamente agrupadas. Portanto, a terceira demarcação introdutória tangencia a observação de que, mesmo dentro do espectro marxista, há que se ressaltar a plêiade de abordagens assimétricas. Sobre essa tarefa premente debruça-se este estudo.

Com fulcro nas três premissas esposadas nessa introdução, este texto orienta-se, a partir de seu enlace teórico, pelo périplo entre as mais variadas concepções marxistas sobre imperialismo, trazendo e reforçando elementos da crítica materialista para a compreensão do fenômeno em meio à interface entre Estado no capitalismo e relações internacionais. Nessa toada, a costura que alinhará as teorias marxistas sobre Estado, a historicidade e mudanças do capitalismo e as consequentes dinâmicas sobre o conceito de imperialismo nas Relações Internacionais molda o seguinte formato. O livro estrutura-se pelo entrelaçamento de duas balizas de sistematização do pensamento sobre imperialismo, que não são mandatoriamente correspondentes: a) a cronológica que abarca a periodização histórica do capitalismo em três fases, desde sua gênese na transição entre os séculos XIX e XX até sua forma hodierna no século XXI, tendo em vista a transformação do capitalismo em meio à concretude das relações internacionais, indo de 1870 a 1945, de 1945 a 1970 e de 1970 até os dias atuais; e b) a teórica que ordena as diversas perspectivas sobre imperialismo, e consequentemente sobre Estado no capitalismo, pela ênfase que o conceito confere aos aspectos econômicos (aspectos econômicos estruturais, lei do valor, seus movimentos e suas manifestações), aos políticos (questões superestruturais, luta e correlação de classes e de grupos) e à inter-relação destes dentro do espectro marxista. Munido desses critérios, o trabalho será alicerçado em três grandes debates em torno do imperialismo, do Estado e das relações internacionais.

No que toca à demarcação temporal, há uma aproximação quanto à maioria da literatura. O que se deduz do levantamento bibliográfico é que os autores, em sua maioria, traçam as etapas do imperialismo, tendo em conta as grandes transformações mundiais.[18] Por denominações distintas e caracterizações similares, grande parte dos autores consagrados apontam três momentos. Assim, Andersson (2001), Callinicos (2009), Harvey (2005), Hirsch (2004; 2007c; 2010), Kurz (2003), Leite (2017), Martins (2011), Míguez (2013), Noonan (2012), Panitch e Gindin (2004; 2006), ten Brink (2008), Valencia (2009), Wood (2014) dividem as transmutações do imperialismo em um primeiro período, clássico ou policêntrico, que

---

18 Não se pode desconsiderar nessa toada os autores que enxergam, por diversos motivos, apenas dois períodos do imperialismo, quer pela limitação cronológica de sua obra, quer pela visão de que os desdobramentos do mundo ainda estão alicerçados na configuração do pós-1945. Dentro desse espectro encaixam-se, por exemplo: Albo (2004), Ahmad (2004), Arrighi (1983), Barone (1985), Brewer (1990), Bellamy Foster (2006), Borón (2006), Haug (2003), Owen e Sutcliffe (1972), Rowthorn (1982).

iria de 1870 até 1945; um segundo que perpassaria a Guerra Fria, até 1991, chamada de imperialismo das superpotências, bipolar, neomarxista; e um terceiro que iria desde a derrocada da União Soviética e a consolidação da globalização até os tempos hodiernos, cunhado como imperialismo pós-Guerra Fria, monocêntrico, ou era da globalização. Nessa toada, o eixo da pesquisa gravita em torno de três ciclos, cuja conformação se aproxima da historicidade capitalista (alicerçada nas crises estruturais) tomada pela escola regulacionista francesa,[19] que traz uma teoria da acumulação e das crises capitalistas, incorporada e adaptada pela teoria materialista do Estado de Hirsch (2004; 2007a; 2007c; 2010) e, parcialmente, por Callinicos (2009) e Míguez (2010) e, essencialmente, por Mascaro (2013a; 2017).

Uma teoria da acumulação capitalista e das crises gestada no fértil momento de contestação das ilusões bem-estar social e à social-democracia do pós-guerra contribui determinantemente para pontuar a historicidade do capitalismo. Após várias diagnosticadas crises terminais, a produção e a reprodução capitalista sobreviviam e multiplicavam-se. A questão motriz das pesquisas era saber como o capitalismo conseguia sobreviver, tendo em vista o caráter conflitivo e portador inerente de crises da relação capitalista, o que tornaria improvável a acumulação continuada. A conclusão defendeu a existência

---

[19] O espectro escola regulacionista francesa é um amplo universo teórico, cuja maioria dos adeptos manifesta posições antimarxistas, inclusive. O que interessa içar desse terreno é a vertente minoritária e notável que traz as contribuições marxistas para articular uma teoria da acumulação e das crises capitalistas, pautando a historicidade do modo de produção pela métrica das crises estruturais de reprodução. O diálogo com a economia política marxista parte de autores que evocam premissas de Althusser no final da década de 1970 (como o pioneiro Michel Aglietà) e principalmente nos anos 1980 (como Robert Boyer e Alain Lipietz). Inicialmente desenvolvida em universidades (em Paris e Grenoble) e no círculo do Cepremap (Centre d'Études Prospectives d'Economie Mathématique Appliquées à la Planification), a teoria da regulação buscou escapar das armadilhas da economia política keynesiana e da ilusão do Estado de bem-estar social e, ao mesmo tempo, rechaçar a economia política vulgar. Para mais, ver Aglietà (1976), Hirsch e Roth (1986), Boyer (1990), Lipietz (1985), Hirsch (1995; 2010), Míguez (2010), Jessop (1991) e Mascaro (2013a; 2017).

de algumas formas sociais específicas que tratariam de regular e acoplar tensões e antagonismos. As crises são estruturais e constituintes do capitalismo. Logo, não há um pressuposto lógico e linear na história ou efeitos teóricos mecânicos deduzidos da lei do valor que norteiem o desenvolvimento capitalista, mas a complexa e contraditória interação histórica entre os atores sociais e as práticas materiais concretas, enraizadas nas condições sociais de produção. O mérito reluzente desse arcabouço teórico toca a inter-relação das diferentes fases do desenvolvimento capitalista (marcadas pelas grandes crises e consequentes guerras) com as estratégias de valorização apresentadas, com as formas político-institucionais correspondentes e com relações sociais de forças.

Por essa perspectiva, as categorias intermediárias da economia política propostas para conduzir a discussão acerca das fases de ruptura e estabilidade do capitalismo são o regime de acumulação e o modo de regulação.[20] O regime de acumulação é primordialmente econômico, mas a ele não se limita, envolvendo uma combinação particular de produção e consumo que pode ser reproduzida, não obstante a tendência a crises no capitalismo. A apropriação do resultado do trabalho de outrem acontece legitimada por um núcleo institucional (formal e informal), constituído pelas formas e práticas sociais, suficiente e voltado à acumulação, o modo de regulação. Esse conjunto institucional, ao lado de um vasto complexo de normas, assegura a reprodução capitalismo. A dualidade (regime de acumulação e modo de regulação) não é a junção de elementos indiferentes entre si nem a superposição de dois iguais, mas a coexistência estrutural, que revela um determinado grau de articulação entre seus termos.[21] Com fulcro nesses dois vetores, estabelecem a trajetória do capitalismo em três momentos: capitalismo liberal

---
20 Cf. Boyer, 1990.
21 Cf. Jessop, 1991.

(aqui chamado de debate pioneiro), fordismo e pós-fordismo. As crises não são interregnos excepcionais, mas elementos estruturantes e impulsionadores das três fases.

No que se refere ao fio condutor das ideias, o afastamento é mais notado. O relevo aqui atribuído ao cerne das intepretações é distinto. O percurso conceitual do imperialismo é norteado (imerso no amplo espectro da tradição do pensamento marxista sobre Estado e política, mas com ele não se coincide necessariamente, com aproximações e distanciamentos) e permeado pela ênfase, em sua definição, atribuída aos aspectos econômicos e políticos. Nesse sentido, procura-se escapar do alicerce que baseia a maioria da literatura especializada, aquele que muito antes fora identificado como ultrapassado,[22] centrado nas caracterizações do imperialismo, se ultraimperialismo, superimperialismo ou imperialismo coletivo, na tentativa de edificar as controvérsias sobre as polêmicas inaugurais a partir do embate entre Lênin e Kautsky. Independentemente das caracterizações temporais, as vertentes que insistem nesses pilares estão munidas das devidas adaptações.[23] Para além dessa dinâmica, ressaltam-se sistematizações bem originais, como as de Callinicos (2009), Côrrea (2012), Kurz (2003), Leite (2017), Martins (2011), Míguez (2013), Noonan (2012) e Ten Brink (2008). Essa pesquisa não adota, entretanto, nenhuma delas especificamente, mas busca extrair das contribuições válidas seus pontos positivos.

Em verdade, o motor das inflexões do imperialismo, como fenômeno político-econômico não deve ser lido em

---

22 O debate entre Lênin e Kautsky que gravita em torno da competição crescente por territórios entre países capitalistas, associada à intensa concentração de capitais, foi historicamente superado (ARRIGHI, 1983).

23 Em maior ou menor medida, as classificações que, por variados motivos, não superam os paradigmas passados nem, por razões óbvias do tempo, chegam a uma visão ampla do imperialismo hodierno, podemos elencar: Arrighi (1983), Barone (1985), Brewer (1990), Haug (2003), Owen e Sutcliffe (1972), Rowthorn (1982).

separado da trajetória teórica do pensamento marxista sobre Estado, mas inserido nas transformações e rumos tomados pelo capitalismo e sua reflexão crítica. Logo, em analogia ao que fazem cada qual a seu modo, Elbe (2010), Hirsch (2010), Mascaro (2013a), Boucher (2015), Anderson (2004), com as teorias do Estado, é plenamente factível traçar o mesmo norte com as teorias do imperialismo. Ainda que os círculos não sejam exatamente concêntricos, eles equivalem-se em função do norte teórico que irá conduzir o liame organizativo da sistematização em ciclos: a ênfase atribuída à economia, à política ou à interação de ambos para explicar teoricamente o imperialismo.

Portanto, a interface dos eixos histórico-teóricos ocorre em três momentos: no primeiro, inaugura-se a concepção economicista, que estaria atrelada ao período de expansão do capitalismo até a Segunda Guerra Mundial; no segundo, há o rompimento dos limites europeus e uma ampliação do foco do imperialismo, por meio de uma visão abrangente, sistêmica, que se situa em uma transição de paradigmas, mas com viés economicista ainda reluzente, em um curto interregno que irá aproximadamente de 1945 a 1970; e no terceiro, um arco que irá desde a crise do fordismo na década de 1970, passando pela consolidação do pós-fordismo na década de 1990, até os dois atuais, verifica-se a explosão de horizontes, criando um amplo universo (para além de, mas sem descartar o economicismo), que pode ser sistematizado a partir da ascensão do politicismo, suas variáveis (parcial politicismo) e suas contestações (plena crítica), o que abre caminho para se alcançar a teoria materialista do imperialismo.

O debate inaugural é chamado de pioneiro[24] ou tradicional.[25] Do último quartel do século XIX até a Segunda Guerra Mundial é factível traçar um percurso entre as ideias que investigaram com profundidade as transformações do capitalismo. O contexto histórico pautava-se pelas transformações evidentes do modo de produção e seus efeitos pelo mundo. O aumento da concentração da produção, a crescente exportação de capitais, a emergência dos monopólios, a intervenção e organização estatal nas economias, as fusões entre capitais e o surgimento do capital financeiro, as incursões coloniais e a eclosão de guerras pelo mundo eram traços inevitáveis da realidade vivente. Logo, dentro do panorama teórico, as preocupações que carreavam os autores dessa época estavam vinculadas às razões da expansão das relações capitalistas pelo mundo e seus desdobramentos, ou seja, teoricamente como ler o Estado na crise e na expansão do capitalismo pelo mundo, o que impactava diretamente nas estratégias políticas traçadas. Exaustivamente discutido, tendo em vista a genialidade e a centralidade de suas concepções para os desdobramentos das concepções futuras, o rol de autores abordados é quase consensual. Tomando os intelectuais que declaradamente inspiram-se na matriz marxiana de pensamento, e naquele momento se viam como continuadores ou sucessores diretos, emparelham-se Hilferding, Luxemburgo,

---

24 Toma-se o devido cuidado para não repetir a denominação *clássico*, pois, apesar de mais difundida, carrega certa imprecisão metodológica, pois clássicos no pensamento seriam somente os filósofos gregos da antiguidade. Também não se intenciona equivaler à concepção de pioneiro que Warren (1980) tem do imperialismo, como pioneiro ou parteiro do capitalismo. Com o termo busca-se apenas ilustrar a vanguarda dos autores que levaram o marxismo às reflexões inaugurais sobre o tema.

25 A divisão proposta por Elbe (2010) do pensamento marxista tem seu primeiro viés chamado de marxismo tradicional, cujo marco temporal estabelecido vai de 1878 em diante até a consolidação da União Soviética. É a leitura canônica de Engels que funda esta tradição. Sua interpretação volta-se para a orientação das práticas revolucionárias. O Estado é visto como aparato do domínio da burguesia, devendo ser tomado pelos trabalhadores rumo à transição ao socialismo. A mesma denominação seguindo critérios semelhantes é dada por Anderson (2004) e Boucher (2015).

Kautsky, Bukharin e Lênin. Reservada a peculiaridade de cada um, há elementos que permitem conjugá-los em um mesmo interregno. As leituras desse cenário moldavam-se majoritariamente pelo viés economicista, atribuindo à base material econômica a força determinante das relações sociais, inclusive do ente político estatal, observando o Estado como resultado da dinâmica financeira, atendendo inevitavelmente aos interesses burgueses. Logo, o imperialismo passava basicamente por exportação de capitais (financeirização da economia) e guerras (partilha do mundo entre as grandes potências).

O segundo debate é o fordista.[26] Em um contexto histórico muito díspar em relação ao predecessor, as visões pioneiras são revisadas e adaptadas à nova realidade concreta, que irá de 1945 até a década de 1970. A emergência dos Estados Unidos, enquanto potência hegemônica, e a ascensão da União Soviética que simbolizava a chegada da esquerda ao poder (assim como o eurocomunismo), bem como o espraiamento das relações capitalistas pelos quadrantes do mapa-múndi, conferiram ao capitalismo uma nova face. A reconfiguração ocorreu em moldes fordistas, em uma composição das forças políticas em torno do bem-estar social que permitiu atingir, nas porções centrais, índices de crescimento sem parâmetros no histórico do modo de produção. Nas regiões periféricas, questionava-se o porquê do bloqueio à modernização e da industrialização seletiva. Nesse rol teórico, expandem-se as reflexões sobre o imperialismo, esgarçando os limites do continente europeu e abarcando outras regiões pelo mundo. Estabelece-se, com efeito, uma dualidade

---

26 Apesar da origem do termo designar a homenagem a Henry Ford, que inseriu pioneiramente a esteira rolante na montagem de automóveis, o fordismo aqui discutido toca o sentido dado pela teoria materialista do Estado e pela escola regulacionista francesa, e não se confunde com a semântica dada por Gramsci (2008). O fordismo não está relacionado às ideias de organização da produção industrial retiradas originariamente de Frederick Taylor, mas, sim, abarca um padrão de desenvolvimento, composto pelos regimes de acumulação e modo de regulação correspondentes a um período histórico do desenvolvimento capitalista específico, impulsionado pela crise estrutural de 1929 e pela Segunda Guerra Mundial. Para mais, ver Hirsch e Roth (1986).

de concepções centrais, que negam e reafirmam o imperialismo, adaptando-o às novas condicionantes; e de visões voltadas à periferia, as quais contribuem e inovam substancialmente ao debate, logo, sendo objeto de uma investigação mais detida. Nesse diapasão, estão presentes a corrente do capital monopolista, os teóricos marxistas da dependência e os terceiro-mundistas.[27] Revisado, o conceito de imperialismo, tendo os pioneiros como baliza (a ênfase às crises de acumulação, à competição interestatal e às guerras), é diluído em outros aspectos, como a dominação do centro à periferia e as relações de dependência desta ao capitalismo central pelo intercâmbio comercial ou pelas trocas desiguais. Em que pese às mudanças substanciais no modo de organização do capitalismo, ressalta-se que esse debate fordista, em termos teóricos, mais se aproxima do que se afasta dos pioneiros. O verniz economicista continua perceptível nas análises, o que não as permitem romper completamente com seus antecessores, mas os colocam senão como um complemento notável das ideias inaugurais do imperialismo. Por essa caracterização e por sua brevidade cronológica, o debate fordista pode ser apontado como um fértil interregno de transição até a inflexão no ínterim sucessor.

O terceiro e corrente debate é o pós-fordista.[28] Gestado, em meio à crise do fordismo nos anos 1970, e consolidado com o

---

27 Sem qualquer conotação pejorativa, sem pretender se rogar na posição de superioridade da arrogância do dito Primeiro Mundo, ao contrário, destacando o caráter autóctone e original das reflexões, são referidos nesse livro como terceiro-mundistas aqueles que se voltam à ênfase, às trocas desiguais e ao sistema-mundo.

28 Ressalta-se que o termo pós-fordismo é e pode ser utilizado por correntes não marxistas também. O que fundamenta o uso do conceito nesta pesquisa é o sentido dado pela vertente marxista da teoria francesa da regulação econômica. Seguindo a lógica dos ciclos anteriores (pioneiro e fordista), o pós-fordista embasa-se na concepção de modo de organização do capitalismo que rompe com a anterior, em reação, oferecendo novos patamares a partir do rompimento dos pretéritos. Com maior frequência é cunhado como contemporâneo, por ser o do momento atual. Se considerarmos a concepção histórica da filosofia das ideias, a contemporaneidade é inaugurada com as revoluções burguesas no final do século XVIII. Logo, todo o período desde então será contemporâneo. Logo, não cabe a adesão dessa nomenclatura. Para mais, ver Bonefeld e Holloway (1991).

espraiamento da globalização financeira, na década de 1990, esse lapso temporal perdura até a atualidade. Nesse estágio, a internacionalização das relações de produção ganha outros patamares, uma vez que a produção deixa de residir sobre a base nacional-estatal e passa a disseminar-se pelo mundo, em uma organização difusa e desconcentrada. Do fordismo transita-se para o toyotismo, no sentido de racionalizar ainda mais a organização do trabalho. O Estado altera as diretrizes na intervenção em prol de políticas públicas e direitos sociais, reconfigurando-se ainda mais aberto aos sabores e aos dissabores do mercado internacional. Minam-se os acordos social-democratas do pós-guerra, sendo o poder das esquerdas alijado ou diluído em terceiras vias. O ápice é a dissolução da União Soviética e do socialismo no Leste Europeu, marcando a derrota das experiências socialistas e a consequente entropia no pensamento crítico. Imediatamente a desilusão neoliberal e os conflitos numerosos e localizados resgatam a inevitabilidade do imperialismo. Inúmeras tentativas de releitura dessa inflexão emergem, em uma dinâmica amorfa pela vastidão de diferentes perspectivas. Em um contexto de desconstrução do modelo de bem-estar social e de introdução dos ditames neoliberais, a transformação do rosto do capitalismo impacta fortemente nas relações políticas, econômicas e sociais. Mesclando o eclipse e a retomada do conceito de imperialismo, ele é reconstruído sob novas bases teóricas. Na ampla gama de autores que se inscrevem, em meio à dinâmica cronologicamente irregular e teoricamente variada e inovadora, é fulcral dividi-los em três vertentes, o politicismo, o politicismo parcial e a plena crítica. Todas inserindo a maior ou menor autonomia do Estado e ênfase à luta de classes em termos teóricos. A partir dessa sistematização do pensamento imperialista, ficará mais nítido o caminho até o cume do edifício marxista, a crítica materialista do imperialismo.

Diante dessa estruturação, cabem algumas observações pertinentes.

Em primeiro lugar, emerge a ponderação acerca dos perigos da generalização. Traçar essa linha entre autores de perspectivas distintas é um desafio hercúleo, deveras traiçoeiro. Entre si há uma miríade de particularidades relevantes ao pensamento de cada expoente que merecem ser aludidas. Um maior aprofundamento foge ao escopo dessa pesquisa. Em que pese à perda analítica das revisões bibliográficas, elas servem, primordialmente, para situar o leitor nesse universo de caminhada árdua e de variadas saídas.

Em segundo lugar, os ciclos não são herméticos. O que significa dizer que o entrelace das matrizes teóricas nos diferentes momentos é inevitável. Por exemplo, no debate fordista é possível encontrar posições que meramente adaptam as concepções pioneiras à realidade do novo interregno temporal sem inovar substantivamente, assim como se verifica que, mesmo no debate pós-fordista, as visões economicistas ainda se manifestam presentes e de grande relevância, inclusive. Por conseguinte, não se tenta aqui delimitar a porosidade das ideias, mas de marcar os períodos de inflexão na trajetória de desenvolvimento da teorização sobre imperialismo. Por isso, a demarcação em três fases, a pioneira (da Europa para o mundo), a fordista, aquela que alarga o escopo, focando no sistema mundial como um todo, e a pós-fordista, eivada pela explosão de reflexões sobre imperialismo. Naturalmente, não se tem o escopo de esgotar o assunto (o que sequer seria possível); o intuito é munir a literatura especializada de estímulo para discussões vindouras.

Em terceiro lugar, importa ressaltar aos leitores que o foco do estudo é o imperialismo em meio às teorias marxistas do Estado, em sua articulação com as relações internacionais, naturalmente. Pelo arcabouço teórico desenvolvido nessa obra ficará patente a relevância desse fenômeno para a plena compreensão do assunto. Há outros conceitos que se inter-relacionam a ele e flertam com um limiar tênue dentro da reflexão de autores que serão aqui abordados. Por exemplo, a hegemonia. Esse vocábulo demanda muito cuidado na sua discussão. Por mais que apareça mesclado ao imperialismo em algumas perspectivas, pelo óbvio e necessário respeito às abordagens que se alicerçam na hegemonia para a explicação das relações internacionais, enfatiza-se que o conceito de hegemonia não será tratado nessa pesquisa (apesar de todo seu apelo entre os autores de verve politicista), quando muito evocado lateralmente, pela inevitabilidade de sua presença e pela consideração da primazia do imperialismo, que coloca a reflexão da hegemonia como auxiliar, muito mais tangente a questões conjunturais que estruturais.[29]

Por fim, há que se ressaltar que o objetivo dessa sistematização é elucidar os traços comuns que acompanham a evolução da matéria, para, então, destacar a originalidade da contribuição que a teoria materialista do Estado apresenta para a discussão do imperialismo. Por isso, ela será desenhada constantemente como o zênite desse estudo. As figuras de linguagem e as caricaturas presentes ao longo do texto estão despidas de quaisquer objetivos de hierarquizar teorias ou formas de pensamento. Ao contrário, a utilização de artifícios metafóricos intenciona apenas conferir ao leitor imagens que lhe facilitem a interpretação e a compreensão do texto. Que fique límpido que o exercício

---

29 Em função dessa postura teórica, autores que obtêm grande apelo entre a doutrina de Relações Internacionais, como aqueles chamados de escola neogramsciana (vocábulo que por si só já é problemático e passível de questionamentos sobre sua definição) não serão devidamente abordados. O que os une nesse grupo é o desenvolvimento e a adaptação das premissas expostas por Gramsci, aplicando-as às relações internacionais. Desde Robert Cox, Stephen Gill, Mark Rupert, William Robinson, Adam Morton até Andreas Bieler, dentre outros, há toda uma construção teórica crítica que se alicerça em torno deles. As ideias expostas nessa obra tangenciarão no máximo as diretrizes dos autores aqui tratados, que com os neogramscianos estabelecem um diálogo profícuo, mas com eles não se confundem. O próprio Gramsci, ao tratar do vocábulo imperialismo, não lhe confere a devida centralidade, inserindo-o dentro do âmbito maior da hegemonia. Cf. Liguori e Voza, 2017, p. 414-415. Para mais, ver Ramos (2012).

proposto não diminui os esforços acadêmicos de desenvolvimento da tradição marxista. É imperioso ressaltar os méritos e a fecundidade de todas as abordagens aqui mencionadas. Ainda assim, pelo compromisso com o embasamento teórico que guia essa pesquisa, a argumentação será construída em torno da ode às bases teóricas que se desdobraram até a concepção materialista do imperialismo e suas atualizações, conforme será apresentado nesse livro por meio do que se convenciona chamar aqui de plena crítica. Não é redundante falar que a própria alcunha já denota a relevância que receberá. A partir dela, serão expostas as balizas que buscam redimensionar o estudo do imperialismo e consequentemente das relações internacionais.

Em um momento de crise de acumulação mundial, o retorno aos ensinamentos anteriores, franqueia alternativas para o pensamento e para a luta por novos horizontes. A superação do capitalismo passa pela desconstrução de suas engrenagens. O imperialismo, indubitavelmente, é uma de suas peças cardiais.

Portanto, o périplo a ser percorrido inicia-se com o debate parteiro.

1
O DEBATE PIONEIRO

O debate pioneiro acontece não exatamente como uma discussão entre seus membros, ainda que ela houvesse e fosse frutífera para o desenvolvimento das ideias, mas como um ciclo que abrange os pensadores que inauguram debates sobre a temática das relações internacionais sob a perspectiva marxista, a ênfase ao imperialismo. Em função de elementos muito mais convergentes que divergentes e, sobretudo, por partirem de uma mesma compreensão teórica do Estado (da política) no capitalismo em um contexto específico das interpretações marxistas, podem ser conjugados, não obstante a singularidade de cada expoente. Aqui há a total correspondência do ciclo teórico do imperialismo com a tradição política do marxismo tradicional.[1] O marco temporal que os abarca é aquele entre as crises estruturais do capitalismo, iniciando-se na depressão do último quartel do século XIX até a Primeira Guerra Mundial e

---

[1] A divisão proposta por Elbe (2010) do pensamento marxista tem seu primeiro viés chamado de marxismo tradicional, cujo marco temporal estabelecido vai de 1878 em diante até a consolidação da União Soviética. É a leitura canônica de Engels que funda esta tradição. Sua interpretação volta-se para a orientação das práticas revolucionárias. O Estado é visto como aparato do domínio da burguesia, devendo ser tomado pelos trabalhadores rumo à transição ao socialismo. A mesma denominação seguindo critérios semelhantes é dada por Anderson (2004) e Boucher (2015).

seus posteriores desdobramentos. O contexto histórico é o da expansão do capitalismo para além da Europa do Norte, impactando nas relações sociais, políticas e econômicas na periferia europeia e em todo o mundo. É o momento em que o caráter essencialmente internacional do modo de produção capitalista torna-se indisfarçável. Nessa toada, os autores que vão não apenas problematizar teoricamente o fenômeno, mas vão engajar-se politicamente na empreitada são: Lênin, Luxemburgo, Bukharin, Hilferding e Kautsky. A partir dessas interpretações que as teorias marxistas sobre relações internacionais tomaram lastro, logo, sendo fundamental sua investigação.

1.1. Contexto histórico

As concepções inaugurais sobre o imperialismo florescem em um contexto muito específico de expansão das relações de produção capitalistas pelo globo. Da perspectiva prática, o alargamento do capitalismo industrial impulsionou os contornos do movimento dos trabalhadores em torno de suas demandas, impondo-se como sujeito político e revolucionário no novo cenário. Do ponto de vista teórico, os escritos de Marx conferiram o substrato necessário para a luta por um horizonte de superação das condições exploratórias. É nessa dualidade, política e teórica, que os pioneiros do imperialismo irão obter destaque. Não fortuitamente todos são marcados pela intensa atividade política, e consequente perseguição implacável e privações. Os autores do imperialismo colocaram-se desde o início de suas reflexões na posição de continuadores das premissas marxianas, em obras teóricas de elevada sofisticação, cujos efeitos atravessam as gerações. Oriundos de países europeus retardatários na modernização capitalista, todos os pensadores que se inscrevem nessa categoria têm em mente os impactos da expansão das relações de produção nos tecidos sociais.

Na alvorada da contemporaneidade, ao longo do século XIX, concretizou-se a mudança via espraiamento do modo de produção capitalista que contaminou gradativamente os países europeus em meio à lógica conflitiva e concorrencial. O cenário internacional desempenhou função central não apenas na consolidação do capitalismo na Inglaterra, como também em todo o continente. A vantagem da burguesia britânica no comércio regional impôs à região novos desafios. Como maneira de compensar a defasagem cronológica e técnica, os entes territoriais atrasados (com destaque para a Alemanha, que se formou enquanto Estado-nação tardiamente em relação a seus concorrentes Inglaterra e França) travaram uma estratégia distinta da receita do livre comércio britânico.[2] A partir da crise de superprodução do crepúsculo do XIX que atingiu a economia inglesa, e por consequência as europeias, alternativas ao modelo econômico liberal foram empreendidas. Os desdobramentos para a superação da debacle ocorreram por alterações significativas na organização capitalista das sociedades. Transpassava-se o momento inicial de consolidação, para uma clara acentuação da organização monopolista. A recomposição do capitalismo ocorreu sob bases que catapultaram não apenas a seara econômica, mas, como é próprio da formação social capitalista, também nas áreas social e política. As experiências tardias de capitalismo concretizaram-se sem uma revolução social que destronasse o poder feudal e desenvolveram-se em economias organizadas e autoritárias, com notável dirigismo estatal, como nos casos imperiais de, por exemplo, Alemanha, Áustria e Rússia.[3]

Na consolidação e expansão dos Estados europeus pelo mundo, economia e política entrelaçaram-se. Com o respaldo das armas, há o assentamento efetivo da internacionalização da produção. No centro de acumulação capitalista, as rivalidades

---

2 Cf. Braunmühl, 1974; 1976; 1978; 1983; List, 1986.
3 Cf. Moore Jr., 1966; Cury, 2006; Beaud, 1989.

acirraram-se e materializaram-se em guerras e tensões pelo mundo em competição por recursos naturais e mercados. Nesse contexto, pululam conflitos intermetropolitanos. Ao mesmo tempo, verificou-se a decadência da hegemonia britânica, frente aos novos concorrentes, com a perda do comércio internacional e a ascensão do setor financeiro que pressionava por protecionismo, corrida armamentista e política colonial agressiva. Ademais, a emergência dos Estados Unidos da América se fazia notável. Os acontecimentos impactantes impunham ao movimento socialista internacional a necessidade de avaliar o que se passava. E nestas percepções eram incluídas inexoravelmente questões caudatárias, como a expansão colonial, o direito das nações à autodeterminação dos povos (e os desdobramentos do nacionalismo) e os impactos do capital financeiro e monopolista.

1.2. Contexto teórico

O início do século XX oferecia, portanto, um campo vasto para o desenvolvimento das ideias políticas. O desenvolvimento da economia mundial capitalista e a potencialização das rivalidades internacionais tonificavam o panorama. Era preciso, ao mesmo tempo, compreender as transformações da nova fase de acumulação capitalista, em seus aspectos econômicos, sociais e políticos, bem como suas decorrências para a luta revolucionária, a partir dos cismas que enfrentava o movimento operário, mediante o refluxo da postura revolucionária e do fortalecimento do revisionismo e das soluções de compromisso com a burguesia, no ambiente de guerra que se prenunciava. A emergência do capital financeiro e o expansionismo territorial impunham ao movimento trabalhista novos desafios que precisavam ser encarados.

Apesar das investigações sobre o fenômeno do imperialismo, com a ênfase em seu prisma econômico, terem sido suscitadas pioneiramente e isoladamente por Hobson,[4] é nos círculos marxistas que dedicação ao imperialismo ocorre com maior robustez em meio à Internacional Socialista (ou Segunda Internacional, iniciada em 1889). No Congresso realizado em Stuttgart, em 1907, mais precisamente, ocupando lugar de destaque até a Primeira Guerra e a Revolução Russa, em 1917. A questão colonial era a pauta, a qual impulsionou a polarização entre Bernstein, e os adeptos do revisionismo (a favor dos efeitos positivos do imperialismo, como a melhora da condição de vida dos trabalhadores), e Kautsky e Lênin (que se opunham, sendo críticos severos, cada qual à sua moda, das aventuras coloniais). O que mais interessa nesta clivagem é que dentro do polo crítico ao imperialismo é que emanaram os estudos mais frutificantes. Junto com os dois, outros três intelectuais socialistas vêm à tona no tocante ao tema. Notabilizam-se, por conseguinte, Bukharin, Luxemburgo e Hilferding como baluartes de um estudo pioneiro e sistemático acerca do modo de produção capitalista e seus desdobramentos no cenário internacional. Não obstante a singularidade marcante de cada pensamento, para além das intervenções diretas, dos cinco expoentes é plausível extrair os aspectos comuns que habilitam agrupá-los em um mesmo debate.

Os traços pessoais reluzem: a) oriundos de realidades germânicas e eslavas, ou seja, de sítios de desenvolvimento capitalista

---

4 O economista britânico John Atkinson Hobson nasceu em 1858 e viveu até 1940. Dentre o universo de sua obra, destacou-se o seu livro *Imperialism, A Study,* de 1902, o primeiro estudo rigoroso e sistemático sobre o tema do imperialismo, relacionando-o diretamente com o desenvolvimento das relações capitalistas. Seu pensamento, conforme citado por Lênin no prefácio de seu livro mais conhecido sobre o tema *Imperialismo, Fase Superior do Capitalismo,* influenciou as primeiras abordagens e estudos marxistas. O inglês esboçou, antes de Luxemburgo, as teses acerca do subconsumo e foi precursor de Keynes e Schumpeter na defesa do estímulo à demanda agregada para reverter as crises de superprodução e, consequentemente, subconsumo. Economista liberal crítico, adepto do reformismo burguês e com conhecimento heterodoxo, Hobson definiu o imperialismo como uma política expansionista baseada em raízes econômicas (exportação de capitais), que gerava distorções e tensões (como a intervenção britânica na China e a Guerra dos Bôers na África do Sul, da qual foi correspondente jornalístico) prejudiciais ao desenvolvimento do capitalismo. Para mais, ver Tavares (1985).

tardio e sem uma revolução burguesa; b) enxergavam de perto a concretude das alterações econômicas, que transbordam para as áreas política e social; c) com formação intelectual em estudos de economia política, buscavam complementar a obra inacabada de Marx; d) por sua participação política ativa sofreram de grandes privações e perseguições, quando não, vítimas de mortes trágicas.

As posições teóricas aproximam-se, em maior ou menor medida: a) identificam as conexões entre o processo de acumulação e a preponderância política e econômica do mundo pelas grandes potências capitalistas, olhando para um contexto muito específico; b) aplicam o método materialista histórico-dialético para destrinchar as nuances do mercado mundial; c) analisam o papel progressivo do capitalismo no desenvolvimento das forças de produção, o que, pelo evidente do acirramento das próprias contradições, indicaria a vivência em um momento decisivo; d) enxergam a expansão do capitalismo pelo mundo como efeito do transbordamento (*spill-over*) das formações internas para as externas; e) relacionam diretamente difusão do capitalismo à crise; f) entendem que a superação das exportações de capitais em relação à de mercadorias inaugura a fase monopolista-financeira, que deixa para trás o período do capitalismo concorrencial; g) apontam a desigualdade entre as áreas do globo (subdesenvolvimento), como sendo sinônimo de atraso, resultante da não superação ainda das resistências feudais ou escravocratas; h) denunciam o Estado como essencialmente burguês, voltada ao atendimento dos interesses capitalistas específicos, com apertadas margens de autonomia. Em suma, em larga medida, compactuam de uma visão ortodoxa do pensamento marxista, calcada na ênfase à base material econômica preponderante e nas concepções de evolução das relações capitalistas.

Em geral, as abordagens se aproximam em mais aspectos do que se afastam. Todos embasam suas análises pela historicidade do capitalismo. O que se denomina aqui de debate pioneiro acerca do imperialismo não é exatamente a reunião de discussões entre os autores, ainda que haja intervenções nesse sentido entre alguns, mas a convergência de formas de pensamento que podem ser agrupadas em virtude de um liame comum. Todos os intelectuais citados buscavam explicações e manifestavam suas interpretações em relação às transformações no modo de produção capitalista, que, além de efeitos econômicos evidentes, ocasionava mudanças políticas na configuração interestatal.

Nessa toada, a realidade concreta que viviam e interpretavam era mais um momento, que poderia ser derradeiro ou não, do desenvolvimento das relações de produção. Comparam o final do século XIX e o início do XX em relação aos primórdios da Revolução Industrial e encontram sensíveis diferenças. O que os permite concluir pela transmutação do capitalismo concorrencial para o monopolista. Se em um primeiro ínterim havia concorrência entre os agentes econômicos e a prática do livre comércio, o cenário alterava-se consideravelmente. Emergia, então, após a depressão de 1873, uma reorganização do capitalismo com marcas da centralização da produção e da monopolização do mercado por cartéis e trustes, com forte concentração dos setores econômicos. O capital comercial era substituído pelo capital financeiro que controlava a economia e direcionava as pautas políticas.

O papel do Estado nessa configuração era um instrumento que se voltava para a ratificação das mutações e o fomento dos interesses das frações das frações dominantes do capital financeiro, principalmente, no tocante à empreitada externa. O aparato estatal reforça o movimento de dentro para fora, esparramando os capitais pela cena internacional como forma de escapar às debacles e à tendência à queda nos lucros. O imperialismo é retratado, assim, pela ênfase em seu vetor econômico. Ele é resultado da dinâmica capitalista que, por suas próprias crises e contradições, impõe sua expansão pelo mundo em subjugação de outros espaços, o que acirra ainda mais os conflitos e tensões, abrindo flancos para os movimentos revolucionários ou para a transição socialista. O horizonte de mudança esteve presente em todas as ideias, ainda que por caminhos distintos.

O que os afasta são mais divergências sobre os meios e caracterizações e as conclusões políticas que atribuem ao desenvolvimento do capitalismo. Nesse diapasão, é plausível agrupá-los em dois vetores distintos, conforme a literatura especializada.[5] O primeiro toca a definição conceitual de imperialismo. Enquanto Hilferding, Kautsky e Bukharin analisam o fenômeno sob a perspectiva de uma política estatal, maculada pelo poderio político do capital financeiro, logo, uma diretiva que atende inevitavelmente aos interesses dos financistas, de expansão dos capitais nacionais metropolitanos pelo mundo; Lênin e Luxemburgo trilham o caminho do imperialismo configurado como uma fase, a mais recente e parasitária, do desenvolvimento capitalista, analisando-o não como restrito aos Estados mais fortes e à vontade de sua classe financeira, mas como parte de um todo, dos rumos que tomam o capitalismo em razão de suas próprias leis de movimento.

O segundo aspecto toca à postura política que aparta as concepções. Se Hilferding e Kautsky acabaram, por vias distintas, imigrando para o reformismo, advogando que, como o imperialismo é uma política, ele pode ser mudado, melhorado, e quando bem regulado, avance para a transição socialista,

---

5 Cf. Alavi, 1973; Amaral, 2012; Barone, 1985; Borón, 2006; Brewer, 1990; Callinicos, 2009; Campos, 2009; Corrêa, 2012; Del Roio, 2007; Fernandes, 2015; Gouvêa, 2012; Leite, 2014; Mariutti, 2013; Mello, 2012; Netto, 2006; Nonnan, 2012; Owen e Sutcliffe, 1972; Santi, 1973; Ten Brink, 2008; Warren, 1980.

tendo o capitalismo um papel progressista por viabilizar o desenvolvimento das forças produtivas (incremento tecnológico e disparidades geográficas pelo mundo); Lênin, Luxemburgo e Bukharin capitaneiam a corrente revolucionária, que rechaçava veementemente as ideias anteriores, visto que o capitalismo em sua essência seria um sistema de exploração de uma área sobre a outra, sendo o imperialismo a ilustração de que as relações capitalistas se encontravam em estado de putrefação, o que viabilizaria a transformação estrutural, a revolução.

Em ambos os critérios, o que mais se evidencia é a polarização entre Lênin e Kautsky, a qual pautará estudos vindouros, mesmo porque entre eles houve um embate direto.[6] Para esse estudo, essa dualidade não será adotada como parâmetro por ser entendida como apenas um imbróglio aparente, envolvendo questões pontuais e não estruturais. Em outras palavras, visões antagonistas inseridas dentro de uma fronteira comum. A essência das ideias em ambos é a mesma, a economicista, assim como o contexto histórico específico, variando em aspectos condicionantes relevantes, mas que não impedem sua conjugação no mesmo ciclo, conforme os critérios balizadores desse trabalho. Logo, ao invés de dois agrupamentos, a sistematização dos pioneiros ocorrerá nesta seção pelo destaque, breve e sucinto, das originalidades e das contribuições de cada qual para a consolidação e propagação das ideias marxistas sobre o imperialismo.

É no panorama político-econômico, que antecedeu a Primeira Guerra Mundial, de formação dos monopólios, exportação de capitais e acirramento das rivalidades interimperialistas que os autores do imperialismo se destacam por tentar interpretar a natureza deste vínculo. Indubitavelmente, o contexto de transformações e lutas serviu de fermento para a discussão

---

6 As polêmicas entre Kautsky e Lênin (ultraimperialismo x imperialismo), presentes em diversos momentos nos escritos de ambos, vão servir de alicerce para os embates teóricos posteriores sobre imperialismo, podendo ser verificadas até nas discussões atuais (HAUG, 2003).

teorizada acerca da relação entre a dimensão interna e externa às fronteiras nacionais e do papel dos Estados na acumulação capitalista. A despeito do vínculo que os une, é fundamental respeitar a peculiaridade de cada pensamento, uma vez que cada reflexão é responsável por pavimentar o caminho e por influenciar autores e debates vindouros. Por isso, as intervenções intelectuais acerca do imperialismo serão suscitadas singularmente e na ordem cronológica de sua emergência na arena internacional.

1.3. Rudolf Hilferding e o capital financeiro

Rudolf Hilferding (1877-1941) nasceu na Áustria e formou-se em medicina (vindo a exercer a profissão também no serviço militar da Primeira Guerra) em Viena, ao mesmo tempo em que se ocupava com estudos de economia política. Com a ascensão do nacional-socialismo de Hitler, é exilado, passando por Dinamarca, Suíça até parar na França, em Paris, onde fica, ainda participante de atividades políticas, até a invasão alemã à França, quando é extraditado, vindo a falecer logo depois por circunstâncias ainda não muito bem esclarecidas. Foi médico, economista político, militante social-democrata e ocupante de importantes cargos políticos na República de Weimar. Iniciou suas reflexões e atividade política, após seus estudos, como colaborador de periódicos e ministrou aulas de economia nacional para a recém-fundada escola de formação do Partido Social-democrata da Alemanha (SPD - *Sozialdemokratische Partei Deutschlands*). Sua vida foi pautada por forte engajamento político na social-democracia e, com a Revolução de Novembro (e a consequente derrubada da monarquia), foi ministro das finanças duas vezes, em 1923 (durante sete semanas, de agosto a outubro)[7] e 1928 (de junho a dezembro de 1929), além de

---

7   Nesse período, em setembro, apresentou uma solução para a hiperinflação enfrentada pela Alemanha, com base na introdução de uma nova moeda corrente para deter o crescimento galopante da inflação, o *Rentenmark*, lastreada no ouro.

deputado e senador durante a República de Weimar, até 1933. Sua posição centrista dentro do SPD levou-o a ser alvo de críticas, como a de superestimar a força do movimento operário em conduzir o avanço gradual e pacífico para o socialismo.

O germânico escreveu sua obra mais impactante, o livro *O capital financeiro*, em 1910, quando colaborava intensamente para o jornal do partido social-democrata. Imediatamente após seu lançamento, a obra já foi considerada original para o pensamento político-econômico marxista. Representante do austromarxismo,[8] defensor do socialismo democrático e jurídico, cuja transição se daria pacificamente seguindo regras e instituições mediante a mobilização da classe trabalhadora, Hilferding analisou a fundo o que considerava ser o novo momento, uma política de desenvolvimento capitalista, a política do capital financeiro, partindo de conclusões antecipadas por Karl Marx, buscando atravessar áreas não trilhadas a fundo pelo alemão.

Ocupava-se da natureza do capitalismo moderno, da estrutura de classes, do Estado e da política da classe operária. O trabalho do marxista austríaco parte de uma discussão sobre dinheiro e crédito, para examinar o crescimento das sociedades anônimas e dos cartéis, para avaliar as crises econômicas e, por fim, para tocar a teoria do imperialismo. O conceito de capital financeiro precisava ser aclarado, de maneira a possibilitar a concretude na análise. Esta é a grande contribuição da obra. Para o autor, o responsável pelas transformações que o capitalismo passava era a fusão do capital bancário (com prevalência deste) com o comercial, cujo somatório gerava o financeiro. Ele

---

8 O austromarxismo pode ser visto como uma corrente intelectual heterogênea que se destacou entre os últimos anos do Império Austro-Húngaro e até a Primeira Guerra Mundial pelos estudos em diversas áreas do pensamento, apresentando o viés que combinava a análise marxista com elementos nacionalistas. Seus baluartes são nomes como Victor Adler, Gustav Eckstein, Kark Kautsky, Rudolf Hilferding, Otto Bauer, Karl Renner e Max Adler. Este último, junto com Hilferding, foi o responsável pela publicação dos *Marx Studien*, que de 1904 a 1923 foram divulgados, ainda que com sazonalidade irregular.

aponta para o capital financeiro não como um estágio final do capitalismo, mas uma condição prévia para a emergência de um capitalismo organizado.[9]

A tendência à concentração e à centralização das relações de produção ocorria devido às transformações capitalistas patrocinadas pelo Estado. Com o foco situado nos desdobramentos do desenvolvimento alemão e austríaco, o social-democrata é influenciado pelo nacionalismo econômico,[10] no qual o capitalismo deveria ser organizado e planejado, sem as imprevisibilidades da livre concorrência. Ao contrário do que pregava a Inglaterra, o capitalismo na Alemanha, e em alguma medida também na Áustria, gestado extemporaneamente no tocante a seus congêneres europeus, fertilizou-se baseado no protecionismo, na formação de cartéis e na expansão dos monopólios nacionais em concorrência interimperialista com os de outras potências europeias.[11]

O austríaco fundamenta suas conclusões acerca do imperialismo, com fulcro nos efeitos políticos e sociais da economia. Assim, o desenvolvimento dos monopólios e cartéis acarreta o protecionismo, restringindo ou eliminando a concorrência internamente. Isso gera a elevação dos preços, que, por sua vez, reduzem a quantidade demandada, as vendas. Logo, as exportações tornam-se nodais para a produção. A de capitais suplanta a de mercadorias, expandindo a produção e o mercado consumidor para outras áreas, nas quais as condições sociais permitem a extração de lucros maiores. Esse movimento requer o apoio do Estado, na condição de garantidor militar das empreitadas, o que quando praticado por mais de uma nação, fomenta guerras

---

9 Cf. Hilferding, 1985, p. 283.
10 O autor que inspirou o nacionalismo econômico alemão foi Friedrich List, que, em meados do século XIX, defendeu teses protecionistas para economias em desenvolvimento para que pudesse concorrer em condições de igualdade no mercado internacional, servindo de antítese do apregoado livre comércio, principalmente pela Grã-Bretanha. Para mais, ver List (1986).
11 Cf. Hilferding, 1985.

e conflitos metropolitanos. O direcionamento do aparato estatal para a efetivação dos interesses do capital financeiro, mediante forte pressão deste setor é que caracteriza a política imperialista. Em outras palavras, o imperialismo manifesta-se por uma mudança substancial na relação entre burguesia e Estado. Por esta conceituação, é possível afirmar que Hilferding esboça as diretrizes da teoria do capitalismo monopolista de Estado.

Essencialmente expansionistas, os monopólios buscam, então, no plano mundial os lucros máximos. Nesse sentido, relacionado com as contradições e crises do capitalismo, o imperialismo seria a manifestação política da vontade do capital financeiro, em sua voracidade de abrir novos mercados de exportação de capitais, revertendo a tendência à queda da taxa de lucros e formando, assim o maior território econômico supranacional possível, ou seja, aumentando a taxa de exploração.[12]

Por isso, ocorre a reprodução induzida e interiorizada do capital monopolista em formações sociais exteriores. Logo, o conceito de imperialismo é dado como um fenômeno histórico, limitado no tempo e no espaço e entendido como uma política do capital financeiro que captura o direcionamento estatal para fomentar seus objetivos. Para Hilferding (1985), a política do capital financeiro atendia a três objetivos primordiais, a saber: a) a criação do maior território econômico possível; b) que deveria ser murado à concorrência estrangeira; c) convertendo-se em área fértil para a exploração das associações monopolistas nacionais.

Nessa toada, pode-se afirmar que Hilferding contribuiu determinantemente para a difusão e o estudo do conceito de imperialismo. Malgrado as contestações acerca de seu pensamento, que já sinalizavam a seu tempo, não há como negar que suas ideias perduraram no tempo.

---

12 Cf. Hilferding, 1985, p. 293.

1.4. Rosa Luxemburgo e o subconsumo

Rosa Luxemburgo (1871-1919) nasceu na Polônia, em território ocupado pelo Império Russo, em uma família judia. Estudou em Varsóvia e rapidamente se integrou a grupos de esquerda, o que a obrigou a emigrar, tendo em vista a perseguição política empreendida em 1889. Depois disso, passou sua vida em Zurique, onde aprofundou seus conhecimentos em economia política, ao mesmo tempo em que fundou o partido social-democrata polonês (SDKP). Em 1897, defendeu sua tese de doutorado. No ano seguinte, mudou para a Alemanha e se casou para obter a cidadania alemã. Logo ingressou no SPD, sempre se colocando por meio de posições firmes e contrárias ao revisionismo de Bernstein. A partir de 1907, substituiu Hilferding nas aulas de economia política no curso de formação do partido, até 1914. Com a deflagração da guerra e a divisão no seio do partido, ficou ao lado dos defensores da revolução, que seria fomentada em meio aos conflitos mundiais. Com a decisão dos sociais-democratas em votar a favor da concessão dos créditos de guerra, Luxemburgo abandona o partido e funda a Liga Espártaco.[13] Em 1918 para 1919 participa da fundação do partido comunista alemão (KPD - *Kommunistische Deutsche Partei*). Sua postura política aguerrida e corajosa (antimilitarista e internacionalista) em torno da causa revolucionária[14] foi apenada com uma morte precoce e bárbara já no alvorecer da República de Weimar, em 1919. A tragédia foi o prenúncio do nazismo e do totalitarismo que emergiam.

Foi uma mulher que marcou época, desenvolvendo uma contribuição sem parâmetros para os estudos críticos. Sua história e sua obra permaneceram vívidas às futuras gerações.

---

13 A Liga Espártaco era um grupo político que reunia, além de Luxemburgo, Karl Liebknecht e Clara Zetkin, que congregava aqueles insatisfeitos com a postura social-democrata em relação à guerra, e que pendeu para o lado nacionalista e militarista. Por meio desta organização encabeçaram a tentativa de promover uma revolução na Alemanha.
14 Cf. Luxemburgo, 1900.

Participou ativamente das insurreições na Rússia, em 1905, e na Alemanha, em 1918. Abrilhantou tanto o movimento operário quanto o pensamento socialista, ao defender teses singulares de uma estratégia internacionalista. Embora fosse originária de minorias oprimidas, não aceitava como reação à opressão sofrida a aliança nacional de classes. Essa firmeza política também se refletia intelectualmente quando, discípula da economia política marxiana, ousou questioná-la, ainda que sem sucesso, em direção à formulação de sua teorização sobre o imperialismo. A autonomia que lhe regia as ideias levou-a a antecipar a crítica do socialismo real. Nessa toada, militou e fundou partidos, bem como escreveu trabalhos paradigmáticos.

No trabalho que intencionava popularizar as premissas marxianas, Luxemburgo foi além. Escreveu sua grande reflexão no livro *A acumulação de capital* (1912), no qual ela aponta desde o início a questão principal de seu pensamento, afirmando que, nas sociedades pré-capitalistas, a reprodução do capital não era determinada pelas relações de produção, mas pelas necessidades do consumo; sendo que no modo capitalista a necessidade de consumo assume a forma de realização do mais-valor. A reprodução capitalista não seria limitada pela capacidade de produção, mas pelas necessidades de consumo. O limite da expansão capitalista é dado pelo consumo, que é feito pelos trabalhadores, enquanto os capitalistas acumulam. O que importa não é o mais-valor produzido, mas aquele que pode ser realizado. Assim, o foco passa pelo estímulo à demanda agregada.[15] Com a capacidade de consumo afetada, o sistema entraria em colapso. Como somente os capitalistas acumulam, não há acumulação nos territórios não capitalistas.[16] A acumulação conduz as economias capitalistas ao problema crônico da realização de mais-valor. Uma vez que somente os trabalhadores

---
15 Cf. Teixeira, 2002.
16 Cf. Singer, 1985.

consomem e esses estão sempre com as possibilidades limitadas pela apropriação de seu produto por outrem, quando a exploração aumenta, o subconsumo reduz. Assim, inerentemente expansivo, o capitalismo espraia-se, pois precisa das formações pré-capitalistas, exteriores, para sua reprodução.

Em toda sua obra os espaços pré-capitalistas compõem o eixo central para dissecar do modo de produção capitalista. A verificada expansão do capitalismo em sociedades pré-capitalistas vislumbra não apenas um escoadouro à produção, mas fundamentalmente meios de produção, meios de consumo e mão de obra. Em suas formulações, Luxemburgo, à luz de substanciais comprovações históricas, denuncia o caráter penetrante do modo de produção capitalista, que solapa as bases da economia natural transformando-a em mercado. O capital condiciona e impõe-se sobre o terreno não capitalista, revolucionando-o e moldando-o em formas sociais similares. O imperialismo seria, portanto, parte desta dinâmica, com a inclusão das anexações territoriais, e não exatamente uma política. Logo, não seria uma fase momentânea do capitalismo, mas uma característica intrínseca e constitutiva do modo de produção, que depende da incorporação de áreas não capitalistas para sua reprodução.

"O imperialismo é a expressão política do processo de acumulação do capital em sua competição pelo domínio de áreas do globo ainda não conquistadas pelo capital".[17] Em outras palavras, não é a política do capital financeiro, mas a manifestação política dos desdobramentos econômicos capitalistas. De acordo com as contribuições de Luxemburgo, a acumulação primitiva seria o motor da reprodução capitalista por oferecer e elevar o consumo necessário, viabilizando a acumulação crescente. Na busca pela demanda externa, o militarismo desempenha papel

---
17 Cf. Luxemburgo, 1985, p. 305.

nodal por impor aos espaços não capitalistas a lógica das grandes potências. Luxemburgo não se esquece de asseverar com frequência a centralidade que a força militar ocupa na acumulação primitiva.[18]

Logo, escancara as relações imperialistas que envolvem os capitais e a força militar, presentes nos processos de expansão e conquista das potências centrais no sistema internacional. Ademais, do ponto de vista econômico, a beligerância atende também como meio para a realização de mais-valor do capital, caracterizando um espaço propício à acumulação. Com apoio militar, irremediavelmente, o capitalismo abarcaria todos os quadrantes do globo, o que, contraditoriamente, batizaria seu ocaso, visto que a capacidade de acumular ficaria cada vez mais restrita pela falta de demanda externa (não capitalista). É nessa brecha que teria lugar a revolução proletária.[19]

Apesar da assertividade teórica, Luxemburgo não galgou predominância nos círculos intelectuais, sendo alvo de intensas críticas. No campo político, viu fracassar ambos os levantes dos quais participou. Ainda assim, mesmo diante das dificuldades, não esmoreceu. Sua genialidade pode ser comparada à de Lênin (que, entretanto, carrega consigo os louros do êxito revolucionário). Portanto, não há como negar sua envergadura para os estudos críticos. Nesse diapasão, as concepções de Luxemburgo, que explicavam o imperialismo pelo consumo e pela dinâmica da acumulação e da crise, pavimentaram, todavia, as bases que viriam a influenciar muitos autores seminais.[20]

---

18 Cf. Luxemburgo, 1985, p. 311.
19 Cf. Luxemburgo, 1985, p. 320.
20 Dentre os autores que demonstram em alguma medida terem sido influenciados por seu pensamento acerca do imperialismo estão: Sweezy e Magdoff (1978), em menor medida, e, declaradamente, Harvey (2005). Além disso, é possível afirmar traços de antecipação da teoria da demanda efetiva, defendida por Kalecki, que foi seu aluno, e posteriormente, difundida por Keynes. Para mais, ver Singer (1985) e Valier (1973).

1.5. Karl Kautsky e o ultraimperialismo

Karl Kautsky (1854-1938) nasceu em Praga, no, então, Império Austríaco, e veio a falecer por motivos de saúde, quando já morava na Holanda, uma vez que fora exilado após a anexação da Áustria pela Alemanha nazista. Estudou em Viena, quando se converteu do nacionalismo tcheco para o socialismo, o que lhe proporcionou conviver com os ciclos intelectuais da época, vindo a se formar um renomado pensador, que também pode ser incluído na corrente austromarxista. Após ler intensamente Engels, conheceu Bernstein e começou a se ocupar com o marxismo, indo em 1881 a Londres conhecer Marx e Engels. Em 1883, fundou e foi editor e redator-chefe até 1917 do periódico *Die Neue Zeit*, o qual gozou de bastante notoriedade à época e no qual escreveu seus artigos mais impactantes sobre o imperialismo, entre 1913 e 1914, como ocorreu em setembro do último ano, no escrito *Ultra-imperialism*. Embora Kautsky não tenha uma obra emblemática como os outros expoentes, seus artigos permitem compreender limpamente as diretrizes de suas ideias.

Entre 1885 e 1890, após a morte de Marx, mudou para Londres e estreitou as relações com Engels, com quem estudou com afinco o pensamento marxiano. Ao voltar para a Alemanha, tornou-se um dos principais ícones do SPD, compondo com outros políticos mais entusiastas da social-democracia a ala centrista do partido, da qual Hilferding também fazia parte. Em geral, foi um típico pensador de sua época, munido das leituras de Darwin e Marx, interpretou as ideias acerca do socialismo como uma etapa necessária e inevitável na evolução das sociedades.[21]

Dos pensadores marxistas daquele interregno, Kautsky, talvez, tenha sido o mais influente em seu tempo. Como baluarte,

---
21 Cf. Teixeira, 2002.

buscou compreender as transformações políticas e estruturais, pelas quais passava o capitalismo naquele momento. Sua presença foi muito intensa no movimento socialista mundial no início do século XX, quer pelos discursos, quer pelas publicações. Pela convivência e pelos estudos, era tido como um sucessor de Marx e Engels. Sua trajetória política desfez todas as expectativas. De ícone da esquerda, trafegou pelo centro durante a Primeira Guerra Mundial (também se opôs à concessão de créditos para o conflito, ao ponto de desfiliar-se do SPD em 1917 para depois retornar em 1919) até parar na direita após a revolução na Rússia, exercendo o papel de crítico feroz dos bolcheviques.

Para ele, o motor da história não era a luta de classes, mas o acirramento da contradição inerente entre as forças produtivas e as relações de produção, que poderia levar ao socialismo. Sua interpretação determinista das leis de movimento do capital simplificou o pensamento marxiano a um evolucionismo, que como discurso político conseguia galgar bastante popularidade. Em seu etapismo, a questão agrária desempenhava papel fundamental, tendo em vista o avanço do capitalismo industrial e sua dominância sobre esta, o que viabilizaria o impulso das transformações capitalistas. Na sequência das mudanças, não entendia ser o proletariado suficientemente forte para conduzir a revolução, mas via seu enfraquecimento com a ascensão do capital financeiro, defendendo como solução reformas e a incorporação dos benefícios da democracia burguesa. Sua postura política volátil influenciou em suas elaborações teóricas, o que o induziu a repensar alguns conceitos.

Para Kautsky, imperialismo era um termo muito discutido naquele momento, mas que precisava urgentemente de uma definição teórica. Rechaça as concepções pré-capitalistas e entende que somente a expansão territorial não basta para definir o fenômeno como imperialista. É imperioso compreendê-lo como uma política do capitalismo desenvolvido, mais uma num grande rol de outras possibilidades. Essa visão leva Kautsky a constatar mesmo uma frágil tautologia na definição corrente de imperialismo.[22]

Logo, reformula o conceito. Equipara-o à política de livre comércio, que precedeu o imperialismo, sendo por esta substituída. Seguindo o raciocínio evolucionista, o imperialismo também seria superado, e por suas contradições inerentes, cavando sua própria cova.[23] Nesse diapasão, as raízes do imperialismo estariam na tendência do modo de produção capitalista em corromper a proporção entre os diversos setores da produção, sobrepondo-se a produção industrial em relação à agrícola. O setor industrial internamente gera desigualdades e distorções que levam à superprodução. A reversão da crise é viável pela expansão para fora, avançando sobre as formações sociais ainda agrícolas, nas quais se busca os meios de subsistência (força de trabalho), a matéria-prima e o mercado consumidor. O intelectual tcheco insiste no etapismo do imperialismo enquanto momento histórico de desenvolvimento do capitalismo. A tendência das nações industrias poderiam assumir as formas mais variadas, podendo um suceder a outra, sem um parâmetro específico. "Uma forma particular dessa tendência é o imperialismo, que foi precedido por outra forma, o liberalismo, considerado, meio século atrás, como a última palavra do capitalismo, como se faz hoje com o imperialismo".[24]

Kautsky questiona seus críticos se o imperialismo seria mesmo a última forma fenomênica possível da política mundial capitalista, sem haver outras possibilidades; se configuraria a única forma possível para expandir a troca entre indústria e agricultura no âmbito do capitalismo. Sua resposta é negativa. Por essa perspectiva, o imperialismo consiste em um resultado do capitalismo industrial altamente desenvolvido, o qual tende a submeter e a anexar as regiões agrárias do mundo para elevar

---

22 Cf. Kautsky, 2002, p. 443.
23 Cf. Kautsky, 2002, p. 471.
24 Cf. Kautsky, 2002, p. 456.

suas condições de concorrência.²⁵ Logo, o capital financeiro é a causa, da qual o imperialismo é a consequência. A lógica não é, contudo, tão automática. Por um lado, o imperialismo deprecia a condição da classe trabalhadora ainda mais, o que pode ser revertido pela revolução socialista, quando o proletariado dos países capitalistas estiver suficientemente forte. Por outro, a ocupação e subjugação de zonas agrárias acirra ainda mais os conflitos bélicos entre os países, o que prejudica contraditoriamente os próprios negócios e os lucros dos capitalistas. Kautsky, escrevendo após os primeiros e intensos acontecimentos da Primeira Guerra, identifica-a como uma enorme distorção, ocasionado por diversos motivos, um momento pontual e excepcional, que não se coadunava com a evolução das relações capitalistas.

Com fulcro no determinismo econômico, não vê razão no fomento e alargamento dos conflitos. O germânico de Praga lança mão da ironia para apontar a discrepância entre a racionalidade econômica e as guerras, o que as desestimularia a partir da tomada de consciência dos capitalistas. O conflito interestatal leva à falência das próprias economias, logo, não fazendo nenhum sentido racional. Assim, rechaça o horizonte da continuidade das disputas bélicas e armamentistas após o término da Primeira Guerra Mundial. "Todos os capitalistas com visões de longo prazo devem gritar a seus companheiros: capitalistas de todo o mundo: uni-vos!".²⁶

As guerras não irão gerar condições para a revolução, mas, sim, para a superação do imperialismo e sua transformação em uma santa aliança²⁷ entre os grandes capitalistas, que são os que

---

25 Cf. Kautsky, 2002.
26 Cf. Kautsky, 2002, p. 460.
27 Kautsky faz alusão à coalizão conservadora formada pelas potências monárquicas e católicas, formada inicialmente pelo Império Russo, o Alemão e o Austríaco, que ficou conhecida como a Santa Aliança. Foi criada com a derrota de Napoleão, munida do objetivo de apoiar a restauração monárquica das dinastias da Europa Ocidental que foram derrubadas pelo general francês. Juntaram-se em torno de um interesse comum que beneficiava a todas, daí a analogia ao ultraimperialismo em relação aos grandes capitais.

perdem com as rivalidades. O desfecho da Grande Guerra determinará os rumos mundiais. A expectativa é que se confirme a chegada de um novo momento, inaugurando uma era de esperança e pacifismo no interior do capitalismo.[28] O ultraimperialismo seria outra, uma nova política, posterior ao imperialismo, na qual dominaria um cartel internacional do capital. Kautsky insiste no alerta à nova fase do ultraimperialismo.[29]

Assim como Hilferding e Luxemburgo, é indubitável a contribuição de Kautsky para o debate do imperialismo, ainda que mais pelas contestações que sofreu do que pelos elogios que recebeu. Com efeito, suas ideias reverberaram direta ou indiretamente pelos estudos vindouros, tanto no campo da política quanto na seara das relações internacionais, dentro e até fora do espectro marxista.

1.6. Nikolai Bukharin e a economia mundial

Nikolai Bukharin (1888-1938) nasceu em Moscou e veio a falecer em decorrência da condenação e execução perpetradas pelo governo de Stálin, sob a acusação de traição. Tido como um intelectual brilhante por seus pares, como Lênin, o, então, jovem russo envolveu-se com política a partir da Revolução de 1905. No ano seguinte, filiou-se ao partido social-democrata russo, integrando a ala bolchevique (majoritária). Anos mais tarde viria a compor o Comitê Central da organização. Foi preso e exilado na Sibéria pela repressão czarista. Ao fugir atravessou diversos países até chegar à Áustria, tendo estudado em Viena com expoentes da renomada escola de economia política austríaca, o que motivou suas reflexões acerca do capitalismo. No exílio, em 1912, conheceu Lênin, com quem manteria contatos estreitos (e criticaria após a tomada do poder), e logo depois, Stálin. Nos anos de 1914 e 1915 dedicou-se aos estudos sobre o imperialismo, que se

---
28 Cf. Kautsky, 2002, p. 490.
29 Cf. Kautsky, 2002, p. 462.

congregam no livro que somente seria publicado após a Revolução de Outubro. Retorna ao seu país de origem com o levante de fevereiro e participa ativamente da Revolução Russa. Com o novo governo bolchevique, fez oposição à esquerda e a Lênin, questionando a Nova Política Econômica (NEP) e a assinatura do tratado de paz com a Alemanha (Tratado Brest-Litowski). De aliado transferiu-se para o lado opositor a Stálin em virtude do rechaço à política de coletivização da agricultura. Ainda assim, conseguiu ser presidente da III Internacional, de 1926 a 1929. Não demorou muito para perder o prestígio no país, mediante a onda de expurgos comandada pelo stalinismo. Em razão de sua postura questionadora foi preso e sentenciado à morte.

Destacou-se como jornalista e dirigente político. Ao tempo da eclosão da Primeira Guerra Mundial dedicou-se aos estudos acerca do imperialismo. O livro de maior destaque do brilhante russo, *A economia mundial e o imperialismo*, foi escrito em 1915 e publicado em 1917, tendo sido originalmente prefaciado por Lênin. Influenciado por Hilferding e Lênin, não compactuava inteiramente das ideias de ambos. Para ele, o imperialismo não era mais um dos problemas fundamentais da economia, mas a questão essencial por trás das transformações modernas do capitalismo. A elucubração teórica de Bukharin trafega os polos de Hilferding e Lênin, dialogando com cada qual a seu modo. Suas ideias ficaram, e, em grande medida, ainda estão eclipsadas, pela dupla rejeição da qual foi vítima. Os críticos a Stálin o compreendiam como um stalinista por ter ocupado importantes postos no governo soviético, enquanto que para os stalinistas suas concepções eram consideradas nefastas, a ponto de ter sido condenado à morte pelo Estado soviético. Sua posição política singular coaduna-se com a peculiaridade de seu pensamento.

Sua visão é sistemática, examinando a economia mundial como uma totalidade, sendo os Estados não apenas economias isoladas, mas organismos econômicos nacionais que travam também relações mercantis internacionalizadas e, por isso, atuam em um ambiente de concorrência acirrada. "Assim como toda empresa individual constitui uma parte componente da economia nacional, cada uma dessas economias nacionais é também parte integrante do sistema da economia mundial".[30] Nota-se que a noção de totalidade do sistema internacional demarca a originalidade do pensamento do intelectual russo, que não trata o todo como a soma das partes, mas como um conjunto próprio. Com fulcro nesse mesmo solo teórico, fica explícita a contradição entre as tendências à nacionalização e à internacionalização, que marca a relação entre Estados e capitais. "A partir daí, podemos definir a economia mundial como um sistema de relações de produção e de relações correspondentes de troca, que abarcam o mundo em sua totalidade".[31] Ante a complexidade das reflexões, o russo antecipa o ponto de partida das análises originais vindouras. Principalmente na obra, publicada em 1924, *Imperialismo e acumulação de capital*, o intelectual continua suas reflexões, marcando ainda mais a via particular de seu pensamento. O contexto favoreceu um olhar mais apurado sobre o panorama já dado das teorias do imperialismo. Assim, não poupa críticas a Luxemburgo, o seu principal alvo, bem como às concepções de Kautsky. A visão sistemática de Bukharin e a dualidade contraditória da acumulação capitalista que assinalam sua obra viriam, não fortuitamente, 50 anos mais tarde, a ser resgatadas pelo principal expoente do debate alemão do mercado mundial.[32]

O desenvolvimento capitalista traz como resultado, de um lado, a internacionalização da vida econômica e o nivelamento

---
30 Cf. Bukharin, 1984, p. 17.
31 Cf. Bukharin, 1984, p. 24.
32 É notória a influência de Bukharin na leitura que os teóricos do debate do mercado mundial fazem das relações internacionais.

econômico; e, de outro, a acentuação da tendência à nacionalização dos interesses capitalistas e à formação de grupos nacionais interligados e beligerantes. Dinâmica que acirra as contradições e os conflitos. O motor desta inter-relação é a competição intensa entre os grupos burgueses. Tendo em vista que cada qual aspira universalizar seus interesses, os conflitos são inerentes. As tensões, apesar de representadas pelos aparatos estatais nacionais, seriam gestadas pelos trustes nacionais que vão impulsionar a concorrência e a luta pelo controle de territórios pelo mundo.[33]

Percebe-se que a visão quanto ao Estado ainda se atrela à de seu tempo, manifestando elementos do capitalismo monopolista de Estado. Compartilhando da concepção de Hilferding acerca do capital financeiro, sua interpretação sobre o pensamento do social-democrata austríaco ocorre de forma bem ortodoxa, defendendo que o capital financeiro não poderia seguir outra política que não a do imperialismo, o que conduz inevitavelmente à guerra.[34]

Bukharin relaciona a política imperialista, que só marca sua aparição em determinado nível histórico, no momento do moderno desenvolvimento das relações capitalistas, diretamente com o capitalismo monopolista, as guerras e a revolução proletária. O político russo busca diferenciar-se das duas interpretações marcantes à época acerca do imperialismo: a de cunho nacionalista, xenófoba, estimulada pelo capital financeiro, que nela travestia seus interesses; e a do imperialismo em geral, que era despida de rigor científico, remetendo a acontecimentos pré-capitalistas, nos primórdios da história, tentando explicar tudo, mas sem precisar nada. Por isso, Bukharin é claro ao definir o imperialismo como a política do capital financeiro.[35]

---

33 Cf. Bukharin, 1984, p. 17.
34 Cf. Bukharin, 1984, p. 96.
35 Cf. Bukharin, 1984, p. 107.

O capital financeiro prega liberdade, mas deseja dominação; exige seu atrelamento ao capital industrial para compartilhar o ônus, mas colhe sozinho o bônus; e não admite concorrência, a não ser para beneficiá-lo.[36] As relações de produção replicadas pela política imperialista permitem que os laços econômicos internacionais passem a ter ramificações por todo o globo, tendo seu epicentro no domínio internacional das finanças. Bukharin não olvida do poder dos conglomerados financeiros, uma vez que enfatiza em seus escritos a necessidade de uma visão sistêmica da exportação de capitais em meio à realidade complexa do sistema mundial.

Nesse ponto, apesar de crítico ácido de Kautsky, Bukharin, mediante uma visão mecânica da totalidade da economia mundial, acaba por, contraditoriamente, aproximar-se das premissas e das previsões do social-democrata tcheco. Em outras palavras, como o revolucionário russo identifica o imperialismo enquanto política do capital financeiro, ele entende também que esta é possível de ser superada a ponto de atingir outra fase, com diferentes desdobramentos políticos. É nessa linha que delineia as consequências do processo de concentração e organização da produção. Prevê um amplo domínio do capital financeiro em uma unidade econômica, sem fronteiras nacionais, que se espraia pelo globo.[37]

Malgrado alguma similitude, não é factível alinhar o pensamento de Bukharin a Hilferding ou, mesmo, a Kautsky, em função das distinções tanto teóricas (em menor medida) quanto políticas (em maior medida), estando mais afim às noções de Lênin. Apesar de sua obra ter sido relativamente eclipsada pelo lançamento posterior do livro do revolucionário bolchevique, seu papel como teórico impactante do imperialismo fica reservado, tendo contribuição indelével no tocante às discussões sobre capitalismo e relações internacionais.

---
36 Cf. Bukharin, 1984.
37 Cf. Bukharin, 1984, p. 66-67.

1.7. Lênin e a fase superior do capitalismo

Vladimir Ilitch Ulianov ou Lênin (1870-1924) nasceu em Simbirsk, atual Ulianovsk (homenagem em seu nome), na Rússia, e veio a falecer, quando, então, era chefe de Estado da União Soviética. Seu interesse pela política foi despertado da maneira mais cruel, com a prisão e morte de seu irmão por oposição ao regime czarista. Entrou para os círculos marxistas em 1888, vindo logo o engajamento político e as publicações. Estudou direito em Samara, na Rússia, e advogou por dois anos. Em 1893, mudou-se para São Petersburgo, onde iniciou os contatos com os sociais-democratas russos. Ao participar do encontro do SPD em 1895, na Suíça, ficou conhecido em função das atividades consideradas subversivas. Por causa disso, ao retornar para a Rússia foi preso e exilado na Sibéria, tendo ficado dois anos na prisão invernal até a fuga. No exílio, em 1900, começa a escrever em jornais políticos e adota o pseudônimo Lênin. Opõe-se, ao lado de maioria (bolchevique) contra a minoria (menchevique), dentro do partido social-democrata russo, gerando um racha na organização. Tentou regressar à Rússia na Revolução de 1905, mas não encontrou no país espaço para a organização da revolução, voltando para o exílio, agora, em Paris. Em 1912, funda o jornal *Pravda*, tendo como participante do comitê central Stálin. Com a eclosão da Primeira Guerra, o pensador russo volta à Suíça. Quando finalmente retorna à Rússia, passa por alguns percalços até tomar as rédeas do processo revolucionário e conduzi-lo com maestria até sua precoce morte poucos anos após a consolidação da União Soviética.

Lênin é, para muitos, o mais importante pensador político do marxismo no século XX.[38] Na contramão do movimento comunista internacional (cujo refluxo vinha se alargando desde a morte de Marx) que adotara uma postura derrotista,

---

[38] Cf. Mascaro, 2013b; Quartim de Moraes, 2012; Gomes, 1999.

reconhecendo a inviabilidade da revolução e na defesa das reformas capitalistas, o revolucionário russo não cedeu às pressões. Com uma enorme capacidade de conectar a teoria e a prática, conseguiu extrair o vínculo entre as condições gerais de desenvolvimento do capitalismo moderno com a situação em seu país. Mesclando o pensamento e a luta revolucionária foi responsável pelos rumos que o sistema internacional e o capitalismo tomaram. Isso porque sem Lênin seria impossível compreender a história mundial dos séculos XX e XXI. No contexto de avizinhamento da guerra e de combate às posições reformistas da Segunda Internacional e do SPD alemão, o político comunista desenvolve sua teoria sobre o imperialismo.

Advogado, pensador e militante político, Lênin destacou-se por suas posições firmes e seus escritos influentes. De 1914 a 1917, viveu em Zurique, de onde escreveu suas reflexões sobre o imperialismo. O intelectual realizou um rigoroso exame de diversas obras,[39] nos mais variados idiomas, sobre a economia mundial, como preparação para escrever seu livro mais emblemático: *Imperialismo, fase superior do capitalismo*. A análise econômica não é, todavia, a grande originalidade do trabalho, tendo em vista que declaradamente se espelha nas observações de Hobson e de Hilferding. O ponto máximo do livro é a articulação concreta da teoria econômica do imperialismo com todas as questões políticas daquele momento. Escrito na primavera de 1916 e publicado em 1917, o exemplar saiu em meio aos acontecimentos da Grande Guerra e a capitulação do partido social-democrata alemão (SPD), que se encontrava rachado pelo apoio que deu às pretensões nacionalistas mediante o apoio parlamentar ao conflito, renegando as posições revolucionárias. Neste período, as rusgas com Kautsky[40] e com o SPD

---

39 A reunião das anotações de todo este material preparatório, analisada de 1912 a 1916, está em diversos rascunhos que, reunidos, ficaram conhecidos como *Cadernos do Imperialismo*.
40 Para Lênin, inclusive, a posição de Kautsky acerca do imperialismo, pela defesa do

(e por consequência com as correntes majoritárias da Internacional Socialista) tornam-se inconciliáveis. Com a revolução de fevereiro de 1917, retorna finalmente à pátria para propor caminhos e questionar o governo dos mencheviques.[41] Depois de um curto refúgio na Finlândia, comanda a Revolução de Outubro, tornando-se o primeiro presidente do Conselho dos Comissários do Povo da União Soviética, vindo a falecer por motivo de doença ainda no cargo.

Diferentemente dos teóricos anteriores, defende arduamente que o fenômeno imperialista não seria apenas uma política externa para satisfazer as necessidades e pressões acerca do excedente do capital no poder dos países centrais. Em sua visão, o imperialismo expressa mudanças substanciais na esfera política, social e econômica no desenvolvimento do capitalismo nos países metropolitanos. Essas transformações constituem evidências não de uma política, mas de uma fase do capitalismo, a última, a mais recente, que impõe como a de contradições mais acirradas, aquela que viabilizará a sua própria superação, em um capitalismo avanço, em estado de putrefação, que seria a antessala do socialismo.

Nesse sentido, sua perspectiva denota que o imperialismo é um elemento intrínseco ao capitalismo. A fase anterior, a da livre concorrência, ainda não ilustrava a maturidade do modo de produção, que só veio a se concretizar no capitalismo moderno, monopolista. "O século XX assinala, pois, o ponto de viragem do velho capitalismo para o novo, da dominação do capital em geral para a dominação do capital financeiro".[42]

---

ultraimperialismo, sequer marxista seria, uma vez que tanto a análise crítica quanto a teórica do renegado tcheco estariam impregnadas por um espírito oportunista, incompatível com o marxismo, pois ocultaria e atenuaria as contradições mais essenciais do fenômeno imperialista. Para mais, ver Banfi (2012); Fernandes (2015); Lênin (2012).
41 Mais especificamente o questionamento veio em forma de um documento que ficou conhecido como *Teses de Abril*, no qual ele concretiza suas ideias e coloca diretivas para o movimento revolucionário, as quais podem ser resumidas na tríada: paz, pão e terra.
42 Cf. Lênin, 2012, p. 74.

Com efeito, o conceito de imperialismo de Lênin é formado por cinco traços nodais: 1) aumento da concentração da produção e do capital levando à formação de monopólios; 2) fusão do capital bancário com o capital industrial, dando origem ao capital financeiro e à oligarquia financeira; 3) predomínio das exportações de capitais sobre a exportação de mercadorias; 4) formação de cartéis internacionais que dividem entre si o mercado mundial; 5) partilha territorial do mundo entre as grandes potências. Nessa toada, ao contrário dos teóricos marxistas aqui revisitados que vinculavam o fim do capitalismo com a sua debacle econômica, provocada pela tendência decrescente da taxa de lucro, para Lênin, a putrefação do capitalismo não decorre de sua inviabilidade econômica, mas da sua incapacidade inerente de estipular limites à reprodução ampliada do capital e, com isso, atenuar seus efeitos deletérios. Assim, não compactua com o determinismo economicista. Em sua perspectiva totalizante o capitalismo monopolista gera impactos distintos na economia mundial, constituindo polos desiguais de desenvolvimento. Com fulcro nesta abordagem, o intelectual russo busca explicar os acontecimentos mundiais e advogar por sua postura favorável à revolução. A originalidade da abordagem leninista está na conclusão de que o imperialismo era uma fase determinada do capitalismo e que este interregno oferecia ao proletariado armas para a luta política.[43]

Imbuído dessas perspectivas, estrutura suas ideias em sua obra paradigmática em grandes temas que podem ser sintetizados em seis tópicos: formação dos monopólios; capital financeiro; exportação de capital; partilha do mundo entre as associações capitalistas e grandes potências estatais; aristocracia operária; e o imperialismo enquanto estágio particular do capitalismo.

Os monopólios seriam resultados da concentração e centralização do capital, intensificadas pela ampliação do capital

---

43   Cf. Andreucci, 1984.

constante na produção (maquinarias e equipamentos) e pelas fusões e aquisições que formam grandes blocos capitalistas que controlam o mercado, organizados em sociedades anônimas. Para comprovar suas afirmações utiliza-se de dados econômicos e da evolução cronologia do desenvolvimento dos países, notadamente, Alemanha e Estados Unidos, mas também da Grã-Bretanha. Conclui que os monopólios decorrem do auge da livre concorrência, que quando estimulada ao máximo leva à concentração. Lênin resume a trajetória dos monopólios.[44]

Nessa concepção que vincula o capitalismo monopolista e o imperialismo, um setor específico da economia desempenha função axial, o bancário. De mero intermediário do comércio de dinheiro, os bancos, no processo de concentração e centralização da produção, passam a ser os agentes fomentadores da atividade econômica. Com isso, transferem para si grande parte do mais-valor extraído na indústria, uma vez que predomina sobre o industrial nesta espúria fusão. Neste ponto, Lênin demonstra a influência exercida por Hilferding em sua formulação, destacando a fusão entre capital bancário (com predominância deste) e o capital industrial, formando o capital financeiro. A manobra permite o surgimento de uma oligarquia financeira, com elevado poder político, que se constitui uma camada parasitária e rentista da burguesia.[45]

A reorganização econômica em torno dos monopólios financeiros intensifica a exportação de capitais. Sobretudo com a ajuda da pressão pelo expansionismo da oligarquia financeira, a exportação de capitais supera a de mercadorias, marcando a mudança de estágio capitalista. "O que caracterizava o velho capitalismo, onde reinava plenamente a livre concorrência, era a exportação de mercadorias. O que caracteriza o capitalismo moderno, no qual impera o monopólio, é a exportação de

---
44 Cf. Lênin, 2012, p. 44.
45 Cf. Lênin, 2012, p. 75.

capital".⁴⁶ Via empréstimos e investimentos em infraestrutura em outros países, a entrada dos capitais centrais impacta consideravelmente na matriz produtiva das nações menos desenvolvidas economicamente. Não restam mais dúvidas acerca da direção do capitalismo moderno de então.

Nesse sentido, ganham importância as nações periféricas que são alvos da sede imperialista por lucros máximos, sendo repartidas por empresas e pelos Estados centrais, sofrendo as consequências dos conflitos bélicos, na disputa concorrencial. O mercado interno estaria inexoravelmente vinculado ao externo. Disso decorre a essência expansionista das relações capitalistas. À medida que se elevava a exportação de capitais, ampliavam-se as áreas de influência das potências metropolitanas. Exemplos de associações monopolistas internacionais poderiam ser encontrados no setor elétrico e na indústria do petróleo. Os trustes seriam movidos pela lógica da luta pelo território econômico, concorrência que estimula conflitos. A busca por fontes de matérias primas e mercados consumidores acontece com o imprescindível apoio estatal, que mediante sua força militar atua como garantidor das empreitadas do capital financeiro pelo mundo. O intelectual russo exemplifica o que considera as ações imperialistas da época.⁴⁷

A repartição do globo pelos interesses econômicos e políticos não é imune aos conflitos, ao contrário, estes estão enraizados na essência do capital financeiro. O acirramento destes conflitos resulta em guerras fratricidas que, contraditoriamente, enfraquecem as próprias relações capitalistas. Grande exemplo desta lógica seria a Primeira Guerra Mundial. Do alto de sua visão estratégica, Lênin a define como imperialista, espoliadora e antiproletária e indica nela a margem de oportunidade para a insurgência da classe proletária. Atribui à não deflagração das

---

46 Cf. Lênin, 2012, p. 93.
47 Cf. Lênin, 2012, p. 127.

revoluções operárias pelo mundo aos próprios trabalhadores, o que denomina de sindicalismo amarelo, fazendo alusão à posição conformada do movimento operário. Tendo em vista os altos lucros gerados no centro com a exploração da periferia, surgia uma casta de beneficiados, dirigentes da classe trabalhadora, que, com a subjugação da força de trabalho na periferia, amealhava direitos trabalhistas e aquisições materiais, contentando-se com a migalha dos lucros exorbitantes da classe financeira. O comportamento do proletariado merece atenção do autor, quando afirma que sua classe dirigente passa a aceitar as migalhas dos lucros extraordinários em troca de uma postura conciliatória e reformista, antirrevolucionária. Estes expoentes constituem o que denomina aristocracia operária, que enfraquece e divide o movimento, agindo em nome da burguesia, mas com a retórica de defesa dos trabalhadores. O autor russo, assim, conceitua o que cunha de sindicalismo amarelo.[48]

Dessa forma, o imperialismo reluz a mesma lógica capitalista, agora, sob bases ainda mais exploratórias, de concentração, de desenvolvimento enviesado e de dominação e violência. Nesse contexto, com fulcro nas premissas teóricas que constituem a obra, Lênin entende ser o capitalismo financeiro um estágio, derradeiro, agonizante do modo de produção, o qual não tem prazo determinado para findar-se, mas com a derrocada iminente. Como análise concreta de uma situação concreta, a obra de Lênin precisa ser tomada nestes termos para que não se precipitem conclusões equivocadas. É imperioso seguir seu método e sua perspectiva sem tê-lo como modelo, ou seja, recuperar a interface entre teoria e engajamento político. Sua definição sobre o imperialismo já denota toda a genialidade e complexidade de seu pensamento.[49]

---

48 Cf. Lênin, 2012, p. 168.
49 "Se fosse necessário dar uma definição, a mais breve possível do imperialismo, dever-se-ia dizer que o imperialismo é a fase monopolista do capitalismo. Essa definição

Aqui, a visão de Lênin já se demonstra inovadora ao discutir com mais ênfase e antecipar questões que viriam a ser o cerne dos debates contracorrentes em meados do século XX. A interface entre suas convicções políticas e teóricas permitiu que ele se diferenciasse dos outros pensadores como o elo exitoso da revolução proletária. A sofisticada compreensão de Lênin acerca das questões mundiais alicerçou as bases para o debate teórico fundamental dos estudos internacionalistas. Em suma, com a sucinta exposição do arcabouço teórico de Lênin, o ápice teórico dos pioneiros do imperialismo, cumpre ressaltar a relevância das contribuições apresentadas que vieram a constituir as bases para as discussões vindouras no que tange a imperialismo. Não obstante as abordagens estarem fixadas na realidade concreta da época, suas reflexões sobre a interface entre sistema de Estados e capitalismo podem ser consideradas os pilares fundacionais dos estudos mais elaborados e especializados acerca das relações internacionais.[50]

Não obstante a centralidade do debate pioneiro, ele não está imune a críticas. Muito pelo contrário, seu próprio caráter de análise concreta da realidade presente requer ser adaptado às novas circunstâncias decorrentes das transformações posteriores do modo de produção capitalista. Com o passar dos anos, verificou-se que muitos indícios narrados pelos primeiros intérpretes não mais se confirmaram ou, quando ratificados, constituíam características conjunturais, e não, mormente, estruturais, do modo de produção capitalista. Eventuais lacunas não comprometeram em nada a genialidade das fecundas ideias pioneiras

---

compreenderia o principal, pois, por um lado, o capital financeiro é o capital bancário de alguns grandes bancos monopolistas fundido com o capital das associações monopolistas de industriais, e, por outro lado, a partilha do mundo é a transição da política colonial que se estende sem obstáculos às regiões ainda não apropriadas por nenhuma potência capitalista para a política colonial de posse monopolista dos territórios do globo já inteiramente repartido" (LÊNIN, 2012, p. 124).
50 Cf. Fernandes, 1998; Berringer, 2014.

que ainda embasam as reflexões sobre o imperialismo hodierno. A matriz economicista que legaram sobre a teorização do imperialismo atravessa gerações e inspira reflexões ainda nos tempos atuais. Ainda que no entreguerras já houvesse tentativas de releituras do imperialismo,[51] que ainda podem ser consideradas pioneiras, um novo debate somente pode ser constatado a partir da transformação substancial da realidade concreta após duas guerras mundiais. A amplitude do alcance das relações capitalistas demandou atualizações e adaptações ao pensamento pioneiro. Se eles se alicerçaram na concretude vivida para refletir sobre o desenvolvimento do capitalismo e suas implicações, com a mudança dessa realidade, novos desafios e tarefas impõem-se para se interpretar as questões internacionais.

---

51 Ressalta-se que logo no pós-Primeira Guerra Mundial já havia releituras do próprio marxismo com críticas pontuais aos pioneiros. No tocante ao imperialismo, especificamente, as visões que se apresentaram mais como extensão do que como contestação dos pioneiros são de Henryk Grossman (1881-1950) e Leon Trostky (1879-1940).

2
O DEBATE FORDISTA

O novo ciclo do capitalismo que se inaugura após a crise econômica de 1929 e a decorrente Segunda Guerra Mundial e vai até a debacle nos anos 1970 possui contextos históricos e teóricos muito particulares, ocasionando um ínterim de excepcional e pontual estabilidade relativa na trajetória do centro de acumulação do sistema capitalista. O momento de recuperação econômica e de composição política em torno da social-democracia como armas de contenção do alastramento da vitória da Revolução Russa mudaram a face do padrão de desenvolvimento do capitalismo. Inquestionavelmente conciliou-se um cenário de crescimento econômico em escala mundial acompanhado pelo incremento substancial dos índices sociais. Nesse cenário moldam-se as lutas operárias e a reorganização das estruturas capitalistas. Das concepções fortemente liberalizantes irradiadas anteriormente partiu-se para: concessões ao trabalho, mediante expansão de direitos; o ancoramento das relações de produção em bases nacionais-estatais, com fomento à demanda agregada, crescimento e consumo de massa; e a regulação do fluxo de capitais pelo mundo via configuração formal e informal da hegemonia estadunidense.

O rearranjo no modo de organização das relações capitalistas ficou conhecido como fordismo. O sentido aqui atribuído ao termo caracteriza um padrão de desenvolvimento das relações de produção capitalistas. O pós-1945 foi costurado sob um modelo embasado em dois alicerces: o regime de acumulação interno, nacional, e o modo de regulação estatal-intervencionista (bem-estar social). É com fulcro nesse panorama que os Estados Unidos consolidam sua hegemonia, o imperialismo ganha novos contornos e o capitalismo espraia-se definitivamente pelos quadrantes do globo. É também dentro desse terreno que o pensamento marxista sobre Estado passa a enfatizar aspectos superestruturais em detrimento dos estruturais, marcando uma guinada na tradição dos pioneiros. O que se verificou no novo debate que se instaura é um contexto tão distinto ao anterior que o conceito de imperialismo ficou eclipsado, tendo o seu desenvolvimento se dado de maneira reflexa ou indireta. Nos círculos marxistas, por uma série de condicionalidades, os aspectos políticos e institucionais passaram a constituir preocupação imediata, relegando os assuntos considerados excessivamente economicistas, como o imperialismo, para o plano marginal. A mudança gera descompasso. Se no centro do capitalismo (Europa Ocidental e Estados Unidos) a discussão é diluída; os autores voltados à periferia mundial viabilizam seu desenvolvimento mais substancial, mas ainda sem descolar-se completamente da base econômica que fundou as ideias pioneiras. Apesar de não significar um rompimento claro com o momento anterior, inovações significativas vieram à baila, as quais cabem aqui pontuar.

2.1. Contexto histórico

A Europa Ocidental, que gozara da dominância histórica no mundo capitalista, deparava-se com uma condição inédita. Ainda presente no centro de acumulação capitalista, metropolitana, mas, ao mesmo tempo, subordinada em relação ao poder hegemônico emergente, os Estados Unidos da América. Além da perda da primazia na concorrência interimperialista, as burguesias europeias ocidentais sentiam de perto a iminência de revoluções proletárias nos moldes soviéticos.[1] A destruição material, demográfica e produtiva agravara a deterioração das condições sociais das classes trabalhadoras. Destarte, não há como delinear a fase histórica que o capitalismo entrava sem compreender, por um lado, os impactos da Revolução Russa no sistema capitalista, notadamente a Guerra Fria. Havia um sentido na constituição e conciliação em torno de um capitalismo aparentemente menos excludente, de vitrine. Naquele momento era preciso, politicamente, um regime de acumulação que legitimasse o capitalismo perante o modelo socialista, não apenas internamente, mas também na disputa pelas áreas de influência pelo mundo, bem como um modo de regulação que consubstanciasse a reprodução capitalista. Logo, o regime de acumulação interna logrou êxito respaldado por modo de regulação amplo.[2]

A articulação entre ambos caracterizou um modelo de crescimento nacional (ainda que díspar, na proporção da divisão internacional do trabalho), alicerçado prioritariamente na estrutura e no desenvolvimento das formações nacionais, como produto da Guerra Fria, alcançando não apenas os países capitalistas, mas também as experiências de socialismo real.[3] Por outro lado, os Estados Unidos, que ocuparam militarmente a porção ocidental do continente europeu, viabilizaram estratégias para apoiar as elites nacionais, evitando processos revolucionários nas grandes potências capitalistas. Nelas não havia quer condições materiais quer respaldo ideológico para a manutenção

---

1 Cf. Block, 1989; Poulantzas, 1975; Osorio, 2015.
2 Cf. Hirsch, 2010, p. 142.
3 Cf. Hirsch, 2010, p. 145.

das medidas ortodoxas defendidas pelos setores financeiros, praticadas fortemente antes das duas guerras mundiais e durante o interregno. Escaldados dos efeitos deletérios da crise de 1929, as burguesias ocidentais adotaram uma reconstrução pautada no modelo estadunidense de bem-estar social (*welfare state*). Assim, configurou-se, para além do *New Deal* norte-americano, o difundido modelo de bem-estar social e suas implicações pelo mundo. Essa dinâmica é relativamente limitada a um espaço econômico delimitado e socialmente integrador.

Por causa do contexto e dos motivos descritos acima, esta organização do trabalho capitalista influenciou substancialmente em todos os processos econômicos, as estruturas de classe, os valores e os modos de vida. A transmutação da face do capitalismo eclode não pela vontade do mercado, mas ao entrelaçamento do capital e do Estado, dado pelas condicionantes daquele lapso temporal, que se espraia pelo todo social.[4] Se na fase anterior ao fordismo, a concorrência entre particulares (e o seu desenrolar em concentração e monopólios) se estabelecia como padrão, neste regime as relações capitalistas são diretamente dirigidas pelo Estado. Nesse sentido, o fordismo significou uma etapa decisiva na implementação histórica total do capitalismo. O capital empreendeu vasta ocupação interna, desconstituindo as relações domésticas, agrícolas e artesanais, transformando as relações sociais e as condições de vida.[5]

O apoio e o engajamento estadunidenses são decisivos na implementação do fordismo em âmbito internacional.[6] A ascendência da hegemonia estadunidense desencadeou a reorganização das relações internacionais empreendida nos moldes dos vencedores da guerra. O arranjo estrutural do cenário mundial pós-1945 restou alicerçado no sistema financeiro, aparato militar e imposição

---

4 Cf. Mascaro, 2013a.
5 Cf. Hirsch, 2010.
6 Cf. Mascaro, 2013a, p. 120.

política, tendo o tripé correspondência institucional nas organizações internacionais. Pelo prisma econômico aparecem: a tríade financeira, organismos de Bretton Woods (Fundo Monetário Internacional – FMI – e Banco Internacional para Reconstrução e Desenvolvimento – Banco Mundial – BIRD) e o padrão dólar-ouro; e o baluarte da regulação do livre comércio, o Acordo Geral de Tarifas e Comércio, o GATT/OMC. Pelo vetor militar finca-se a Organização do Tratado do Atlântico Norte (OTAN). Pela vertente política, a Organização das Nações Unidas (ONU). A trindade garante o respaldo à hegemonia estadunidense, reverberando a estrutura desigual da ordem internacional.

Nesse cenário, com fulcro nas novas bases econômicas e políticas capitalistas, três diferenças notáveis emergiam e nortearam as análises desse debate.

A primeira toca o reposicionamento das esquerdas no campo das lutas. O engajamento político dos autores pioneiros demandou que ao longo de suas vidas suportassem privações, perseguições e mortes. A despeito das dificuldades enfrentadas, suas contribuições extrapolaram a esfera teórica, alçando a concretização política de muitas ideias. Fruto da época, a Revolução Russa é, indubitavelmente, um ponto de inflexão nos movimentos à esquerda. Seus efeitos somente puderam ser efetivamente constatados, em maior amplitude, após a Segunda Guerra Mundial e a reorganização do poder mundial. Isso porque a consolidação da União Soviética não foi um processo simples, ao contrário, foi permeado por conflitos, esforços e embates teóricos e práticos. A consolidação dos impactos revolucionários somente pode ser identificada no pós-1945. Nenhum autor pioneiro estava mais vivo para repercutir as transformações. Ademais, o panorama que se apresentava influenciara diretamente nas discussões críticas. Por um lado, esse foi o momento de embate direto daqueles que compartilhavam a visão geral dos partidos comunistas pelo mundo, cujo epicentro era a política soviética, defendendo uma perspectiva única, dogmática, a marxista-leninista para o imperialismo, como se a doutrina oficial fosse. Por outro, a composição dos partidos socialistas com os governos burgueses moderados na Europa Ocidental viabilizou a social-democracia, impulsionando um novo horizonte de crítica. A chegada dos partidos comunistas e socialistas ao poder mudou completamente os rumos políticos e teóricos do debate, alargando-o e complexificando-o. As esquerdas deixavam, ao menos em âmbito ocidental,[7] o verniz revolucionário para olhar para o mundo a partir do ângulo do poder institucional.

A segunda traduz o equilíbrio de poder forjado na bipolaridade e nas instituições internacionais alavancou uma nova dinâmica nos conflitos interimperialistas, o que garantiu relativa estabilidade no eixo metropolitano. A rivalidade econômica entre as grandes potências não foi mais traduzida em confrontos diretos nos palcos centrais, como ocorrera nas duas grandes guerras, mas em embates indiretos na periferia que não se assemelhavam fidedignamente às empreitadas coloniais. A essência desigual e exploratória do centro de acumulação em relação à periferia foi mantida, mas dada mediante aspectos consideravelmente variados. O imperialismo formal (administração direta, muito custosa, de territórios ultramarinos) transmuta-se ao imperialismo informal (dominação política e econômica indireta). A independência política formal (bandeira/pavilhão, linha aérea, assento na ONU) esteve distante de garantir a autonomia real e o desenvolvimento.

A terceira toca a internacionalização das relações de produção e seus desdobramentos. Constatou-se que o espraiamento do modo de produção capitalista e da consequente financeirização do mundo não foi o sinal de sua decadência, como previam

---

7 Obviamente não se relega aqui os movimentos revolucionários eclodidos em todos os quadrantes do mundo a partir de 1945, como a Revolução Chinesa, a Revolução Coreana, a Revolução Cubana, a Revolução Vietnamita, dentre outras.

os pioneiros, mas, antes, seu fortalecimento. Rompeu-se a estreita associação que faziam entre imperialismo e crise do capitalismo metropolitano. O pós-guerra provocou um interregno de estabilidade e prosperidade econômica crescente nos centros capitalistas reformistas. Aliás, a própria noção de capitalismo concorrencial em contraposição ao período monopolista foi quebrada. Rapidamente constatou-se que não se tratava de dois tipos de capitalismo, mas da trajetória do mesmo fenômeno, que é por essência, monopolista.

2.2. Contexto teórico

Nesse ciclo não há a coincidência concêntrica como ocorreu no pioneiro. As importantes balizas trazidas pelo marxismo ocidental na teoria do Estado[8] não correspondem diretamente ao ciclo fordista do imperialismo e virão a gerar frutos somente no próximo ínterim. No plano das ideias, as inovações sobre imperialismo vieram de autores da periferia ou com o pensamento nela, em função do esgarçamento das relações de produção capitalista pelo mundo (por isso, merecerão aqui ênfase). No centro, o debate sobre imperialismo não trouxe grandes contribuições ou acabou diluído em outras questões políticas, uma vez que o fenômeno imperialista era ainda muito atrelado aos vieses economicistas.

Para que não se relegue completamente as discussões centrais, cabem apenas algumas breves explanações. Nessa toada, pode-se apontar dois rumos: a vertente fatalista e a atualizadora.

---

8   A indicação geográfica não é precisa, mas serve para diferenciar as vertentes marxistas desenvolvidas, notadamente, no pós-Segunda Guerra Mundial. O marxismo ocidental é aquele mais afeto a fins acadêmicos e reformistas e menos às práticas revolucionárias. Esse posicionamento manifesta-se contrário à experiência soviética, tendo seu lastro no humanismo teórico nas obras do jovem Marx, da fase em que o intelectual alemão modulava seu pensamento, cujos textos não haviam sido publicados antes da guerra. O que se convencionou chamar de marxismo oriental é também geograficamente impreciso, serve, porém, de contraponto ao ocidental na medida em que reflete o pensamento marxista voltado aos fins de luta revolucionária, próximo às experiências soviética, chinesa e cubana. Para mais, ver Anderson (2004).

A transformação significativa do contexto em relação ao ínterim discutido pelos pioneiros municiou diversos autores a repensar o imperialismo, tecendo os moldes duais que o assunto é revestido no debate fordista. Da vertente ainda vinculada aos pioneiros, há os que seguiram o caminho do revisionismo (*new revisionism*)[9] e preferiram sentenciar o fim do imperialismo. Aqueles que se manifestaram nessa direção demonstraram a interpretação apressada das ideias inaugurais, enfatizando as incongruências de seu economicismo. Se o imperialismo era a caracterização de uma fase específica, passado esse momento, o fenômeno encontrava-se superado. Notadamente após o arrefecimento das rivalidades interestatais no centro, um dos traços marcantes. Não faltaram estudos que anunciaram a derrocada do imperialismo. O marxismo britânico do imediato pós-guerra gerou debates notáveis.[10] A parcela crítica aos cânones do imperialismo de Lênin apontava para o fim das rivalidades interestatais e para a queda na percentagem de exportação de capitais nos produtos nacionais dos países centrais como evidências claras da superação do imperialismo dos pioneiros. John Strachey, em 1959, com a obra *End of Empire* e Michael Baratt Brown, que em 1963 escreveu *After Imperialism*, são os maiores expoentes dessa vertente fatalista. Também se inscrevem nessa linha, autores cujas ideias obtiveram algum destaque, para o bem ou para o mal, dentro e fora dos cânones marxistas, como John Gallagher e Ronald Robinson, que pioneiramente em 1953, já trouxeram revisões às teorias marxistas, com seu artigo *The Imperialism of Free Trade*, e James O'Connor, com o seu artigo *The Economic Meaning of Imperialism*, publicado em 1970.

---

9   Corrente do marxismo britânico que buscava revisar as concepções até então apresentadas do marxismo, notadamente, quanto ao imperialismo. Para mais, ver Andersson (2001).
10 Owen e Sutcliffe (1972) organizaram e editaram um estudo importante que canaliza as principais contribuições desse momento no tocante ao imperialismo.

E há aqueles que resistiram em não anunciar seu fim, mas em repensá-lo, sob a realidade concreta do panorama que se instalara. Rowthorn (1982), ao sistematizar o que considera serem as visões do imperialismo na década de 1970, assim como o faz em maior ou menor similitude a literatura especializada,[11] aponta para três caminhos, que se vetorizam em meio à unidade ou à rivalidade.

O primeiro é referente ao superimperialismo norte-americano, no qual os Estados Unidos agem como os organizadores do capitalismo mundial, impondo, frequentemente pela força, sua vontade aos outros países, cuja margem de manobra é restrita. Harry Magdoff[12] é o maior expoente dessa subdivisão. Em sua análise muito mais empírica que teórica, delineia um mundo geopoliticamente bem diferente daquele comentado pelos teóricos primeiros. Critica a concepção de Lênin de fase suprema, apontando os traços do imperialismo como verificáveis a qualquer tempo da história do capitalismo, como a urgência de desenvolver o mercado mundial, a luta pelo controle das fontes de matérias-primas, a caça competitiva às colônias e a tendência de concentração do capital: todos seriam elementos estruturais do sistema internacional. Logo, nesse diapasão, não descarta a existência das rivalidades concorrenciais. Admite, entretanto, diferenças sensíveis entre o que cunha por velho e novo imperialismo, no qual reluz a preponderância da força hegemônica estadunidense no tocante à britânica do lapso anterior. Em seu raciocínio, as distinções são ilustradas por três fatores. O primeiro traço seria o arrefecimento nas rivalidades

---

11   Cf. Andersson, 2001; Arrighi, 1983; Mommsen, 1980; Rowthorn, 1982; Warren, 1980.
12   Harry Magdoff (1913-2006) foi renomado analista de política internacional de cunho socialista que, além dos quadros universitários, ocupou vagas importantes na administração pública estadunidense durante os governos Roosevelt. Posteriormente tornou-se coeditor da publicação marxista *Monthly Review*. Em meio à crise da década de 1970, escreve em conjunto com Paul Sweezy a coletânea de artigos *O Fim da Prosperidade. A Economia Americana na Década de 1970*, o que ratifica a convergência do economista marxista estadunidense com suas ideias. Para mais, ver Magdoff (1978); Magdoff e Sweezy (1978); Magdoff (1979).

pelo retalhe do mundo e a preocupação maior em manutenção das áreas de influência; o segundo seria o novo papel dos Estados Unidos enquanto organizadores e líderes do sistema mundial, articulando a teia institucional e seu poderio bélico, suplantando a hegemonia britânica; e a terceira seria o avanço tecnológico de alcance internacional. Esses aspectos configurariam a fase de concentração cunhada como superimperialismo. Imerso em noções que mesclam elementos do marxismo com as ideias keynesianas, aborda com certo pessimismo os rumos do superimperialismo estadunidense, como resultado deletério da imposição do capital financeiro.[13]

O segundo é tocante à rivalidade imperialista, que se contrapõe diretamente ao superimperialismo. Admite-se que os Estados, relativamente autônomos, já não conseguem mais organizar e controlar o cenário internacional, e quando o fazem, fracassam, o que impulsiona ainda mais os latentes conflitos. Os Estados Unidos, por exemplo, não reinariam sozinhos, mas seriam desafiados seriamente por europeus e japoneses. Nessa categoria encaixam-se o socialista britânico Michael Kidron[14] e, principalmente, o socialista belga Ernest Mandel.[15] Com concepções

---

13 Cabe o destaque aos efeitos prejudiciais da hegemonia estadunidense, que neste ponto o aproxima ainda mais de Hobson, uma vez que analistas críticos não marxistas caminham no sentido contrário, ressaltando os efeitos positivos da presença do poder hegemônico. A corrente conhecida como teoria da estabilidade hegemônica (atribuição dada em razão aos argumentos apresentados), formada por intelectuais como Charles Kindleberger, Susan Strange e Robert Gilpin, impactou consideravelmente os estudos de Relações Internacionais, notadamente quanto à economia política internacional, a partir da década de 1970. Como não se inserem nas concepções marxistas tratadas dentro do debate fordista, não serão abordadas por essa pesquisa. Para mais, ver Fiori (2007).

14 Michael Kidron (1930-2003), abertamente, influenciou outros relevantes pensadores da atualidade, como Alex Callinicos. Seu artigo de maior alcance sobre o tema foi escrito em 1962, *Imperialism: highest stage but* one.

15 Apesar das contribuições e frutos gerados pelo britânico, foi Ernest Mandel (1923-1995) que conseguiu um lugar mais reluzente nos estudos de imperialismo. Foi uma das principais referências do movimento trotskista, sendo militante e dirigente político nessa seara da esquerda mundial. Identificado com seu mentor intelectual (León Trotsky), desenvolveu a prática no partido socialista belga, nos congressos mundiais (como a IV Internacional, de 1940, a qual ajudou a organizar e dirigiu) e nos estudos de economia política.

próximas de imperialismo, revisam os pioneiros, criticando a historicidade de suas premissas, tomando como base o destaque das características estruturais do modo de produção e a atualização da teoria ao novo contexto prático, do pós-Segunda Guerra Mundial. Mandel, no outono de 1970, escreve sua reflexão mais específica sobre imperialismo *Europe versus America? Contradictions of Imperialism*, no qual expõe as fraturas da relação entre a burguesia europeia ocidental e o imperialismo estadunidense. Identifica o declínio relativo dos norte-americanos e aponta para os conflitos e instabilidades gerados. Posteriormente, em sua obra mais importante, *O capitalismo tardio*, publicada em 1972, ilustra as diretrizes gerais de seu pensamento. Após o concorrencial e o monopolista, uma subfase, dentro do momento derradeiro, circundava o contexto de revolução tecnológica das décadas de 1960 e 1970, o do capitalismo tardio. A terceira revolução tecnológica permitiu que houvesse a elevação da demanda por bens de consumo sem que a taxa de lucros fosse afetada, uma vez que os métodos de produção foram renovados, fazendo crescer a produtividade do trabalho e o mais-valor relativo. O novo panorama tencionaria ainda mais as relações entre capital e trabalho, abrindo espaço para as insurreições. Nesse ínterim de transformação, a internacionalização do capital se concretizaria, uma vez que seria impulsionada pela internacionalização das forças produtivas, um dos resultados da revolução tecnológica. Em meio à concorrência, os capitais não estariam à procura de lucros máximos, mas, sim, caçando os superlucros, o que contribuiria basicamente para explicar a expansão geográfica e os impactos do imperialismo. A constituição de conglomerados empresariais seria uma evidência desse momento tardio do capitalismo. Assim, as empresas multinacionais se constituiriam na forma determinante do grande capital, ensejando e acirrando as rivalidades interestatais. Fomentadas pelo Estado, as empresas multinacionais na incessante competição com seus congêneres entrariam, até, em contradição direta com a forma nacional do próprio Estado. Mandel advoga pela imprescindibilidade para o capitalismo da concorrência, responsável por garantir a manutenção da taxa de lucro geral.

O terceiro é relacionado ao que se convencionou ultraimperialismo. Para essa visão, a unidade do sistema seria garantida por uma coalizão de Estados imperialistas, relativamente autônomos, a ponto de neutralizar as disputas imanentes. O economista soviético Eugen Varga[16] apresenta-se como o expoente desse viés. Em seus escritos, aquele que contribui para a problemática é *The Problem of Inter-Imperialist Contradictions and War*, artigo de 1968. Também rechaçando as teses do superimperialismo, por compactuar com a lei do desenvolvimento desigual, entende que os capitais estadunidenses, em crise, terão que compor com os japoneses e europeus, seus concorrentes diretos, criando, assim, um conglomerado que partilha a direção da economia mundial, no qual os antagonismos nacionais ficariam em segundo plano. Exercido de forma suave (instituições supranacionais) e de forma brutal (força militar) o poderio dos capitais se oporia e se imporia aos movimentos do Terceiro Mundo, galgando alguma estabilidade.

Essa organização de ideias é interessante e ilustrativa do pensamento nas principais academias centrais, mormente, europeias (naquelas anglo-saxônicas ou que padeciam sob sua influência), contanto, não consegue se desvincular do debate pioneiro, o qual é por elas atualizado, mas não substancialmente modificado. Foi fora das universidades centrais (quando muito marginalmente nelas), com a fundamental contribuição de

---

16 Eugen Varga (1879-1964) foi um importante economista marxista de origem húngara. Sua concepção sobre imperialismo ganhou certo destaque no período que aqui se cunha como debate fordista, confundida frequentemente com a posição oficial da União Soviética. Por toda sua formação acadêmica e política, era manifesta a influência da teoria do capitalismo monopolista de Estado.

pensadores da periferia, que advieram as grandes perspectivas sobre o assunto. Enquanto que no centro as bases do imperialismo pareciam erodir, na periferia, a dinâmica capitalista acirrava as tensões e os conflitos, perpassados pela desigualdade dos efeitos das relações de produção entre os países. O alargamento das relações capitalistas no mundo impôs ao debate fordista uma dinâmica dual, a qual seu antecessor não experimentara.

É nesse momento que o economicismo das análises ganha o incremento que irá contribuir determinantemente para o desenvolvimento do debate. A discrepância entre centro e periferia torna-se incontornável não apenas pela expansão do capitalismo no mundo, mas pela relativa prosperidade que o centro gozara em relação às mazelas que assombravam as regiões marginais. Logo, é nesse panorama que a novidade reluz. O engajamento e as lutas revolucionárias foram fermentos importantes na construção de um pensamento crítico autóctone. O eurocentrismo,[17] predominante nas visões pioneiras, requeria ser rompido, uma vez que havia demandas específicas das periferias que se colocavam como prementes, não sendo mais o capitalismo e seus desdobramentos exclusividade de uma região. É a partir da origem europeia que o imperialismo se torna assunto dos intelectuais das mais diversas nacionalidades nos quatro cantos do mundo.

Os temas da relação entre centro e periferia voltam também seus holofotes para questões inexoráveis, particulares da realidade periférica, como trocas desiguais, dependência, desenvolvimento e subdesenvolvimento, divisão internacional do trabalho e sistema-mundo. Para o debate fordista, o capitalismo constitui um

---

17 Não que se afirme aqui que os autores pioneiros eram propositalmente excludentes. Por exemplo, o próprio Lênin, com mais ênfase, já denunciara a desigualdade existente. O viés europeísta foi natural daquele ínterim e inerente aos limites do capitalismo à época. O adjetivo em questão aborda a inevitável centralidade do pensamento europeu sobre o imperialismo naquele momento, ainda restrito aos ciclos políticos daquele continente. Ainda assim, esse traço do imperialismo pioneiro foi alvo de críticas, como as de Amin (1977a).

sistema de exploração da periferia pelo centro. O imperialismo insere-se e articula-se nessa lógica desigual. É essa natureza sistêmica do conceito que o aparta do debate pioneiro. A unidade de análise não é a formação social nacional e a correlação de classes, mas o sistema mundial, como um conjunto, tendo áreas geográficas distintas, e sendo partes os Estados desse todo. O imperialismo deixa de ser apontado como consequência da expansão e do desenvolvimento do capitalismo, como o era anteriormente, para ser lido como elemento das relações de exploração dos países avançados no tocante aos atrasados. É um desígnio muito mais externo ao capitalismo e ao Estado do que próprio da dinâmica político-econômica.

O capitalismo não é definido por uma determinada relação de classes, mas pela produção por lucros, em um sistema mundial de intercâmbio e pela exploração de umas áreas pelas outras. As formas de exploração ocorrem por três vias, basicamente: controle monopolístico do comércio, extração do mais-valor da periferia para o centro e mediante trocas desiguais. Nessa dinâmica, a acumulação de capital não é uma precondição para avanços qualitativos nos níveis e métodos de produção, mas é uma redefinição de magnitude fixa de recursos da periferia para o centro. O sistema mundial não é o do século XIX, a historicidade aqui é outra. Ele nasce no século XVI, em uma lógica relativamente estática de exploração. Porque o capitalismo é inerentemente incapacitado para gerar a prosperidade mundial que ele precisa ser superado.

Nessa linha, partindo das concepções expostas acima, cabe elencar no rol do debate fordista, as construções que extrapolaram os limites geográficos[18] e analíticos das correntes críticas,

---

18 Não sem observar o englobamento de vastas regiões do mundo, como África e Ásia, terá mais relevância, sendo frequentemente aludida à condição de periferia a América Latina, uma vez que a teoria marxista da dependência será um dos vetores que ganhará ênfase nessa pesquisa, seguindo o que é feito na maioria da literatura especializada, a saber: Amaral (2012); Barone (1985); Brewer (1990); Carnoy (1994); Dos Santos (2000); Martins

inovando e ampliando o objeto de análise, mesmo sem romper completamente com a matriz economicista dos pioneiros. Em outras palavras, não serão abordados pensamentos que apenas atualizam os pioneiros, pois ainda estariam situados no ciclo anterior, para fins didáticos, apesar do brilhantismo da análise e do marco temporal compatível. A originalidade oferecida pelas vertentes do debate fordista toca a visão do imperialismo capitalista situado historicamente como uma sistemática exploração da periferia pelo centro, por mecanismos diversos, elementos que diferenciam as variadas vertentes teóricas.

A organização desse universo será, portanto, dada em três atos, uma vez que as correntes se encontram concatenadas, a ponto, de muitas vezes, as reflexões dos autores se entrelaçaram, abrindo margem para classificações que se tangenciam, podendo variar, a depender do autor. Em primeiro lugar, virá a concepção de capital monopolista de Baran e Sweezy. Em segundo lugar, será exposta a vertente marxista das teorias da dependência, de Frank, Dos Santos, Bambirra e Marini. Em terceiro lugar, emergirão as teorias do sistema-mundo e das trocas desiguais. Não obstante seu ancoramento em bases economicistas, essas correntes marcaram época na historicidade do imperialismo, ilustrando um período de transição delineado com relevantes elementos políticos, gerando frutos até a atualidade, no fomento de um pensamento independente e autóctone na periferia sobre sua realidade.

2.3. O capital monopolista

Após o debate pioneiro, muitas transformações relevantes carrearam a trajetória internacional. Desde os percalços do entreguerras, e seu ápice, como a crise de 1929, passando pelas políticas de estímulo à demanda do *New Deal*, pela Segunda

---

(2011); Noonan (2012).

Guerra Mundial e os desdobramentos posteriores, o resultado foi a reorganização do mundo pela integração econômica aos moldes estadunidenses, que irradiavam o padrão de desenvolvimento fordista. O que se verificava na emergência da hegemonia estadunidense eram práticas distintas das grandes potências, que já não se digladiavam diretamente, mesmo porque as europeias precisam se recuperar da destruição. Ademais, a superpotência mundial não se preocupava mais em ocupar todos os territórios possíveis, mas chancelava a descolonização na periferia, exercendo seu domínio por meios aparentemente e ilusoriamente menos violentos e travestidos de legalidade.

Logo, as teses pioneiras requeriam uma reflexão premente, haja vista a mudança na concretude das relações internacionais. Sem afastarem-se dos nortes já traçados, os autores desse momento alicerçam-se mais na economia política e menos no Estado para explicar os desdobramentos mundiais. E a economia política reinante era a do regime de acumulação fordista. Por isso, a preocupação com o crescimento, a redução do desemprego e o estímulo à demanda agregada perpassaram o pensamento dessa época. Fora o cenário mudado, a inflexão que as ideias à esquerda trafegavam era determinante. Se nos partidos comunistas, a concepção marxista-leninista era a linha de força, pelo mundo os marxistas buscavam compreender a realidade concreta das transformações que modulavam o capitalismo.[19] Nos centros críticos estadunidenses, o pensamento sobre imperialismo ganhava, assim, novos contornos, chamando a atenção do mundo para a desigualdade na relação com a periferia.

A escola do capital monopolista, formada basicamente por seus fundadores, Paul Baran e Paul Sweezy, a despeito de contribuições esparsas e indiretas,[20] foi uma primeira manifestação

---

19   Cabe enfatizar que o tema é controverso. Mandel (1985) acusava os dois expoentes de serem representantes da doutrina soviética, tendo em vista sua formulação teórica.
20   Destaca-se aqui o economista político marxista britânico Maurice Dobb (1900-1976),

da continuação das reflexões marxistas sobre imperialismo e, concomitantemente, da atualização das ideias dos pioneiros, no pós-Segunda Guerra Mundial, inserindo o elemento da periferia. Primeiramente, Sweezy, em sua obra de 1942, *Theory of Capitalist Development*, propõe-se a entender o imperialismo dentro do desenvolvimento do capitalismo, que chegara à prevalência do capital monopolista. Em suas reflexões, as intervenções estatais anticíclicas na economia poderiam garantir efeitos benéficos ao capitalismo, assegurando estabilidade ao imperialismo. Para Anderson (2004), a obra de Sweezy marca a inflexão do pensamento marxista, saindo da era intelectual clássica para a transição ao marxismo ocidental. O estadunidense admite que o modo de produção capitalista somente poderia chegar ao fim por fatores externos (prevalência da União Soviética), entendendo que as intervenções estatais anticíclicas poderiam ser salutares às distorções do capitalismo, assegurando a estabilidade do imperialismo.

Posteriormente, Baran, em seu livro *Political Economy of Growth* (1957), expõe sua perspectiva acerca do imperialismo e sua relação com o desenvolvimento econômico, com grande inspiração em Hilferding. Por fim, conjuntamente, eles realizam a síntese da convergência das ideias, na obra seminal, de 1966, *O capital monopolista*. De publicações acadêmicas a inserções conjunturais em periódicos, os dois intelectuais divulgaram suas interpretações pelo mundo.[21]

---

de grande relevo nas discussões sobre a historicidade do capitalismo, tendo travado com Paul Sweezy debates interessantes. Contribuiu significativamente mais com as discussões sobre transição do feudalismo para o capitalismo e suas nuances do que com um estudo detido sobre imperialismo.

21 Um dos exemplos é a revista acadêmica *Monthly Review*, cofundada por Sweezy, existente e influente até os dias atuais. Seu caráter abertamente socialista e independente foi singular em um período de Guerra Fria e de repressão interna às ideias divergentes. Isso permitiu que liderasse o pioneirismo nas publicações no continente sobre economia política, imperialismo e visões do Terceiro Mundo, estabelecendo diálogo direto, a partir dos Estados Unidos, com as teorias da dependência e do sistema-mundo. Por todo o engajamento político que a particularizou, conseguiu reunir um corpo de intelectuais, que

Quando provocados pelas teses fatalistas, ambos reafirmam o viés economicista das interpretações do imperialismo. Empreenderam a ambiciosa missão de suprir as lacunas deixadas por Marx e pelos pioneiros do imperialismo. Se a análise marxiana estava contextualizada na era do capitalismo competitivo, e os pioneiros traçaram o momento de transição, fazia-se imperioso uma perspectiva sobre a maturação do capitalismo monopolista naquele período. Na tentativa de revisar e atualizar o pensamento marxiano para o novo estágio do capitalismo, eles refazem a análise das leis de movimento baseadas no capital monopolista. Nesse raciocínio, o capital monopolista é, em contraposição ao concorrencial, inerentemente estagnacionista, sendo suas contradições permeadas pela irracionalidade, militarismo e imperialismo. Para ambos, ressalvada a singularidade de cada qual, o capital monopolista seria o elemento definidor do capitalismo no século XX, enquanto que o conceito de imperialismo ficara secundarizado, como um dos efeitos da nova lógica.

Ao retomarem a economia política marxiana, deslocam sua ênfase da teoria do valor para o conceito de excedente econômico, cuja absorção seria o motor da expansão dos países capitalistas pelo globo. Sua inspiração era próxima às ideias de Hobson, apesar de assim não reconhecerem. Assumem as teses subconsumistas e abordam os monopólios em uma perspectiva distinta daquela dos pioneiros. O imperialismo seria, ao lado do militarismo, uma das respostas do capital à absorção do excedente. Pela potência hegemônica o imperialismo seria uma manifestação do exercício de seu poder, confrontando o

---

ficou conhecido como grupo do *Monthly Review*, o qual foi marcado por uma visão muito peculiar nesse debate fordista e que, posteriormente, foi se renovando ao longo dos anos. No panorama presente é possível apontar dentre os expoentes dessa vertente John Bellamy Foster (atual editor do periódico) e Prabhat Patnaik, como intelectuais mais conhecidos. Ambos se destacam por posições firmes de resistência ao neoliberalismo e de crítica aos contornos da globalização, atrelados à visão do capital monopolista, com a qual também se identificava em alguma medida o húngaro István Mészáros.

socialismo real. Ao mesmo tempo, a estratégia imperialista garantiria maior lucratividade ao grande capital, intensificando a organização monopolística e acirrando o subdesenvolvimento no Terceiro Mundo.

Baran, especificamente, também aponta, com menos ênfase, para a extração do mais-valor da periferia para o centro, como uma das causas das condições precárias nas regiões marginais. Nesse ponto, o autor pontifica o diálogo com as teorias da dependência.[22] Mesmo a parte que fica nos países periféricos também não é aproveitada em termos de desenvolvimento. O monopólio, na sua tendência à estagnação, ao invés de intensificar a competição, com menos unidades, porém, mais fortes, em verdade, não leva o excedente do consumo necessário para o investimento produtivo, mas para gastos inúteis. Esse deslocamento emperra o crescimento em países subdesenvolvidos (em menor medida, esse efeito reverberaria também nas nações desenvolvidas). Em particular, na periferia, como as formações sociais ainda são dominadas por capitais estrangeiros e por frações internas a ele ligadas, como se estruturam ainda em torno de interesses mercantis e feudais, toda essa correlação seria ainda mais hostil ao desenvolvimento. Assim, ficariam patentes as assimetrias. Os gastos militares eram vistos como uma forma de contrabalancear a tendência ao subconsumo. Os Estados em sua atuação defendem os interesses dos grandes grupos monopolistas, mas em um cenário distinto dos pioneiros. Uma vez que fatores variados alteraram o panorama, como o bloco socialista e a detenção de armas nucleares, os conflitos oriundos das rivalidades interestatais diminuem.

O foco dos autores mantinha-se nas questões do excedente econômico e do estímulo à demanda agregada, escapando ao

---

22 Esse vínculo permite que Baran seja elencado como um primeiro expoente das teorias da dependência (BARONE, 1985) ou, mesmo, que figure no papel inaugural, semelhante ao de Hobson entre os pioneiros do imperialismo (TEN BRINK, 2008).

olhar detido sobre a esfera da produção. Esse afastamento da economia política marxiana é crucial para expor as fragilidades dessas interpretações.[23] Ainda assim, as eventuais críticas não invalidam o exercício proposto pelos dois sobre a compreensão da desigualdade no desenvolvimento das relações capitalistas. Não obstante a perspectiva de Baran e Sweezy estar atrelada demasiadamente às preocupações dos países capitalistas avançados, seu fundamento pavimentou os alicerces para análises futuras sob a lente da realidade na periferia do desenvolvimento capitalista. Essa vertente do capital monopolista não enfatizou especificamente, mas pavimentou caminhos para as discussões sobre e na periferia, tendo exercido relevante influência, o que permite que se trace dentro do debate fordista um liame com as teorias marxistas da dependência, ainda que guardem diferenças significativas.

2.4. Teorias marxistas da dependência

O pensamento crítico e o estudo aprofundado das concepções marxistas não se provou uma exclusividade das academias centrais. Nas franjas sistêmicas também se produziu, e como enorme sofisticação, reflexões de vanguarda sobre os rumos do capitalismo no pós-guerra. Na periferia, a geração de pensadores que vivera os primeiros espasmos de industrialização interpretava os sinuosos caminhos do desenvolvimento. Em meio a agitações, desconstruções, revoluções e guerras de independência nacional, fomentadas pela onda de descolonização, novos horizontes eram erigidos tanto do ponto de vista prático quanto teórico. Destarte, a massa crítica emergente contribuía para a consolidação dos estudos marxistas em regiões marginais. Em comum com os pioneiros, os autores da periferia vivenciavam realidades prejudicadas pelas relações

---

23 Cf. Barone, 1985.

capitalistas ou alijadas da modernidade. Contrariamente aos germânicos e eslavos, latino-americanos, africanos e asiáticos[24] advinham de decênios, quiçá séculos, de atraso, espoliação, expropriação e domínio colonial. O foco era, portanto, outro, não exatamente o imperialismo, muito atrelado aos aspectos do centro de acumulação do mundo. Para a periferia, o imperialismo não era um fenômeno externo, mas fazia parte de sua realidade histórica e cotidiana.

Com fulcro no panorama de processos de descolonização encetados pelo globo, patente era que as regiões afastadas da europeia também pleiteavam pela modernização capitalista, iniciando, com vários obstáculos, os processos de industrialização do Terceiro Mundo. Nesse panorama, a América Latina apresentava-se em posição muito particular, a qual pode ser tomada, respeitando as singularidades nacionais, como um bloco relativamente coeso no tocante aos efeitos do desenvolvimento capitalista. O subcontinente americano conseguiu teorizar e pensar estratégias para si, que irradiaram efeitos para fora, influenciando autores africanos e asiáticos de países com demandas ou posições semelhantes. Ademais, por já terem passado pelos processos de descolonização que atravessavam um número significativo de territórios na África e na Ásia, as nações latino-americanas concentravam esforços nos passos doravante.[25]

Desde a década de 1930, a América Latina já encenara um incipiente projeto de industrialização via substituição de importações. Passadas depressão e guerra, a demanda na região concentrava-se no patamar econômico, aguardando o gozo das

---

24 Cabe aqui a observação de que África e Ásia serão tomadas aqui no sentido geral, dentro da lógica que cunhou o termo Terceiro Mundo. É claro que dentro de continentes tão grandes territorialmente e plurais historicamente, há modelos que escapam à dinâmica de periferia, como as particularidades que se encontram, por exemplo, no desenvolvimento do Japão e de localidades na África do Sul.

25 Não que se relegue o papel de intelectuais e militantes da envergadura, por exemplo, de Franz Fanon e Kwame Nkurumah, na África, mas se ressalta que a preocupação deles tinha outro foco.

benesses da integração econômica mundial, mormente, após o apoio hemisférico ao bloco vencedor da Segunda Guerra Mundial. Por meio do desenvolvimento do parque industrial nacional buscava-se acoplar as economias regionais à mundial, de hegemonia estadunidense. A cartilha destinada aos aliados latino-americanos não foi, todavia, a esperada, o que gerou insatisfação e contestação às teorias que conduziam a economia política local. Logo no contexto da década de 1960 as ilusões dos estágios de desenvolvimento e da substituição de importações tornaram-se insustentáveis. Emergiram fortes contestações às interpretações mais difundidas do subdesenvolvimento. Esse verbete perdeu o sentido evolucionista, etapa para um patamar elevado ou ausência de desenvolvimento, para galgar outros voos teóricos.

As teorias da dependência vêm para preencher as lacunas legadas pelos antecedentes, colocando-se um uma posição autônoma e original em meio à plêiade de intelectuais que interpretava os desdobramentos futuros do capitalismo na região. Nessa época, o pensamento crítico latino-americano era polarizado por duas vertentes (ou por três, para outros autores especializados no assunto):[26] aquela defendida pelos partidos comunistas vinculados à Terceira Internacional (posição vinculada ao partido comunista soviético) e aquela compartilhada pela teoria do subdesenvolvimento da CEPAL (substituição de importações em contraposição às vantagens comparativas ricardianas).[27] O atraso na América Latina, em linhas gerais, era apontado, respectivamente, como resultado da dinâmica de acumulação que gerava relações pré-capitalistas e/ou feudais que predominavam nos países da região, e

---

26 É significativo não olvidar as três correntes citadas por Traspadini e Stedile (2011), que além da posição dogmática dos partidos comunistas e das concepções cepalinas, inclui ainda o que cunham ser o foquismo, resultado de uma interpretação da Revolução Cubana, dada por Regis Debray, que impelia a juventude à luta armada contra os regimes ditatoriais que se instalavam no Cone Sul. Em que pese à deferência em relação ao trabalho dos autores, somente serão citadas no corpo desta pesquisa as duas vertentes mais difundidas na literatura especializada.

27 Para mais, ver Bielschwosky (2000).

como uma estrutura produtiva dedicada à exportação herdada do passado colonial, fruto da lógica agroexportadora.

A partir da contestação a essas reflexões, emergiram as primeiras pegadas sobre a trilha da dependência, desconstruindo a visão do subdesenvolvimento. Essa condição não era uma fase do percurso rumo ao ápice, o desenvolvimento. Ambos, subdesenvolvimento e desenvolvimento, são faces distintas do mesmo processo, a expansão da industrialização capitalista, que se manifesta não apenas externamente, mas se enraíza nas estruturas sociais internas de diversas formas. O padrão de desenvolvimento capitalista do país e sua inserção internacional eram o enfoque. Nesse diapasão, a trajetória latino-americana marcou uma forma específica de dependência que se desenrola na transferência de valor às economias centrais por meio das trocas desiguais (que, ao longo dos tempos, se transmuta para outros mecanismos, como os financeiros). Munidos de um traço comum, o que se verificou foi o pulular de interpretações que, entre si, possuem divergências substanciais, por isso, falar em teorias da dependência é tratar de um universo amplo e controverso.[28] Sem querer adentrar em questões epistemológicas do conjunto teórico, conforme as diretrizes deste estudo, será enfatizada aqui apenas sua vertente tida como marxista.

Nesse diapasão, a Revolução Cubana de 1959 e seus desdobramentos desempenharam papel prático e teórico no encorajamento e amadurecimento do marxismo no continente. O passo decisivo que parecia bloqueado pela condição periférica,

---

28 Dentre as classificações admitidas, cabe apenas citar, com o intuito de diferenciá-la e afastá-la do enfoque analítico, a vertente weberiana, schumpeteriana, capitalista da Escola da Dependência, composta basicamente por Fernando Henrique Cardoso, Enzo Faletto e José Serra, que manifestavam não apenas divergências teóricas, como também políticas em relação aos membros da corrente marxista. Os três argumentavam que a situação de dependência latino-americana deveria ser atribuída à pouca criatividade e baixa capacidade negocial do empresariado nacional, o qual deveria buscar um local de destaque em meio ao desenvolvimento capitalista integrado às grandes potências. Para mais, ver Carnoy (1994) e Traspadini e Stedile (2001).

a revolução, torna-se factível aos olhos dos latino-americanos. A reflexão sobre seus rumos e estratégias confere ânimo renovado na intelectualidade autóctone. Destarte, munidas de elevada percepção crítica, as teorias marxistas da dependência (TMD)[29] emergem como complementação necessária às teorias do imperialismo, mesclando teoria transformadora e prática política. Inspiram-se nos pioneiros, enfatizando o aspecto econômico do fenômeno imperialista e o adaptando às circunstâncias regionais e históricas. Oferecem alternativas às noções do capital monopolista de Baran e Sweezy. Assim, alargam o escopo da análise marxista, fugindo ao eurocentrismo, exalando originalidade crítica. Com a ênfase no padrão de acumulação de capital, apontam o subdesenvolvimento como elemento estrutural da expansão do capitalismo.

Há quem atribua ao estudo de Andre Gunder Frank, *Capitalism and Underdevelopment in Latin America* (1969) a dianteira do pensamento da dependência, como o faz a literatura dos países centrais sobre o tema.[30] Ainda que se possa questionar essa condição, o berlinense pode ser ilustrado com a ponte entre a dependência e o marxismo.[31] Isso porque o autor identifica o capitalismo como um sistema mundial de trocas comerciais, caracterizadas por monopólios e exploração. A incorporação das áreas nessa lógica leva ao desenvolvimento de alguns espaços e ao subdesenvolvimento dos demais. Se a Europa foi o berço geográfico do modo de produção, dela advém o grupo restrito de potências capitalistas que se impuseram pelos quadrantes do globo, esparramando as relações capitalistas de dominação e dependência. Em meio à integração dos sistemas de produção, impulsionada pela exportação de capitais, cabia o detalhamento da maneira como o capital penetrava e enraizava-se nas formações sociais subordinadas e os laços dessas como o mercado mundial. Nesse sentido,

---

29 Cf. Amaral, 2012; Prado, 2011; Ferreira e Luce, 2012; Martins, 2011.
30 Cf. Barone, 1985; Brewer, 1990; Carnoy, 1994; Noonan, 2012; Warren, 1980.
31 Cf. Osorio, 1984.

o subdesenvolvimento não é uma fase do desenvolvimento econômico, superável via políticas públicas ou uma modernização burguesa, mas a contrapartida, a face deletéria da bonança do desenvolvimento dos países centrais que ocorre às custas da periferia via transferência de mais-valor e limitação das possibilidades de investimento e crescimento. Essa estática estrutura é verificada desde pelo menos o século XVI no tocante à redistribuição do mais-valor, sendo imutável. Assim, o autor não faz nenhuma diferenciação entre o capital comercial e o financeiro, o que o afasta do pensamento pioneiro sobre o imperialismo e o diferencia dentro do debate fordista. Frank, que insistiu em negar seu vínculo estreito com o marxismo, tem sua relevância ao inaugurar o axioma desenvolvimento do subdesenvolvimento, que influenciara os estudos latino-americanos.

Com uma concepção mais apurada e sofisticada, focada na captura da dinâmica do padrão de reprodução do capital, os expoentes da intelectualidade e da militância na América Latina pavimentaram o caminho para desvendar os mecanismos internos do funcionamento da lógica perversa da dependência. As décadas de 1960 e 1970 foram ilustrativas desse ímpeto pela compreensão e superação das mazelas latino-americanas.[32]

Em torno do Centro de Estudios Socioeconómicos (CESO)[33] da Universidad de Chile, desenvolveram-se os alicerces do pensamento crítico latino-americano, com a contribuição de

---

32 Cf. Ferreira e Luce, 2012, p. 10.
33 O Centro de Estudios Socioeconómico, localizado na faculdade de economia da Universidad de Chile, foi dirigido por Theotônio dos Santos e agrupou durante um curto período, até a contrarrevolução de 1973, os principais expoentes da teoria marxista da dependência. Esse grupo de investigação foi o responsável pelas obras que foram os pilares do pensamento crítico latino-americano. Entre 1967 a 1973 fizeram parte de seus quadros: os brasileiros Vânia Bambirra, Ruy Mauro Marini, Emir Sader, Marco Aurelio García, Jorge Mattoso e Teodoro Lamounier; os argentinos Tomás Vasconi e Inés Recca; os cubanos Germán Sánchez e José Bell Lara; o alemão André Gunder Frank; o francês Régis Debray; e os chilenos Pío García, Orlando Caputo, Marta Harnecker, Cristóbal Kay, Sergio Ramos, Roberto Pizarro, Jaime Osorio, Cristian Sepúlveda, Álvaro Briones e Silvia Hernández, dentre outros. Para mais, ver Martins (2011); Ferreira e Luce (2012); Amaral (2012); Dos Santos (2000).

brilhantes nomes da intelectualidade contracorrente mundial. Nesse panorama, encontraram-se brasileiros exilados que buscavam ares de liberdade na experiência do governo de Allende. Ruy Mauro Marini, em 1971, encontrou naquele ambiente fértil às ideias revolucionárias, seus antigos companheiros de luta, da Organização Revolucionária Marxista/Política Operária (POLOP), Theotônio dos Santos e Vânia Bambirra, inaugurando o núcleo do ideário marxista da dependência. Cada qual ressalta um aspecto pertinente.

Dos Santos, que é, ao lado de Frank, o representante da veia internacionalista do grupo, podendo ser considerado um precursor da teoria do sistema-mundo,[34] pauta suas análises regionais dentro do conjunto da economia mundial. Desde o início e em função de sua posição de liderança, preocupou-se com a conceituação do termo dependência. Pioneiramente o fez em um artigo publicado no periódico *American Economic Review*.[35]

Em seu trabalho *Imperialismo y Dependencia*, publicado tardiamente em 1978, compilou suas reflexões primordiais. A obra enfatiza o contexto do pós-guerra, no qual a configuração do imperialismo se transmutara. O panorama enfraquecera as noções defendidas pelos pioneiros e inaugurara a relação entre a hegemonia estadunidense e as contestações em meio ao universo da economia mundial integrada. Em sua visão historicista, pautado pela concepção dos ciclos de Kondratiev, a economia mundial surgira no século XVI em meio à expansão do capital comercial que construiu os alicerces para a consolidação e o

---

34   Cf. Osorio, 1984.
35   Por dependência entendemos que é a situação na qual a economia de certos países é condicionada pelo desenvolvimento e expansão de outras economias, das quais aqueles são dependentes. A relação de interdependência entre duas ou mais economias, e entre essas e o comércio internacional, assume a forma de dependência quando alguns países (os dominantes) podem expandir-se e continuar sustentando-se autonomamente, enquanto outros países (os dependentes) só podem empreender estratégias de desenvolvimento como reflexos da expansão alheia, o que pode ser efeitos positivos ou negativos em seu imediato progresso (DOS SANTOS, 1970, p. 231, tradução nossa).

espraiamento do modo de produção capitalista. Em face do padrão de acumulação dado, constituem-se dois tipos assimétricos de formação: centro e periferia. A interface entre as duas esferas permite constatar que o desenvolvimento central é autônomo, enquanto que na periferia é norteado fundamentalmente pela dependência. O que significa dizer que um país dependente só pode desenvolver-se e impulsionar-se em função do desenvolvimento de outro. As relações de dependência ocorrem em uma economia dirigida por monopólios tecnológico, financeiro e comercial; por relações internacionais expansionistas e que estruturam a divisão internacional do trabalho; e a formação e incorporação da lógica dependente nas estruturas internas em várias áreas. "A dependência está fundada, pois, numa situação de compromisso entre os interesses que movem as estruturas internas dos países dependentes e as do grande capital internacional".[36] A estrutura socioeconômica decorrente funda-se em pilares específicos como a superexploração da força de trabalho, a acumulação externa e o alto grau de concentração interna de capitais.

Em que pese à sofisticação da análise de Dos Santos quanto à dependência, seu enfoque sobre o imperialismo, apesar do vocábulo estar sempre presente, é amplo, ficando diluído na imbricação com o conceito de hegemonia. Tendo em vista a relevância que atribui à hegemonia estadunidense, desloca o ângulo do debate do imperialismo para outros aspectos que considera essenciais dentro da economia mundial.

Bambirra não compartilha da mesma visão internacionalista, aproximando sua lente das localidades nacionais da região. Em sua percepção apurada, detém-se na discussão de casos concretos dentro do modelo regional. No exercício de sua genialidade, pensa nas diferenças entre cada formação socioeconômica

---

36 Cf. Martins, 2011, p. 50.

específica do continente. Em seu livro *El capitalismo dependiente latino-americano*, de 1972, expunha as linhas mestras de seu pensamento. Entendia que houve dois tipos de industrialização na América Latina, o tipo A, incipiente desde o século XIX, com estruturas diversificas, de dianteira primário-exportadora, com o setor industrial em expansão; e o tipo B, iniciado no pós-Segunda Guerra, de estrutura primário-exportadora, com um atrofiado setor secundário, altamente dependente do capital estrangeiro para promover sua modernização. Brasil, Argentina, Uruguai, Chile, Colômbia e México comporiam o modelo tipo A, no qual a industrialização pavimentou caminho para a emergência de burguesias industriais nacionais. Com o afluxo de investimentos internacionais, gradativamente esses setores tornaram-se paulatinamente sócios menores dos capitais internacionais.[37] Notável é a desconstrução que realiza da América Latina enquanto bloco coeso, sem deixar de expor sua visão sistemática sobre o desenvolvimento na região.

Marini, por fim, sociólogo, é aquele que iria formular as bases da economia política da dependência, mediante a obra que canaliza as suas ideias e intervenções publicadas, *Dialéctica de la Dependencia*, de 1973,[38] somada ao *post-scriptum* que publica no mesmo ano, em razão das críticas recebidas. O autor apresenta suas diretrizes e lança as bases de seu pensamento, inaugurando conceitos que amalgamam os fundamentos de suas reflexões, discutindo as leis e tendências que engendram o movimento do capitalismo peculiar da região, o capitalismo dependente.[39] Assim, por meio de extremo rigor metodológico, da ortodoxia ao método

---

37 Cf. Osorio, 1984; Prado, 2011b.
38 A obra, devido à sua importância angular, é tida por muitos como o Manifesto Comunista para os estudos da dependência, em alusão ao paradigmático estudo de Marx e Engels (FERREIRA e LUCE, 2012; TRASPADINI e STEDILE, 2011). A comparação deve-se no sentido de que por meio dela Marini apresenta as linhas gerais de sua investigação e lança as bases para estudos futuros.
39 Cf. Osorio, 1984.

marxista, escapando, todavia, do dogmatismo, investiga os caminhos do desenvolvimento peculiar latino-americano dentro da dinâmica capitalista. Em meio ao desenrolar das ideias, explicita as concepções basilares às relações internacionais como dependência, superexploração da força de trabalho e subimperialismo.

Traça, em um primeiro momento, a trajetória da América Latina de inserção e integração ao mercado mundial, partindo do axioma de Frank, que enfoca o desenvolvimento do subdesenvolvimento. A dependência é o mecanismo de subordinação que impregna nos territórios nacionais vulneráveis, replicando o padrão de acumulação capitalista na esfera internacional, integrando as regiões marginais a partir de relações marcadamente desiguais. A formação do capitalismo dependente é relacional, é dada em função da acumulação de capital em esfera mundial e conforme a taxa geral de lucros. Os espaços dependentes servem, nesse sentido, como campo reversor da tendência à queda da taxa de lucros sempre que necessário via elevação da taxa de exploração e redução do valor do capital constante (exportação massiva de matérias primas). O segredo das trocas desiguais dadas entre centro e periferia estaria na transferência de mais-valor que vai das franjas ao núcleo do capitalismo.

Para compensar a perda de mais-valor que é canalizado às economias centrais, há a necessidade local de extrair do trabalho ainda mais valor, o que leva à superexploração do trabalho. Nessa cena em que predominam a desigualdade e os grandes monopólios, o intercâmbio desigual favorece e canaliza a transferência de valor. Focado nas leis inerentes ao capitalismo dependente, Marini enfatizava a superexploração da força de trabalho, a transferência de valor e a cisão entre as fases do ciclo do capital (distribuição e produção). Para que o capital latino-americano (dos países dependentes) possa obter também altos lucros, para compensar a saída para o exterior, redobra a exploração do trabalho, configurando a superexploração. A dinâmica leva à ruptura no ciclo do capital das esferas de produção e de circulação, alargando a clivagem entre aparato produtivo e necessidades de consumo da maioria. Nesse panorama dependente, cujo aspecto reluzente é a superexploração da força de trabalho, o capitalismo caracteriza-se por irradiar contradições extremas.

Por fim, elabora um rápido panorama sobre o processo de industrialização na região e expõe suas fraturas, ressaltando a noção do subimperialismo.[40] Marini dialoga fortemente com os pioneiros adaptando as teses, principalmente de Lênin e Luxemburgo, à realidade latino-americana e desenvolvendo-as fertilmente. Em outras palavras, entende que as economias subdesenvolvidas, além de toda subjugação sofrida, tendem a replicar perante outras economias ainda mais marginais, a mesma lógica de acumulação que sofrem dos países centrais, reproduzindo os mesmos mecanismos e estruturas de dependência, sob os quais padecem, exacerbando a divisão internacional do trabalho. A formação do capitalismo monopolista nas periferias levaria, inclusive, à replicação da lógica imperialista entre países periféricos de portes distintos. Muito antes de uma realidade externa (como era para os países centrais, discutida no debate pioneiro), o imperialismo tem suas raízes fincadas nas formações sociais dependentes.

As categorias expressas, em conjunto, expõem as veias da dialética do desenvolvimento latino-americano.[41] Em função disso, Marini aponta as tarefas e os horizontes para a teoria marxista da dependência, a partir das leis e dos movimentos do capitalismo, de verificar como as economias dependentes se inserem e de identificar, em que medida materializa-se a dualidade entre desenvolvimento e dependência.[42]

---

40 Quem desenvolve essa tese do subimperialismo brasileiro de Marini (1973; 1977), com a devida atualização, são Fontes (2010) e Luce (2011), cada qual à sua maneira, no tocante à teoria e à prática da política externa brasileira no sistema capitalista de Estados.
41 Cf. Traspadini e Stedile, 2011.
42 Cf. Marini, 1973, p. 184.

O que se identifica é que, além de um dos fundadores, Marini é a viga-mestra do pensamento marxista da dependência, tendo carreado gerações que trataram de sofisticar seu raciocínio. Nesse sentido, Ferreira e Luce (2012) apontam para a necessidade de superação das abordagens sistêmicas dadas até então,[43] para atingir a vertente teórica que se atenha à teoria do valor de Marx como núcleo orgânico, sem concessões de outros caminhos teóricos, conhecida como perspectiva do padrão de reprodução do capital. A partir dela, inaugurada por Marini, constata-se duas gerações[44] que lhe deram fôlego e corpo, atualizando-a e aperfeiçoando-a pela aurora do século XXI. O que importa, por ora, ressaltar, contudo, é a centralidade que a teoria marxista da dependência obteve e ainda dispõe para o pensamento crítico latino-americano e mundial.

Ainda que entre si os autores guardem diferenças sensíveis, a leitura dos quatro baluartes (Frank, Dos Santos, Bambirra e Marini) como um bloco permite sua inclusão no que se denomina aqui nesse debate. Suas contribuições pavimentaram o caminho que foi e ainda é trilhado por gerações em toda América Latina e por todo o mundo, influenciando decisivamente o pensamento também nas academias centrais. Ao enfocar e detectar as relações de dependência como um problema do capitalismo, e não exclusivo e limitado às agruras latino-americanas, assumiram posições políticas revolucionárias, que inspiram as

---

43 Ferreira e Luce (2012), nesse diapasão, entendem que a escola regulacionista francesa (regime de acumulação), a economia política dos sistemas-mundo (ciclos sistêmicos de acumulação) e a escola da ciência econômica brasileira (Maria da Conceição Tavares e o padrão de acumulação) são esforços meritórios, mas não suficientes.
44 Três gerações de contribuições dentro dessa perspectiva podem ser ilustradas: a inaugural, capitaneada por Marini; a segunda, desenvolvida por Jaime Osorio; e a terceira e mais atual, cujos autores como Marcelo Carcanholo, Marisa Amaral, Mathias Luce e Fernando Prado merecem destaque. Para mais, ver Ferreira e Luce (2012). Há ainda autores que não estão presentes na sistematização referenciada, mas que, indubitavelmente, contribuem tanto para as questões da dependência quanto para o incremento das teorias do sistema-mundo, como Adrián Sotelo Valencia e Carlos Eduardo Martins, os quais exercem forte influência no pensamento crítico latino-americano hodierno.

lutas pelo continente. No momento de ondas favoráveis à conciliação com as burguesias, seus méritos estão na colocação contracorrente, ressaltando a impossibilidade de superação da condição de dependência/subdesenvolvimento dentro dos termos e mecanismos capitalistas. À margem das orientações partidárias, defenderam a postura radical, revolucionária, evocando a luta contra as injustiças das relações expropriatórias, o que os erige a uma posição ímpar, de vanguarda. Não fortuitamente seu legado irá frutificar e se entremesclar em elaborações concomitantes e futuras, como se pode verificar nas teorias do sistema-mundo e das trocas desiguais.

2.5. Teorias do sistema-mundo e das trocas desiguais

Sem romper com as teorias marxistas da dependência, em uma relação de complementaridade e de entrelaçamento, pode-se asseverar que os autores aqui elencados extrapolam a América Latina, para primar pela discussão da dinâmica desigual no sistema internacional. Entre si guardam distinções relevantes e semelhanças cintilantes, tanto que podem ser didaticamente clivados ou unificados de variadas maneiras, em uma mesma vertente ou em blocos teóricos distintos.[45] Em que pese à similitude dos aportes teóricos, é imperioso separar suas ideias, conferindo a cada um a centralidade de suas contribuições. Não seria exagero afirmar que se trata de um conjunto sistema-mundo, dentro do qual há um vetor que se especializa nas trocas desiguais. Logo, a diferença mais gritante está na amplitude dos nortes analíticos. Assim,

---

45 Principalmente, Wallerstein e Amin são frequentemente colocados sob um mesmo rótulo, como membros da teoria da dependência, como fazem Carnoy (1994) e Barone (1985). Brewer (1990) ainda inclui Arrighi nessa vertente e segrega as trocas desiguais de Emmanuel, em relação ao que chama teóricos da dependência. Noonan (2012) também os unifica em um mesmo grupo, chamando-os de neomarxistas. Já Martins (2011) os aparta, colocando Amin como um socialista neodesenvolvimentista e Wallerstein e Arrighi como teóricos do sistema mundial.

serão mencionadas a lente mais ampla, a das teorias do sistema-mundo, e a mais específica, a das trocas desiguais.

Quanto à economia política dos sistemas-mundo, serão abordados com maior ênfase os autores Immanuel Wallerstein e Giovanni Arrighi, sem desconsiderar a relevância que outros expoentes como Terence Hopkins e a Beverly Silver, de acordo com Martins (2011), têm para essa vertente. No que tange às trocas desiguais, constata-se que se trata de um grupo menos coeso, o qual sequer pode ser digno de um bloco teórico consistente, por gozarem de mais divergências que convergências. Mesmo assim, para essa pesquisa, tendo em vista a relevância da obra conjunta *Imperialismo e comércio desigual (a troca desigual)*, cabe fazer aqui a síntese das ideias e destacar aquele que, apesar de não ser o mais conhecido no que tange a trocas desiguais, obtém maior destaque na literatura especializada, Samir Amin.

Imersas no debate fordista, as teorias elencadas não fogem à dinâmica que seguiu os expoentes do capital monopolista e os baluartes do marxismo da dependência. O ponto em comum dessas interpretações é tomar o capitalismo como um sistema mundial, de tendência descompassada entre as partes envolvidas. Ao contrário do que pensavam os pioneiros, a expansão do capitalismo não o levou à sua reversão, devido suas contradições inerentes, mas, sim, à sua consolidação enquanto modo de produção mundial. Alargou-se o que deveria ser fechado. O capitalismo logrou construir um mercado mundial, que as relações de produção se expressam, todavia, cada vez mais distorcidas, alimentando uma dinâmica extremamente incongruente. O atraso dos países dependentes precisa ser tomado seriamente em análise, inserindo-o em seu espaço, no sistema internacional. É a falência do capitalismo na função de gerar ampla prosperidade e desenvolvimento que acarreta a imperiosidade de mudanças. A unidade de análise não é a formação social nacional e a correlação de classes, mas o sistema mundial, como um conjunto, tendo áreas geográficas distintas, e sendo partes os Estados e as classes desse todo. Portanto, as interpretações sobre as assimetrias das relações centro e periferia contribuem para o fermento das concepções críticas.

2.5.1. Wallerstein, Arrighi e o sistema-mundo

Com diferenças pontuais, mais tangentes ao enfoque do que às premissas teóricas, as teorias do sistema-mundo emergem no universo marxista para propor uma perspectiva holística sobre o sistema internacional. Não se restringem a um continente ou a uma região, mas abarcam o mundo como um todo contínuo e longevo, retomando suas origens históricas desde os primórdios dos vestígios capitalistas. Os Estados-nação não requerem uma análise individualizada, não interessando as questões internas nacionais, mas devem ser tratados dentro do conjunto, formando um todo particular. Nesse amplo enfoque o imperialismo torna-se mais um efeito dos mecanismos sistêmicos de reprodução e exploração da desigualdade entre os países, calcada na divisão internacional do trabalho.

Dentro desse subconjunto de teorias, Wallerstein, como fundador e patrono, e Arrighi, com principal difusor, serão tomados como baluartes, sob os quais se calcam toda uma continuação e aperfeiçoamento de ideias.[46] Ambos não se limitaram a escrever somente no período subscrito nessa pesquisa ao debate fordista, tendo produzido importantes obras pelas décadas seguintes. Ainda que viessem a rever algumas teses e a chamar a

---

46 Não apenas Hopkins e Silver, mas há centros de pensamento que frutificam vastamente na atualidade as interpretações do sistema-mundo. Destacam-se os estudos dos pesquisadores do Fernand Braudel Center da Binghamton University, no estado de Nova York, nos Estados Unidos, o Grupo de Pesquisa sobre Economia Político dos Sistemas-Mundo (GPEPSM), da Universidade Federal de Santa Catarina, em Florianópolis, e o Laboratório de Estudos sobre Hegemonia e Contra-hegemonia (LEHC) da Universidade Federal do Rio de Janeiro.

atenção para a emergência de fatos novos, como no caso de Arrighi sobre a ascensão da China,[47] tanto o estadunidense quanto o italiano estiveram coerentemente atrelados às premissas teóricas originárias de seu pensamento. O acréscimo de importantes elementos políticos, como o conceito de hegemonia, em suas formulações, não os credencia ainda a adentrar no politicismo do debate pós-fordista, mas os deixam no liame. A dificuldade de sistematizar o pensamento, especialmente, de Arrighi é manifesta.[48] Como, nessa pesquisa, o que se considera fundamental são os ciclos de acumulação que os dois autores pautam sua visão sistêmica, em que pese ao descompasso cronológico, ainda são elementos nodais do debate fordista, localizados na fronteira com o conjunto teórico seguinte.

Nessa linha de raciocínio, Immanuel Wallerstein, em sua obra icônica *O Sistema-Mundo Moderno. Volume 1* (1974), lança as bases do sistema-mundo, as quais irão fertilizar diversos estudos sofisticados sobre o tema que contribuem substancialmente ao debate marxista nas relações internacionais. Em um contexto de questionamentos à ordem internacional vigente, os estudos críticos vão ao encontro da construção de alternativas teóricas antissistêmicas, que escapassem da defesa do liberalismo pela hegemonia anglo-saxã e do marxismo oficial da III Internacional. Ao tentar estabelecer uma síntese das posições contestadoras, Wallerstein busca em Braudel a concepção de tempo histórico para embasar sua formulação de um capitalismo histórico. Na importância axial que atribui à historicidade, retorna à agricultura capitalista da medievalidade europeia no longo século XVI para extrair as origens da modernidade.

---

47 Arrighi possui um livro, publicado no Brasil em 2008, que caminha nessa direção, mas que por fugir do escopo do trabalho, não será referenciado, apesar de caber a citação de existência pela importância da obra, mais precisamente *Adam Smith em Pequim: origens e fundamentos do século XXI*.

48 Callinicos (2009) afirma que Arrighi não pode ser colocado em nenhuma categoria, tendo em vista a complexidade e a temporalidade de seu pensamento.

Reconstrói a trajetória do capitalismo, ressaltando sua tendência inerente à internacionalização, mesmo antes da consolidação do modo de produção. O moderno sistema-mundo gestado na alvorada da modernidade estende-se gradativamente até, no século XIX, incorporar todo o planeta. Há uma integração das sociedades em uma rede transnacional de trocas mercantis, a qual vai se desenvolvendo e se aperfeiçoando. Assim, cria-se um sistema social inovador, diferente de outras formas de poder e dominação, que estende-se em conexões econômicas, culturais e políticas pelo mundo.[49]

De uma primeira etapa entre 1450 e 1640, na qual se evidenciam as origens e condicionantes que inicialmente emolduram o sistema-mundo, ainda restrito ao contexto europeu, passa-se a uma segunda, de 1640 a 1815, em que o sistema se consolida pelo mundo. Na terceira fase, de 1815 a 1917, a expansão é tão grande que o sistema precisa se readequar à nova realidade. De 1917 em diante, a atualidade é constituída nas tensões revolucionárias que a consolidação sistêmica provoca. A trajetória estipulada por Wallerstein não se limita apenas ao primeiro tomo, navegando pelas transformações mundiais até o ocaso do sistema-mundo, o qual já teria, inclusive, uma data aproximada.[50]

Nessa linha, dentro do sistema-mundo moderno, que marca uma manifestação diferente do império-mundo, a outra forma de organização existente na história, prevalece a economia-mundo, a qual se articula intensamente pelas áreas geográficas via fluxos de capitais e de mercadorias, cuja dinâmica contamina as questões diversas, como a política e cultural.[51] Essa geografia diferenciadora estrutura-se em três níveis: centro, semiperiferia e periferia. A interação entre eles envolve política e economia, bem como movimenta as transformações e garante

---

49 Cf. Wallerstein, 1974, p. 15.
50 É o que defende Wallerstein (2009) em estudos e análises mais recentes.
51 Cf. Martins, 2011.

o andamento do sistema, o que não é, entretanto, linear, mas marcada por ciclos. Esses momentos marcantes caracterizam o período de liderança do Estado hegemônico. A ênfase em um objeto sistêmico vincula-se à importância dada para a competição entre os Estados nacionais europeus, a qual não só degenerou em caos político e econômico graças ao comando, ao longo dos últimos 500 anos, de três grandes potências hegemônicas que teriam sido capazes de organizar ou governar o funcionamento hierárquico desse ordenamento (Províncias Unidas, ou o que viria a constituir boa parte da Holanda, Inglaterra e Estados Unidos). A existência de um poder hegemônico forjado na coerção e no consenso seria uma imposição sistêmica para que a unidade não se degringole em um império mundial. Com fulcro em Kondratiev, os interregnos caracterizam-se por fases de expansão (fase A) e de crise (fase B), cuja duração de cada qual estaria entre 30 e 60 anos, podendo repetir-se dentro de um ciclo hegemônico.

Nessa dinâmica, não há uma lógica estrutural cerrada, podendo os países oscilar dentro da divisão do trabalho vigente. As variações devem-se à competição inerente que o sistema-mundo carrega, o qual não abrigaria ou fomentaria as relações capitalistas se fosse dominado por apenas uma unidade política, um império incontrastável e único. Se após 500 anos, o sistema-mundo não foi tomado por um poder imperial mundial é graças a uma peculiaridade de sua organização.[52]

Nesse sentido, a economia-mundo possuiria uma superestrutura política bastante peculiar, o sistema interestatal, composto por entidades políticas soberanas.[53] O poder hegemônico é aquele que se distingue pela proeminência (comando, liderança e influência) nesse espaço, ainda que não possa controlá-lo plenamente, em função da particularidade do sistema-mundo.

---
52 Cf. Wallerstein, 1974, p. 348.
53 Cf. Mariutti, 2009.

Ao longo da história, registraram-se ciclos hegemônicos que moldavam (não determinavam) os rumos da economia-mundo e do sistema interestatal. A historicidade, decorrente da globalidade (abordagem sistêmica), é um dos traços nodais dessa visão. O que se verifica na argumentação de Wallerstein é sua dedicação a localizar sua elucubração na esfera da circulação, sem maiores detalhamentos da base produtiva, não se alicerçando nas relações de produção. Apesar de afastar-se dos pioneiros nesse sentido, ainda centra seu pensamento na matriz economicista, com ênfase na distribuição e circulação. Seu foco envolve a trajetória econômica e política de longo prazo do sistema-mundo, baseada na divisão internacional do trabalho que se ramifica tripartidamente entre centro, periferia e semiperiferia. As mudanças e agitações políticas da década de 1960 são, para ele, um marco de inflexão na trajetória sistêmica, tendo na crise da década seguinte uma de suas consequências. Esse momento o incomoda a ponto de identificar o surgimento de um momento terminal não apenas da hegemonia estadunidense, mas de todo sistema-mundo moderno, para o qual até suscita prazo de validade. Seu pensamento heterodoxo o conduz pela demografia, ecologia e aspectos culturais para explicar o desenvolvimento sistêmico, o que o aproxima das perspectivas politicistas. Em sua abordagem o conceito de hegemonia estaria ainda mais em voga que o de imperialismo, o qual é diluído e relegado a um segundo plano, a ponto de o tema ser tido como o elemento ausente da ampla abordagem sistêmica.[54] Além de traçar a posição secundária do imperialismo no tocante ao sistema internacional, Wallerstein coaduna-se com o debate em tela, não chegando em nenhum momento a romper com os cânones das teorias que lhe circundam. Assim, como as teorias da dependência e das trocas desiguais, ele direciona seu foco para

---

54 Cf. Brewer, 1990.

a disparidade entre centro e periferia, anelando as bases de seu pensamento nas relações comerciais ou mercadológicas, que se traduzem, dentre outros mecanismos, na divisão internacional do trabalho.[55]

Aquele que mais se aproxima e aprofunda as ideias do estadunidense é Giovanni Arrighi. Em seus escritos e ideias, buscou romper com o marxismo clássico quando evoca o sistema internacional para explicar a estrutura de classes das diferentes nações, relegando os fatores estruturais internos a um patamar secundário. Um exame histórico atento permite cavar até as raízes do movimento de emergência e consolidação do capitalismo. Ao contrário de Wallerstein, não entende que se tenha que buscar no feudalismo as raízes da modernidade. Nesse sentido, segue Marx e o aprofunda ao mergulhar nas cidades-estados italianas para identificar os germes do capitalismo. Assim, partindo dos conceitos de longa e curta duração de Braudel, mas discordando dele em questões pontuais, sistematiza a história do sistema mundial em ciclos, inspirados nas ondas de Kondratiev, que perpassam desde o longo século XVI até os dias atuais, que seria o longo século XX, o qual é o título de sua obra mais renomada, *O longo século XX: dinheiro, poder e as origens de nosso tempo* (1996). A unidade temporal é medida pela duração dos processos de acumulação de capital liderados pela potência hegemônica da época.

O sentido de hegemonia é muito caro a Arrighi e, talvez, o principal elemento de dissidência em relação a Wallerstein (quanto à definição conceitual do termo e não quanto à sobreposição da hegemonia ao imperialismo). Tanto que retorna diretamente a Gramsci para aplicá-lo às relações internacionais.[56] O autor ressalta seus dois aspectos fundamentais: liderança (noção etimológica) e dominação (noção derivada). A liderança seria

---

55 Cf. Noonan, 2012.
56 Cf. Arrighi, 2007.

exercida entre Estados quando um ente direciona o sistema para um caminho, cujo movimento é percebido como consonante ao interesse geral, o que reforça sua posição de dominação e, ao mesmo tempo, acirra a competição. Em outras palavras, haveria o consenso e a coerção quando a busca pelo poder não é o único objetivo da ação estatal do ente hegemônico. Em grande medida, as hegemonias mundiais reorganizam o sistema de trocas e de acumulação, fomentando oportunidades de cooperação, ou seja, espraiando também efeitos positivos em âmbito geral.[57]

Sua visão abrangente deve-se muito às experiências vividas nos países periféricos. Em sua análise, observa que a concorrência interestatal é um componente crucial de toda e qualquer fase de expansão financeira, bem como um fator de vulto na formação de blocos de organizações governamentais e empresariais que conduziram a economia capitalista mundial nas sucessivas fases de expansão material.[58] Na verificação histórica que empreende o capitalismo como um sistema mundial é datado do século XVI, com origem na acumulação genovesa, e se manteve essencialmente inalterado desde então, sendo relativamente estático quando toca os termos de centro e periferia. Mais que uma relação específica de classes, o capitalismo rege-se pela produção lucrativa em um sistema mundial de trocas e pela exploração, da qual se extrai os rendimentos. É um contexto de trocas desiguais e de controle monopolístico do comércio. Por isso, na periferia há a classe dominante que garante para si uma posição confortável, legando o subdesenvolvimento às outras frações.

Quando confrontado aos teóricos pioneiros do imperialismo, alega que a primazia da financeirização não seria exclusividade do século XIX, tendo marcado a Europa do fim da Idade Média e início da Moderna. É na Europa que se entrelaçam os dois grandes processos interdependentes, então, gestados,

---

57 Cf. Arrighi, 1996, p. 30-31.
58 Cf. Arrighi, 1996.

o sistema interestatal e o sistema capitalista, que não são coincidentes, mas intimamente vinculados. Assim, a força motriz desse desenvolvimento são as expansões e as reestruturações na economia mundial, encetadas pela liderança de Estados, comunidades ou blocos de agentes governamentais ou empresariais. O capitalismo histórico desenvolve-se em duas lógicas distintas e expansivas, capitalista e territorialista, tencionadas por unidade e contradição.[59] Articulam-se em função da economia depender da política para seu crescimento. A oscilação das ações voltadas mais ao cálculo econômico ou ao político conforma os padrões institucionais históricos. Por essa tendência pendular, registram-se quatro ciclos sistêmicos de acumulação: um ciclo genovês (embrionário), do século XV ao XVII; um ciclo batavo, do século XVII ao XVIII; um ciclo britânico, do século XIX; e um ciclo estadunidense, do século XX; que traduzem três ondas hegemônicas, a batava e o arranjo de Vestefália, a britânica do livre comércio e a estadunidense da livre iniciativa. Posteriormente, em estudos mais recentes,[60] irá enfatizar somente os três últimos, que são os mais consistentes indubitavelmente, com distinções cintilantes e traços em comum.

Cada etapa é caracterizada pelas mesmas fases, iniciando-se pela expansão material, seguida da expansão financeira. Em meio à sobreacumulação de capital começa a decadência e crise, transição de um poderio para o outro. Verifica-se que os interregnos cíclicos são cada vez mais curtos e as potências hegemônicas, cada vez mais fortes. Com fulcro nessa elaboração teórica, Arrighi, ao tatear a crise do modelo fordista na década de 1970, é induzido ao erro comum no alvorecer da década de 1990 que era apontar para a financeirização do mundo como sinal de declínio da hegemonia americana (outono). Concomitantemente esboça que o Japão viria a suceder os estadunidenses na transição

---
59 Cf. Martins, 2011.
60 Cf. Arrighi, 2007.

de poder mundial, tendo em vista o padrão de acumulação asiático que poderia vir a suplantar o americano.

No tocante ao imperialismo, apesar de não ser sua preocupação central, tendo em vista a inevitabilidade do tema para o tratamento das relações internacionais, dedicou um estudo a sistematizar as contribuições até então dadas. No livro *The Geometry of Imperialism*, de 1978, Arrighi toma para si a tarefa de organizar as noções pioneiras, tendo Hobson como paradigma maior, e compará-las com as formulações existentes, no que chamará de segundo ciclo do imperialismo, das décadas de 1950 e 1960. Imperialismo, para ele, não seria o panorama de anarquia nas relações interestatais que emerge da competição entre Estados centrais por territórios, mas a ordem hierárquica de Estados e a consequente estrutura de dominação específica, que caracteriza a economia-mundo capitalista desde a Segunda Guerra Mundial.[61] Fiel às suas concepções teóricas, não foge à historicidade e aos ciclos hegemônicos. Assim, haveria diversas fases de imperialismo em um ciclo hegemônico. Ele tenta ilustrar essas periodizações por figuras geométricas, traçando identidades e disparidades. Mesmo com o passar dos anos o imperialismo não se tornou seu alvo principal, ainda que tenha discutido significativamente as nuances atuais.[62]

Não restam dúvidas de que tanto Arrighi quanto Wallerstein ressaltam a reluzente importância do aspecto político no cenário internacional. O destaque que atribuem à superestrutura e ao conceito de hegemonia, aqui notadamente Arrighi, é um sinal inequívoco da importante interação traçada entre política e economia na articulação que conduz o desenvolvimento do todo sistêmico que dissecam. Não é ainda possível, contudo, enquadrá-los em uma perspectiva politicista, a qual inaugura o debate posterior. Assim como todo o ciclo fordista, suas ideias

---
61 Cf. Arrighi, 1983.
62 Cf. Arrighi, 2003.

encontram-se no limiar da transição das discussões marxistas. Ilustrando o lugar específico das teorias do sistema-mundo é factível situá-las em um espectro no limbo da alvorada da onda pós-fordista. Por não haver discussões mais aprofundadas sobre teoria do Estado, para esse estudo, essas vertentes não atravessarão os limites aqui estipulados.

Em suma, a despeito de delimitações epistemológicas,[63] o mérito das teorias do sistema-mundo são suas visões holísticas, que servem como relevante chamariz para as correntes críticas: atentam para a necessidade da contextualização no amplo universo sistêmico. Em meio ao vasto horizonte, cabe especificar as razões da desigualdade das relações econômicas internacionais. Não fortuitamente seus elementos basilares se entrelaçam com as perspectivas de autores da dependência, como Frank e Dos Santos, e também com intelectuais mais ecléticos, como Amin. Muito em função disso, os intelectuais citados podem ser vistos em bloco, com convergências estruturais e divergências conjunturais. Para os teóricos do sistema-mundo, o imperialismo imiscui-se na falta de homogeneidade econômica mundial capitalista; a troca desigual é uma das fontes de exploração colonial, um canal específico. Diante da amplitude das teorias do sistema-mundo, cumpre evocar as análises similares, que, contudo, se debruçam em questões mais específicas como o comércio internacional desigual.

2.5.2. Amin e as trocas desiguais

Ante o contexto mundial em meio à onda de descolonização e de afirmação da autonomia do Terceiro Mundo, era premente refletir sobre a nova realidade, sem deixar de considerar

---

[63] Nesse sentido, cabe aqui elencar os principais pontos questionáveis das teorias do sistema-mundo, que se direcionam para seu viés funcionalista, o seu descolamento com as premissas marxianas e a noção estendida de historicidade do capitalismo. Para mais, ver Gerstenberg (2010).

sua inserção do âmbito mundial. A problemática da situação da periferia não se restringiu às análises na América Latina, mas, concomitantemente, foi encetada na África e na Ásia. O maior destaque foi atribuído aos intelectuais, oriundos das regiões marginais ou não, que interpretaram a concretude da nova configuração internacional, ressaltando a posição do Terceiro Mundo, o que os levou a ser conhecidos como terceiro-mundistas.[64] A partir dos centros europeus de pensamento, os intelectuais, preocupados com a dinâmica e a realidade das periferias, deslocavam a lente analítica do centro sistêmico. Por exemplo, na França, estabeleceu-se uma linha de raciocínio que se aproximava e dialogava intensamente com as teorias marxistas da dependência, cujo epicentro é o comércio internacional desigual, que nomeou a corrente de pensamento, muito em função do livro homônimo publicado com o intuito de fomentar as reflexões acerca do tema. Mais explicitamente houve uma tentativa de interligar os temas das trocas desiguais e do imperialismo.

Em virtude disso, veio a público, em 1971, a primeira edição de *Imperialismo e comércio internacional (a troca desigual)*. A obra reuniu artigos especializados dos principais expoentes dessa leitura, como Arghiri Emmanuel, Samir Amin, Charles Bettelheim e Christian Palloix. O rumo desse viés direciona-se pela desigualdade das relações capitalistas, como ênfase às trocas comerciais. Nos países subdesenvolvidos as mercadorias produzidas eram trocadas por uma quantidade menor de valor do que aquele realmente nelas contido, enquanto que nos desenvolvidos o oposto ocorreria. Os motivos das evidentes assimetrias

---

64 O conceito é discutível, podendo ter uma abordagem ampla, envolvendo todos aqueles que discutem o subdesenvolvimento nas regiões periféricas (teóricos da dependência, do sistema-mundo e das trocas desiguais), ou um enfoque restrito, tocando apenas os intelectuais radicados nos grandes centros que direcionavam sua atenção à periferia, como aqueles das trocas desiguais. A maior parte da literatura, de origem anglo-saxônica, tende priorizar a perspectiva mais genérica. Para mais, ver Callinicos (2009); Brewer (1990); Barone (1985); Carnoy (1994).

eram o cerne das divergências entre eles, residindo no valor da força de trabalho (salários), para Emmanuel; na luta de classes, materializada na superexploração do trabalho na periferia pelo centro, para Amin; na composição do capital orgânico e nas disparidades regionais, para Bettelheim; e na taxa de exploração contida na essência da economia política, para Palloix. Dentre os quatro, Emmanuel é aquele que mais se identifica com a denominação trocas desiguais para esse ramo teórico, haja vista suas bases intelectuais.[65]

No tocante à atribuição de relevância ao conceito de imperialismo, sem negar a contribuição dos três autores que discutem o comércio internacional, aquele que tratou diretamente do tema, adquirindo maior notoriedade, muito em função da persistência e do brilhantismo de suas concepções, merecendo posição reluzente, é Amin. Ao longo de seus escritos, o intelectual egípcio propõe a tentativa de compilação e de oxigenação de todas as ideias que perpassaram o debate sobre imperialismo até então, mesclando elementos das concepções pioneiras, das teorias da dependência e das trocas desiguais. Por sua longa carreira, escreveu o trabalho que mais agrupa suas principais ideias em 1977, *Imperialism and Unequal Development*. Em seu ambicioso e longevo (escreve sobre a temática desde a década de 1950) esforço, busca explicar a expansão do capitalismo pelo

---

[65] O autor investiu no intento de provar como os países do Terceiro Mundo são explorados pelas economias avançadas via comércio internacional. Em seu artigo fulcral, *Unequal Exchange: A Study of the Imperialism of Free Trade*, difundido mundialmente em 1972, expõe as bases de sua construção teórica. A produção de mais-valor nas periferias é transferida ao centro pelo intercâmbio de mercadorias, deixando as regiões marginais empobrecidas. Comércio internacional e imperialismo estariam, assim, imbricados. Ao enfatizar os canais de extração do mais-valor da periferia pelo centro, seu enfoque aproxima-se das teorias da dependência. Diferencia-se, contudo, uma vez que, além de não adentrar em aspectos estruturais econômicos, políticos e sociais como constituidores da dependência, não entende que transferência do mais-valor ocasione o subconsumo, que, para ele, é um problema de baixos salários e não das trocas desiguais. Logo, os salários determinariam a estrutura da economia internacional e do desenvolvimento do capitalismo, como se o valor da força de trabalho fosse independente do patamar de desenvolvimento das forças de produção e das relações de produção. Para mais, ver Emmanuel (1971).

mundo e, simultaneamente, o impacto desse espraiamento nas diversas regiões, como uma síntese das principais premissas marxistas em curso, a da discussão pioneira e da fordista. Ele combina a ênfase na assimetria das relações entre centro e periferia com a análise de classes, explanando a dificuldade dos líderes do Terceiro Mundo em resistir ao imperialismo, aproximando-se definitivamente de Lênin.[66]

Amin intenta distinguir-se na síntese eclética que realiza,[67] agregando elementos das intepretações que lhe foram anteriores, sem elucubrar um construto intelectual próprio e consistente. No tocante ao imperialismo, é o autor que mais utiliza o termo, não rompendo completamente com as bases dos pioneiros, como Lênin. Para ele, o imperialismo organiza, sob a dominação dos capitais monopolistas, uma imensa pirâmide de formas de exploração do trabalho, em cujos diferentes níveis participam todas as burguesias e as classes exploradas do sistema mundial, estrategicamente situadas no campo do capitalismo. Ressalta a exploração, em suas diversas formas, dos proletários tanto no centro quanto na periferia, todos integrados ao sistema imperialista. Em função disso, reside a necessidade de unificação para o levante rumo ao socialismo. Parafraseando Lênin, afirma que não apenas os proletários do mundo, mas também os povos oprimidos deveriam se unir.[68]

Por agregar às concepções pioneiras elementos da leitura posterior, exalta aspectos como a dinâmica expropriatória do centro em relação à periferia, citando a superexploração da força de trabalho. Logo, poderia, mesmo, ser pensado dentro das teorias marxistas da dependência.[69] Para ele, o processo de acumulação, de desenvolvimento, precisa ser analisado como um todo

---

66 Cf. Noonan, 2012.
67 Cf. Barone, 1985.
68 Cf. Amin, 1977a.
69 Cf. Brewer, 1990; Corrêa, 2012.

na escala mundial. A dinâmica da acumulação não permite, contudo, que esse universo se divida entre entes homogêneos, ao contrário, tendo em vista sua tendência ao desenvolvimento assimétrico, fomenta formações socioeconômicas díspares, contendo diferentes manifestações do modo de produção. A clivagem principal é aquela que ocorre em duas categorias: centro e periferia. No centro o crescimento é autônomo, enquanto na periferia é bloqueado, em função da competição das grandes potências. A especialização desigual decorrente dessa dinâmica é determinada pelos custos absolutos de produção (e não pelas vantagens comparativas), sendo que estes dependem da produtividade e dos salários. Logo, aquelas nações que se industrializaram mais cedo levam uma vantagem imensa em relação às retardatárias. Assim, o desenvolvimento desigual oriundo desse panorama é ancorado na esfera da circulação, traduzido nas assimétricas relações de troca.

Em que pese à originalidade de suas reflexões, Amin fica atrelado à circulação das relações capitalistas, sem debruçar-se sobre a produção, o que não permite que ele se diferencie plenamente dos autores desse debate. Sem aprofundar a discussão conceitual, possui grande mérito em ter sido um dos poucos a resistir, atravessando gerações, pela importância da teorização do imperialismo. Diante da investigação das teorias das trocas desiguais, cabe encerrar o ciclo do debate fordista.

Por mais efêmero que pareça, tendo durado aproximadamente um quarto de século, o debate fordista não pode ser olvidado, uma vez que caracteriza importante interregno de transição para os horizontes que se apresentaram no contexto posterior. Conforme se pode constatar, a análise do imperialismo foi alargada e, concomitantemente, diluída, em argumentos que a englobaram no relevo de questões mais afins às relações desiguais entre centro e periferia no desenvolvimento mundial das relações capitalistas. O que importa apontar é que, não obstante as substanciais modificações geopolíticas carreadas, no tocante à teoria não houve um rompimento pleno com os pioneiros, configurando o interregno fordista muito mais uma complementação às primeiras ideias marxistas de imperialismo, mas com novidades cruciais. Alicerçados em bases primárias, os autores desse momento não reavaliaram em si o fenômeno do imperialismo, mas procuraram entendê-lo por perspectivas mais abrangentes que consideravam necessária a ênfase em mecanismos que envolviam, em maior ou menor medida, o comércio internacional ou a esfera da circulação, como o excedente econômico, a transferência de valor, o sistema mundial e as trocas desiguais. Em outras palavras, apesar do ciclo narrado ainda estar ancorado em bases economicistas do pensamento marxista, já se percebe uma mescla e uma aproximação com os vieses politicistas que emergiriam com mais força nas décadas seguintes. Por esse raciocínio, o momento que sucedeu o pioneiro não lhe é exatamente uma reação contrária. Em verdade, está mais próximo do que distante das ideias inaugurais do imperialismo, no sentido de não afastar a predominância economicista e da compreensão teórica clássica de Estado. Tão logo as ideias deste ciclo floresceram outro panorama já as eclipsava.

3
O DEBATE PÓS-FORDISTA

A nova organização social que emergia, rompendo com os parâmetros fordistas, pode ser cunhada como pós-fordista, por constituir um momento de reação, de desfazimento da correlação de outrora. O capitalismo é essencialmente, portanto, desde sempre, globalizado, no sentido de pressionar pela internacionalização da produção. O que diferencia o padrão pós-fordista de desenvolvimento são as condições estruturais dadas, de um regime de acumulação interno, nacional, passa-se a um exterior, internacional; e de um modo de regulação estatal-intervencionista, keynesiano, nacional, caminha-se para um neoliberal, internacional.

Apesar da consolidação do pós-fordismo ocorrer com o final da Guerra Fria, para o debate marxista do imperialismo, o marco de investigação delineia-se desde o crepúsculo do fordismo e imiscui-se na aurora do período sucessor. Logo, para esse estudo, o ciclo pós-fordista irá desde meados da década de 1970, passando pelo fortalecimento da última década do século XX até os dias hodiernos. Em outras palavras, abarca a crise do fordismo e a ascensão do pós-fordismo até sua maturação e seus desdobramentos. O desenho dessa demarcação engloba nas teorias do Estado tanto a vertente do marxismo ocidental[1] quanto o que se convencionou chamar de novo marxismo,[2] o que imputou às teorias de imperialismo um emaranhado mais amplo que precisa ser bem delineado. Ao lado das visões economicistas já existentes sobre imperialismo, advieram as politicistas e seus desdobramentos, esgarçando novos patamares.

Se o contexto histórico é marcado pela decadência e pela retomada da hegemonia estadunidense, com a ofensiva e a consequente derrota das experiências de socialismo real na União Soviética e no Leste Europeu, em meio à desilusão das esquerdas ao modelo de bem-estar social e à social-democracia e em torno da intensificação do processo de internacionalização das relações de produção pelo mundo; no campo teórico marxista sobre o imperialismo, na toada das transformações sobre o pensamento político, houve refluxo e ressurgimento rumo ao apogeu. Em outras palavras, inspirados na guinada nas teorias do Estado na década de 1970, os anos 2000 testemunharam o renascimento das teorias do imperialismo, ainda mais fortes, alicerçadas em variadas matrizes teóricas, para muito além do (e também com o) economicismo pioneiro. É nesse diapasão que se pode mapear o amplo e difuso universo teórico.

---

1 Segundo Elbe (2010), o chamado marxismo ocidental, que abrange o interregno de 1923 até cerca de meados da década de 1960. Em suas teorizações é possível encontrar indícios do humanismo e da valoração da subjetividade, conforme presente nos escritos iniciais de Marx. O foco dessas abordagens reside muito mais na autonomia dos elementos superestruturais em relação sua base econômica, destacando as nuances da política, do direito e da ideologia como aspectos transformadores.

2 O termo não é o melhor, pois o adjetivo novo sempre traz falsos revestimentos para velhas problemáticas. É importante frisar, contudo, é que a expressão se refere à nova leitura do marxismo, conforme Elbe (2010), a partir de 1965. O resgate feito é o das categorias econômicas anunciadas por Marx em *O Capital*, como arcabouço para a construção de uma teoria política ou do Estado no capitalismo. A ruptura com o marxismo ocidental gerou desdobramentos teóricos em diversos países, a partir dos anos 1970, como Alemanha, Inglaterra, Itália e França.

3.1. Contexto histórico

A riqueza de interpretações não seria possível se não fosse acompanhada por um panorama instigador. Nesse aspecto, o contexto de crise e incertezas foi fundamental para a reflexão do Estado e da política dentro do capitalismo. O que se sucedeu ao formato fordista foi uma era de transição que marcou a erosão de suas bases, ocasionando mais uma mudança significativa na face do capitalismo.[3] Na periferia manteve-se a industrialização seletiva e a exploração dos recursos naturais e da mão de obra, chegando os efeitos da crise tardiamente. No epicentro do capitalismo, o horizonte era de névoas. As estruturas de acumulação e de hegemonia que sustentavam o fordismo sofreram fortes abalos em decorrência de sua própria dinâmica. A lógica socioeconômica que limitava a valorização do valor entrou em colapso, impactando as relações sociais. Simultaneamente, as guerras e o rompimento do equilíbrio automático dos Acordos de Bretton Woods impuseram incertezas aos rumos do sistema mundial, afetando o capitalismo central. A debacle não pode ser vista sob o prisma de uma relação causal simples. Há que se resgatar o panorama das complexas dinâmicas econômicas, sociais e políticas que permearam a estrutura desse regime de acumulação e de seu modo de regulação. Uma série de processos relativamente independentes entre si que se condensaram em uma crise de toda a formação.[4]

Em termos de acumulação, verificou-se um retrocesso estrutural na rentabilidade do capital nas metrópoles capitalistas.[5] Consequência da forte diminuição da taxa de lucro, explicada pelo impacto das leis gerais do capital, aplicada a estruturas políticas e econômicas do arranjo fordista. Com dividendos cada vez menores ao capital e com o poder de barganha da força de

---

3 Cf. Hirsch e Roth, 1986.
4 Cf. Mascaro, 2013a.
5 Cf. Hirsch, 1995.

trabalho elevado, o conflito distributivo acirrou-se. A diminuição paulatina da produtividade elevou a dificuldade em financiar a redistribuição social estatal e as políticas subvencionistas sem os incrementos do produto interno bruto. Com taxas menores de crescimento e endividamento estatal rampante veio a estagflação (combinação de inflação e estagnação que marcou a crítica ao fordismo). Os elevados gastos sociais e as dívidas públicas, mediante a intervenção estatal constante na economia, foram identificados como empecilhos à modernidade. "Quebrou-se a estreita relação entre consumo de massa, estado de bem-estar social e acumulação que havia caracterizado a era dourada do fordismo".[6] Havia toda uma estrutura que obstaculizava os processos de inovação. A organização social fordista guardava contradições específicas. Ao primeiro sinal de crise, as forças adversárias impulsionaram sua superação. Aproveitando as brechas da política reformista social-democrata, os governos neoliberais ascenderam acoplados e fomentadores da intensificação da internacionalização dos capitais e das relações de produção, para além do regime de acumulação de base nacional-estatal de outrora. Assim, advieram a revolução tecnológica na produção (microeletrônica, comunicações, transportes, genética e biologia) e as novas formas de organização do trabalho (tendências à informalidade e à precarização), abrindo a fronteira de possibilidades de valorização do valor. Com isso, o eixo de acumulação foi paulatinamente sendo transferido da esfera nacional para a internacional, mediante a pulverização das etapas e relações de produção pelo mundo, seguindo a propalada racionalidade toyotista (racionalização do uso da força de trabalho, o crescimento da automação e da desconcentração industrial).

    O deslocamento apoiou-se no câmbio do modo de regulação, que carreou o desfazimento do amálgama político-ideológico que

---

6 Cf. Hirsch, 2010, p. 151.

havia mantido a coesão da sociedade fordista. O Estado de segurança (*Sicherheitsstaat*), caracterizado pela burocratização, regulamentação, controle e normatização, foi substituído pelo Estado concorrencial (*Wettbewerbsstaat*), fomentador da competição e do livre mercado.[7] O modelo de bem-estar social (*welfare*) passou à desregulamentação, gerando o estado de guerra econômica do livre mercado (*warfare*). É nodal salientar que não houve, contudo, alheamento do Estado em relação à economia, como pregam os entusiastas do neoliberalismo, mas seu redirecionamento para outras prioridades e áreas de atuação. Neoliberalismo não é a política do capital contra o Estado, como é frequentemente posto de maneira vulgar, mas a política dos capitais passando pelo Estado.[8] A flexibilização das regras alterou relação entre as empresas e os Estados nacionais, a qual se reconfigura em moldes distintos, mas não necessariamente menos protetivos aos capitais. A mitigação da intervenção nacional-estatal nas relações de produção deixou as políticas públicas sociais e econômicas mais vulneráveis às oscilações internacionais. A postura dos governos se tornou muito mais defensiva aos efeitos do neoliberalismo do que propositiva, cabendo aos contrários apenas resistir e sem a capacidade de realizar substanciais transformações.

O capital estadunidense, graças a sua alta produtividade com enorme capacidade competitiva, estava sumamente interessado na liberalização do comércio mundial e na abertura de novas regiões para inversões. Assim, as frações financeiras pressionavam por mudanças. Era preciso pôr termo à acumulação voltada para o mercado interno, estabelecendo bases internacionalizadas da produção. Em meio à crise, houve uma forte ofensiva dos Estados Unidos pela retomada da hegemonia estadunidense

---

7   Cf. Hirsch, 1995.
8   "O neoliberalismo não é a abolição da forma política estatal, mas, antes, sua exponenciação" (MASCARO, 2013a, p. 124).

via imposição do poderio financeiro.[9] Emergia o arranjo político que amalgama o setor financeiro ao lado do complexo militar-industrial no comando estadunidense. Esse movimento foi acompanhado por um discurso de fomento às inovações financeiras e à desregulamentação, que predominaria na década de 1980. Os Estados Unidos, em seu direcionamento rumo à restauração liberal-conservadora, retomam progressivamente o controle, surgindo um novo sistema financeiro internacional (padrão dólar-flexível).[10] Durante esse decênio, os Estados Unidos preparam o terreno da transição que se concretizaria no alvorecer do último decênio do século XX. Com a derrocada da União Soviética,[11] o fenômeno globalizante recebeu o impulso necessário e decisivo. Nesse panorama, a solução apresentada e vendida mundialmente para o esgarçamento da coesão socioeconômica, salvo as alternativas não capitalistas, consistiu na reorganização estrutural das condições de valorização do capital, que deveria implicar a imposição de uma nova formação da sociedade capitalista.

Com hierarquizações e divisões distintas, as relações de poder passam a ocorrer em um ambiente instável e ainda mais violento na semiperiferia e periferia, na medida em que é o núcleo metropolitano que delibera acerca do uso da força no cenário internacional, o qual é direcionado para as áreas marginais. Isso porque a frágil interação do centro metropolitano é baseada na

---

9   Havia uma forte concorrência internacional dos aliados desenvolvidos a convite, Alemanha e Japão; *déficits* comerciais na balança comercial e de pagamentos estadunidense, atrelado ao alto endividamento internacional e os consequentes questionamentos ao dólar enquanto única moeda internacional conversível em ouro; abalo no poder incontrastável estadunidense com a Guerra do Vietnã e derrotas em outros conflitos; sistema financeiro internacional com excesso de liquidez pelos eurodólares e petrodólares; e a regulação excessiva. Com a ascensão ao poder dos republicanos, capitaneados por uma coalizão conservadora e neoliberal, apoiada pelos setores financeiros e beligerantes, empreendeu-se uma estratégia de imposição do poderio estadunidense via fomento à globalização financeira e enquadramento dos concorrentes comerciais e adversários político-ideológicos. Para mais, ver Tavares (1997).
10 Cf. Serrano, 2002.
11 Para Hirsch (2010) e Kurz (2003), a dissolução da União Soviética também é uma expressão e uma consequência da crise do fordismo.

cooperação e no conflito, vinculada à permanente concorrência por controle de mercados, áreas de investimento e fontes de matérias-primas, bem como a manutenção da ordem mundial. Assim, os conflitos interimperialistas de eras passadas já não se deflagraram, como desde o pós-Segunda Guerra, tendo em vista a concentração da violência militar em uma superpotência. Contra ela e sem nela mais nenhuma guerra convencional é travada. Mesmo porque os conflitos militares são sempre usados e causados pelos Estados Unidos para consolidar o seu domínio de base militar ante as potências concorrentes. O uso da violência é, a partir de então, via incursão policial das grandes potências (como nos casos autorizados pelo Conselho de Segurança ou mesmo aqueles à sua revelia) ou por ações terroristas (do ponto de vista metropolitano) difusas, esparsas e locais, que, em alguns lugares, meio à ultrajante miséria e desespero, forçadamente canalizaram as demandas dos movimentos de libertação nacional, que perderam fôlego com as descolonizações formais e a realidade estrutural do neoliberalismo.

Os Estados Unidos incorporam, ainda que em uma relação não isenta de conflitos com outros centros capitalistas e de maneira basicamente precária, um monopólio da força que atravessa os Estados singulares, e é necessária para a reprodução dos capitais internacionais. Dispõem de meios de violência necessários para assegurar o padrão de desenvolvimento capitalista atual e representar o interesse das burguesias dominantes nos Estados, mesmo naqueles subordinados.[12] Por essa dinâmica, as organizações internacionais constituíram-se em importantes pontos de apoio do capital internacional, sendo capazes de formular políticas e de impor a vontade dos Estados dominantes pela via do direito. Por conseguinte, somente por esse panorama, já se percebe que o exponencial aumento do

---

12   Cf. Hirsch, 2010, p. 201-202.

direito internacional e desses organismos via reforma, redirecionamento ou criação a partir da década de 1990 não é um fenômeno aleatório, mas está inserido no modo de regulação pós-fordista.[13]

3.2. Contexto teórico

As celeumas, os impasses e as brechas do horizonte de transformação que rechearam a década de 1970 revelaram-se propulsores axiais para o pensamento crítico. Nesse período, nas correntes marxistas, emergem as teorizações mais substanciais acerca do papel do Estado e da política. Compreensível. Tendo em vista que frações da esquerda se encontravam ou no comando, como nos países socialistas, ou na coalizão governante, como nas sociais-democracias europeias, e não se revolucionara os padrões capitalistas, era preciso reavaliar as estratégias e repensar os cânones teóricos. Logo, é a partir desse fértil ínterim que se pode marcar o alvorecer do debate pós-fordista do imperialismo. A despeito da emergência do novo ciclo, esse movimento de renovação não ficou imune a resistências e ataques. Se os anos 1970 delinearam novos patamares da crítica, rapidamente na década seguinte veio a reação às visões marxistas impulsionada pelas mudanças internacionais. Em meio a todo contexto de ofensiva neoliberal pela década de 1980, assim como vieram à tona, em pouco tempo, as contestações submergiram ante a onda da modernização globalizante. Nesse sentido, a década de 1990 não apenas assinalou o encerramento da transição, com o apogeu da estratégia neoliberal, mas também o combate ferrenho das teorias do Estado com a emergência de concepções teóricas na direção adversa, de enfraquecimento e de demonização do aparato estatal e da política. Para o marxismo, especialmente, foi um marco de refluxo[14]

---

13 Para mais, ver Osorio (2017).
14 Cabe aqui ressaltar as honrosas e relevantes exceções que marcaram a contestação da

e inflexão. O que já vinha se manifestando nos escombros da periferia e nos porões do capitalismo, oportunamente relegado pelos grandes centros, a enorme insatisfação com as ilusões da globalização explodiu. Não tardou para o desnude das falácias neoliberais logo no início dos anos 2000 e o retorno triunfal da discussão teórica do imperialismo.

Despertados pelos rumos do sistema internacional e pela necessidade de repensar as alternativas, os autores marxistas resgataram o debate do imperialismo, colocando-o novamente em sua merecida centralidade. O momento pós-fordista engloba a introdução do politicismo na discussão do imperialismo (carreado pela tradição do marxismo ocidental),[15] jogando luzes sobre questões não econômicas, que ganharam ênfase e autonomia; as variações e desdobramentos entre politicismo e economicismo; e a crítica materialista do imperialismo, a qual é dada pela retomada das categorias econômicas de Marx, própria do novo marxismo. Portanto, a partir dos anos 1970, deu-se o esgarçamento das reflexões economicistas[16] e o içar do debate a outros alicerces. É a captura dessa inflexão e seus desdobramentos que virá a lume neste ciclo. Desde o último quartel do século XX muitas correntes se apresentaram concomitantemente em um emaranhado de vertentes que se eclipsam e se misturam, em meio ao ocaso e ao resgate do imperialismo. Para

---

época à globalização, como o zapatismo, no México, em 1994, a grande manifestação de Seattle, em 1999, nos Estados Unidos, e o Fórum Social Mundial de Porto Alegre, em 2001, no Brasil.

15 Destacam-se, obviamente respeitadas a orientação teórica e política de cada autor, bem como suas particularidades, os escritos políticos de Gramsci pré-cárcere, Karl Korsch e seu livro *Marxismo e filosofia* (1924) e Lukács e a original obra *História e consciência de classe* (1923). O liame que os une é a perspectiva da crise do movimento trabalhista no pós-Primeira Guerra, diante da cisão da Segunda Internacional, e a empreitada de refundar as bases do marxismo. Para mais, ver Anderson (2004); Elbe (2010); Boucher (2015).

16 Nota-se que por mais abrangente que seja o debate pós-fordista, ele não incluirá, malgrado as contribuições importantes e atuais as continuações e variações em torno do viés economista, o qual já foi intensamente nos ciclos pretéritos, neles encaixando-se, por mais que estejam lastreadas em escritos de hoje.

que se limpe o entroncado caminho, definindo uma trilha clara rumo à organização das ideias, apresenta-se como mais valioso à compreensão uma sistematização em torno de três eixos para acompanhar o debate pós-fordista: o politicismo, o politicismo parcial e a plena crítica.

Uma tarefa dessa monta voltada ao didatismo não se exime de eventuais lacunas que venham a pulular em razão da singularidade das reflexões de cada autor. O trajeto passa, portanto, pelas especificidades de cada etapa. A sistematização em tela não pretende ser exaustiva, mas apontar caminhos para o emaranhado de conceitos e classificações sobre a melindrosa matéria. Por óbvio, algum autor estará mais ou menos afinado com os critérios escolhidos para cada vertente. Dentro dos agrupamentos há polos, que se aproximam a outros subconjuntos, ainda que a eles não pertençam, e que se afastam em críticas claras e diretas. Há autores que, todavia, não conseguem entrar em nenhum dos universos aqui estabelecidos, ora traçando vínculos, ora escapando aos enlaces. É fundamental ir além da dicotomia império versus imperialismo.[17] O escopo da pesquisa é edificar a construção até o cume do desenvolvimento teórico do imperialismo, mediante a explanação da plena crítica.

3.3. Politicismo

O primeiro vetor é o do politicismo. As interpretações presentes envolvem, em maior ou menor medida, a hipostasiação de poder. Em outras palavras, é a defesa da autonomia da política em relação à base econômica. O imperialismo é vertido basicamente em torno dos elementos políticos, como a correlação política na luta de classes sociais (ou no fragmento de classes),

---

17 O que se percebe por essa sistemática é o afastamento das divisões tradicionais e o descolamento daquelas mais presentes, sem deixar considerar sua importância e influência nos estudos do imperialismo. A questão aqui não se resume em discutir se há o imperialismo ou se chegou à fase pós-imperialista.

preponderantes sobre as bases econômicas. A disputa por frações classistas ou grupos políticos confere a tonalidade da condução do poder no Estado e consequentemente nas relações internacionais. O ramo politicista do debate pós-fordista do imperialismo é aquele mais distante da plena crítica. Confere ao Estado e à política uma autonomia da base material econômica das relações de produção, buscando em elementos que não as categorias econômicas marxianas, a explicação para os fenômenos sociais. Há a análise das questões políticas sem a devida consideração das bases materiais em que estão suplantadas, ou seja, a ausência de uma interface do Estado e da política com as relações capitalistas de produção. Sucede aqui um rompimento e uma inversão, em doses distintas, da lógica dos debates anteriores.

A semente desse vetor, para essa pesquisa, é plantada na década de 1970. Apesar de não tratarem do fenômeno imperialista especificamente, enxertam o substrato teórico dessa visão de mundo. Elegendo aqui uma segunda geração da Escola de Frankfurt, capitaneada por Claus Offe e Jürgen Habermas, é crível tecer algumas importantes observações, que vão costurar as concepções dessa década decisiva com os contornos atuais. Pela crítica voraz de Müller e Neusüss (1970) e pelos comentários atualizadores e intepretação sofisticada de Caldas (2015), os dois expoentes politicismo são colocados como defensores de um pensamento reformista/revisionista, uma vez que advogam pela transformação do capitalismo e do Estado pela via das oportunidades que a democracia burguesa apresenta. A intervenção do ente estatal direcionada para a justiça social e para a racionalização da ordem, viabilizando um diálogo coletivo em busca de um amplo consenso na sociedade civil levaria a horizontes organizados e promissores.

O problema teórico que se manifesta em ambos é tratar capital e Estado como uma relação puramente externa. O Estado serve ao interesse do capital quando pacifica a sociedade capitalista, a forma do Estado não possui, contudo, nenhum traço capitalista específico, pois, conforme a influência que Weber exerce sobre os dois, predomina no aparato estatal a forma racional de dominação/ administração.[18] A mirada na luta de classes e grupos e a visão de que há uma racionalidade nessa disputa em torno da condução do Estado e da política costuram o cenário politicista. Mais em Habermas e menos em Offe ficam evidentes as lacunas dessa compreensão. Ainda assim, a crença de que a mudança passa pela redefinição na forma e no conteúdo dos poderes distributivos do Estado, pelo redirecionamento e fortalecimento da vontade política, e não pelos meios revolucionários, determina os rumos e a difusão dessa linha de raciocínio. Principalmente, Habermas, na década de 1990, ganhará um protagonismo desmedido, subscrevendo teses cosmopolitas, muito mais próximas às concepções kantianas que aos cânones marxistas, dados naquele momento como superados e ultrapassados. Os embriões legados pelos autores, que não se encaixam propriamente no debate imperialista, vão frutificar nessa seara com mais potência, justamente, no contexto após a Guerra Fria em diante.

Como é, em princípio, um ramo abrangente, o politicismo engloba visões que não se reconhecem como próximas (mas que o são conforme essa pesquisa), constando, inclusive, um diálogo crítico entre elas. Nesse sentido, pretendem-se desenhar os três polos extremos que compõem este conjunto, que vai desde o globalista, capitaneado pelos teóricos do império (Hardt e Negri), em uma ponta, passando por aqueles que conferem à hegemonia e ao papel do Estado-nação importância fundamental a ponto de eles edificarem o conceito de imperialismo,[19] cujos baluartes são

---

18 Cf. Clarke, 1991.
19 Para um estudo profundo e apurado, que permite verificar a diferença entre os conceitos de hegemonia e imperialismo e, ao mesmo tempo, entender a sua interface, ver Garcia (2010).

Panitch e Gindin, e, em outra ponta, mais afastada deles e mais colada na próxima classificação, por considerações importantes na seara econômica em sua obra, Ellen Wood.

3.3.1. Hardt e Negri e Império

O alvorecer do século XXI, em meio a um contexto específico, marca um momento de inflexão nas teorizações marxistas. Se no turbilhão da euforia globalizante, no decênio noventista, o pensamento enraizado em Marx foi marginalizado a ponto de ser considerado obsoleto; não demora, para que ele seja devidamente resgatado (década seguinte). E nos círculos marxistas, principalmente, advém a obra que, sobremaneira, contribui para chacoalhar a entropia e reavivar a crítica ao capitalismo, ainda que pelo caminho inverso, pela imensidão de contestações recebidas. Em 2000, é publicado nos Estados Unidos, por Michael Hardt e Antonio Negri[20] o livro *Império*. Nesse diapasão, emerge a corrente politicista extremada, responsável pela conjunção de adeptos dentro e fora do marxismo.[21] Também chamada de globalista, oferece um parâmetro que inevitavelmente irá permear, ainda que para seu total descrédito, as análises sobre imperialismo. A trajetória política e intelectual dos autores, sobretudo a de Negri, demanda atenção e todo cuidado nas críticas. Muito menos pelo brilhantismo intelectual e pela sofisticação teórica e mais pelo impacto causado, chegou a ser comparado ao Manifesto Comunista do século XXI,[22] e tornou-se um trabalho incontornável para o bem ou para o mal nos debates marxistas. Isso porque a discussão gerada permitiu que as clivagens teóricas e políticas pudessem ser sistematizadas com maior nitidez.

---

20 Quanto ao autor é imperioso chamar a atenção para sua guinada teórica a partir dos anos 1990 quanto à teoria do Estado. Militante político e intelectual de enorme envergadura, Negri pode ser considerado, inclusive, um dos expoentes na Itália do novo marxismo. Para mais, ver Míguez (2010).
21 Outros expoentes dessa vertente seriam, por exemplo, Martin Shaw e William Robinson.
22 Cf. Zizek, 2001.

A entusiástica celebração e a afável recepção que o livro recebeu nos círculos dominantes dos veículos difusores das ideias políticas condizem com a inofensividade ante as mudanças de perspectiva no mundo. Ao contrário de obras que foram intencionalmente ignoradas ou silenciadas,[23] essa publicação mereceu louvas. Sua aproximação com o ultraimperialismo de Kautsky é indisfarçável, malgrado a contrastante sofisticação do baluarte pioneiro.[24] Com efeito, o livro é pautado no silogismo construído pela dupla: com a superação do Estado-nação, perde o sentido o sistema de Estados, logo, chega ao fim o imperialismo. Os autores, na euforia da nova ordem mundial, que também contaminou ramos da esquerda política e teórica, alegam que a enorme interdependência econômica traz ao lume uma nova lógica global de domínio, o Império, uma estrutura desterritorializada, etérea e descentralizada, paradoxalmente, pinçada ao mundo pela dinâmica incessante de sua própria negação, a multidão. Nessa toada, o surgimento do Império assinala, assim, ao mesmo tempo, o fim do imperialismo e o abandono da luta política, em nome do poder dos capitais transnacionais.

Para os autores o império materializava-se diante dos olhos, após as transformações internacionais da década de 1990. A redação da obra esteve situada entre a Guerra do Golfo, 1991, e o fim da Guerra do Kosovo, em 1999.[25] Regimes coloniais e o bloco soviético, tidos como entraves, caíam pelo movimento irreversível de trocas econômicas e culturais, expandindo o

---

23 Atenção para Prado (2011) e a história de um não debate na teoria marxista da dependência e o despertar dos cachorros mortos, de Hirsch (2002) sobre a teoria da derivação e sua vertente materialista.
24 Negri dedicou um ensaio em maio de 2002, na Revista Cuardenos del Sur, intitulado *El Império, etapa superior del imperialismo*, como forma de relacionar suas ideias aos pensadores pioneiros.
25 Mesmo após a redação de *Império* ter ocorrido em um interregno de aparente estabilidade, os dois autores mantiveram a insistência na defesa de suas concepções esposadas com mais duas obras posteriores, traduzidas para o português como e nos respectivos anos, *Multidão* (2005) e *Bem-estar comum* (2016), as quais completam a trilogia pós-moderna dos autores.

mercado global. As fronteiras nacionais diluíam-se e a revolução tecnológica aproximava os povos, na homogeneização global pela via mercadológica. Nesse universo uniformizado, a lógica e a estrutura de comando incutiam-se em uma nova manifestação de supremacia política. "O império é a substância política que, de fato, regula essas permutas globais, o poder supremo que governa o mundo".[26] Com a mudança no padrão das relações econômicas, os Estados nacionais perdem força ante a dinâmica dos capitais. As fronteiras e os monopólios legais tornam-se obsoletos em um ambiente cada vez mais integrado pela circulação (e imposição) dos capitais internacionalizados. Assim, em meio à globalização da produção, a economia ressurge independente do controle político estatal. Destarte, soberania estatal é retratada como em declínio, cabendo a transferência das prerrogativas estatais para organizações internacionais e congêneres. A era do Império seria algo completamente diverso do período do imperialismo. Com isso, alcança-se uma uniformização das regras e da lógica de regulação, que não fique à mercê das idiossincrasias locais. O todo amorfo, mas homogêneo, que se erige do novo panorama é o que cunha Império.[27]

Em outras palavras, o crepúsculo da noção de soberania enseja a transição ao *Império*. O imperialismo era o reflexo da extensão da soberania dos Estados europeus pelo mundo. Com o fim dos Estados, dissolve-se o imperialismo. Nesse novel cenário, não há um centro territorial de poder, nem fronteiras ou barreiras fixas. É um conjunto descentralizado e desterritorializado que incorpora uma variedade de unidades e administra as entidades híbridas, as hierarquias flexíveis e as permutas plurais por meio de estrutura regulatória própria, sem bandeira ou

---

26 Cf. Hardt e Negri, 2001, p. 11.
27 Nossa hipótese básica é que a soberania tomou nova forma, composta por uma série de organismos nacionais e supranacionais, unidos por uma lógica ou regra única. Esta nova forma global de economia é o que chamamos de Império (HARDT e NEGRI, 2001, p. 12).

identificação específica. "As distintas cores nacionais do mapa imperialista do mundo se uniram e se mesclaram, num arco-íris imperial global".[28] Esse comando não é oriundo de um Estado determinado, como os Estados Unidos, e nenhum outro Estado-nação poderia se colocar nessa condição, visto que o imperialismo acabou, logo, não há que se falar em Estado mundial nesse projeto, mas em uma organização cosmopolita, uma rede transnacional de poder, acima de todas as nações.

Dos traços desse conglomerado político, destacam-se: a) não há confinamento por fronteiras territoriais, logo, é amorfo; b) sua constituição é atemporal e a-histórica, congelando, por tempo indeterminado, quiçá eternamente, o estado da arte; c) a vida social nesse universo é regida por uma lógica única e própria; d) não obstante sua construção conflituosa, em algum momento, é atingido o objetivo final, a paz perpétua e universal, fora das condicionantes da história; e) a força que contesta, propõe alternativas e é alvo das relações de exploração no terreno imperial é a multidão (classe trabalhadora, enquanto o Império seria análogo às classes burguesas); f) é o mercado mundial, na metamorfose em busca de saídas à crise estrutural da década de 1970 e ao internacionalismo proletário, que se mimetiza na globalização, na qual os grandes capitais se sobrepõem e refazem a ordem etérea.

Em que pese à semelhança aparente com a noção de ultraimperialismo de Kautsky, a concepção de imperialismo esposada dialoga, no entanto, com mais ênfase ao pensamento de Luxemburgo (apesar da dupla ainda evocar questionavelmente premissas de outros autores seminais). O capitalismo enfrentaria um problema crônico de realização de mais-valor intrínseco ao próprio sistema. Assim, necessita do exterior (não capitalista) para se desenvolver. Quando houver a internalização das áreas virgens ao

---

28 Cf. Hardt e Negri, p. 13.

capitalismo, o imperialismo transforma-se em Império. O apogeu desse processo é a globalização da produção no pós-Guerra Fria, quando as trocas capitalistas esticam seus tentáculos pelos quatro cantos do mundo. O exemplo maior dessa alteração é que no mercado internacional já não cabe mais a carcomida divisão espacial entre Primeiro, Segundo e Terceiro Mundos.

Inevitavelmente, tratam da posição dos Estados Unidos nessa dinâmica, sendo apertados tanto pelos críticos quanto pelos entusiastas do imperialismo estadunidense. Com efeito, escapam da polêmica por uma via nada esclarecedora. Apelam para o fato de que no império não seria possível uma potência nacional emergir, mas não relegam o papel privilegiado do país norte-americano. Essa condição decorreria das divergências e não das convergências com os países europeus (imperialistas). Remetem à constituição histórica estadunidense, vangloriando seu passado para justificar seu presente.[29]

Nessa visão romantizada, a plenitude do desenvolvimento da concepção imperial, que floresceu e amadureceu ao longo da história estadunidense, chegara à escala global. Da modernidade atingiu-se a pós-modernidade, do imperialismo transmutou-se ao império. Esse evolucionismo vulgar foi sustentado por mais de 400 páginas, sem seções explicativas, que buscam conduzir o leitor de maneira análoga a Marx na ciclópica obra *O Capital*. A pretenciosa e malfadada tarefa reluz já no prefácio do livro. Indubitavelmente, a hipostasiação de poder, em um cosmopolitismo comandado pelos grandes trustes financeiros internacionais, em um arroubo muito mais próximo das teses pós-modernas do que das premissas marxistas, não pode passar imune a críticas, que aparecem de todos os lados.[30] Inclusive,

---

29 Cf. Hardt e Negri, 2011, p. 14.
30 Livros específicos ou obras coletivas que juntam autores de diferentes matrizes teóricas são organizados para criticá-los. Uma miríade de exemplos pode ser elencada. No tocante a obra conjunta, destaca-se aquela organizada para debater o império, *Debating Empire*, de 2003, que reúne artigos de Wood, Arrighi, Panitch e Gindin, Callinicos, dentre outros.

mesmo dentro dessa vertente politicista afloram ideias que rechaçam completamente o foco globalista. O viés aqui denominado de superimperialismo é o maior exemplo de contestação. Exatamente por estar mais próximo à próxima classificação do que aos defensores do império, destacam-se pelos questionamentos que afetam pontos específicos e não a matriz politicista, com a qual corroboram, ainda que em uma medida distinta. Nessa segunda subárea do politicismo, estão aqueles que transferem à potência hegemônica o poder pleno de unificar os rumos do mundo canalizando-os em seus interesses, sem grandes rivalidades ou tensões.

3.3.2. Panitch e Gindin e o império informal estadunidense

Dotados de perspectiva distintas, Leo Panitch e Sam Gindin podem ser colocados na mesma vertente, mas num polo oposto ao de Hardt e Negri (2001), em virtude da grande relevância que conferem às questões políticas e da pouca luz que remetem às relações econômicas, conforme o fio condutor que molda essa sistematização. A diferença gritante e incessantemente ressaltada é que do outro lado do politicismo não se advoga pela emergência de um poder mundial supranacional, único, que substituirá os Estados-nação em sua pluralidade e rivalidades consequentes, inaugurando uma nova era de valores comuns pós-coloniais e pós-imperialistas. Em outras palavras, ainda defendem a centralidade do Estado.[31] Para o subconjunto que contesta o império cosmopolita dentro do politicismo, há, sim, um poder imperial, que maneja o direcionamento dos capitais e da força militar, que é constituído, porém, na história do capitalismo e que é alicerçado em um território nacional

---

Trabalhos individuais apontam para a acidez da crítica de Borón (2002) e do refino de Rush (2006).
31 Míguez (2010) acertadamente aponta convergências do pensamento de Panitch com o de Poulantzas. Para este estudo a identificação não foi suficiente para inseri-lo fora da vertente politicista.

específico, claramente verificável no estadunidense desde a Segunda Guerra Mundial. Em outras palavras, diferentemente do pós-modernismo exarado por Hardt e Negri, o relevo ao aspecto político para essa corrente está amalgamado na concepção teórica de hegemonia, cujo resgate remete necessariamente ao pensamento de Gramsci. Portanto, o que se verá nos dois blocos de ideias apresentados abaixo será a ênfase à condição hegemônica dos Estados Unidos, enfatizando sua força como Estado-nação, especificamente, como ordenador pelo consenso e pela coerção do sistema capitalista internacional.

Assim, em um primeiro momento, Panitch e Gindin serão os expoentes destacados da discussão sobre imperialismo, uma vez que reverberam suas ideias e influenciam posições pelo mundo. Mesclando elementos políticos e econômicos, com relevo aos primeiros, delineiam suas concepções em um momento imprescindível para o reavivamento das vertentes críticas. Por meio do periódico vanguardista *Socialist Register*, a dupla escreveu seus dois principais artigos, os quais pavimentaram as bases de sua sofisticada compreensão. Desde a primeira tentativa de mapear teoricamente o cenário internacional, cujos esboços foram traçados no início de 2001, e que ganhou impulso especial após os atentados de setembro aos Estados Unidos e a Guerra do Iraque, em 2003, com o trabalho *Capitalismo global e império norte-americano*, publicado em 2004, é possível apontar toda a preocupação rumo à construção de um ferramental conceitual que retornasse com o imperialismo para o eixo central do marxismo. A continuação do esforço de teorização manteve-se, dado o sucesso do passo inaugural, pela via da reflexão *As finanças e o império estadunidense*, da edição de 2005. Com fulcro nesses escritos, é cabível desenhar as linhas-mestras desse pensamento.

Nos parágrafos iniciais já demonstram sua intenção em diferenciar-se de outras perspectivas sobre o assunto. Afastam-se da visão do império amorfo e não estatal de Hardt e Negri,[32] rechaçam veementemente os aspectos positivos do imperialismo, propagados pelos realistas e conservadores,[33] e a ênfase às rivalidades interestatais.[34] A proposta da díade de autores é transcender às antigas limitações da teoria marxista, alicerçada no economicismo (exportação de capitais) para uma apreciação plena dos fatores históricos que catapultaram a constituição de um império informal estadunidense singular na trajetória das nações. Não se trata de vangloriar uma instituição supranacional ou mesmo a superação do Estado-nação. Panitch e Gindin não concordam, ao contrário, exercem fortes questionamentos. O Estado-nação é fundamental na concepção dos dois primeiros, ao ponto de criticarem diretamente os autores pioneiros pela ausência de uma substancial teoria do Estado. Assim, ressaltam a relevância do ente estatal, denunciam a real essência (deletéria) do imperialismo e compreendem a chegada ao momento de integração financeira do mundo capitaneada pela política do poder hegemônico estadunidense. Aliás, os autores enfatizam a distinção entre imperialismo e capitalismo, relação que tem como amálgama a teorização do Estado.[35]

Em meio à política dos Estados, o norte-americano, hegemônico, desenvolveu historicamente uma capacidade única de incorporar seus rivais capitalistas em uma mesma teia e de vigiar e policiar os rumos do mundo globalizado. Os Estados Unidos diferenciam-se e subjugam aos outros pela potência em manejar

---

32 Não faltam críticas a Hardt e Negri ao longo dos dois artigos supracitados. Ainda assim, dedicam artigo específico à obra *Império*, apontando suas inconsistências teórica e política, como se verifica em Panitch e Gindin (2003).
33 Nessa linhagem encontram-se autores como Niall Ferguson, Frank Bacevich e Michael Ignatieff.
34 Panitch e Gindin entendem que essa vertente, representada notadamente por Callinicos (2009) e Harvey (2005) nada mais é que uma extensão e atualização das ideias pioneiras do imperialismo. Por isso, os autores esforçam-se, em grande medida, para aclarar as lacunas dos pioneiros, não lhes poupando críticas que reluzem sua superação.
35 Panitch e Gindin, 2004, p. 6-7.

o capitalismo global e em manter seu domínio. A integração capitalista liderada pelos Estados Unidos atingiu os quadrantes do globo e pavimentou certa ordem, desde a Segunda Guerra Mundial, mediante as estruturas oriundas da configuração pós-1945 que atualmente foram reformadas, mas não extintas. O que não significa dizer que se tenha alcançado o nirvana transnacional, acima e além dos Estados-nação, mas se galgou um patamar de complexidade. O foco nas classes sociais permite compreender que os Estados não são descartáveis na análise, ao contrário, é deles que os capitais dependem para sua expansão, como um vetor privilegiado, sobretudo no tocante, aos Estados Unidos, como gestor da dinâmica capitalista global.[36]

A partir da visão da hegemonia estadunidense como um poder inconteste no cenário internacional, as relações interestatais ocorrem em um patamar de integração e conflito, bem distinto do panorama pintado pelos pioneiros do imperialismo. Rechaçam a junção entre economia e política própria da fase monopolista, que acirraria as tensões. Os imbróglios dados sob a égide da hegemonia são mais uma concorrência pautada na repartição de ganhos e interesses e na divisão de encargos e menos as clássicas rivalidades interestatais, que resultavam no domínio formal e militar. Com a maior integração econômica entre as classes dirigentes dos países capitalistas não há que se falar em confrontos interimperialistas. O imperialismo informal dos estadunidenses goza de enorme capacidade de incorporar e enquadrar os rivais. Os Estados nacionais, por sua vez, não somem, mas somam responsabilidades, podendo desempenhar funções imperialistas (a convite). Mesmo com a concorrência econômica acirrada, a rivalidade de outrora não mais se sustenta.[37]

Ao afastarem-se da abordagem economicista dos pioneiros, Panitch e Gindin partem para o espectro mais distante, ressaltando

---
36 Panitch e Gindin, 2006, p. 74.
37 Panitch e Gindin, 2006, p. 74.

demasiadamente os aspectos históricos e políticos, e não atribuindo a devida importância às categorias econômicas à sua brilhante análise. O politicismo de sua perspectiva está no destaque, sempre presente, da questão política (luta e correlação de classes) que prepondera e influencia diretamente a econômica. A crise da década de 1970 e os desdobramentos geopolíticos atuais não estariam próximos nem aos excedentes da produção nem às relações de produção em si. O neoliberalismo seria impacto direto de opções políticas em reverter as conquistas democráticas das classes subalternas no interregno prévio, as quais obstaculizariam a acumulação capitalista.[38]

O império informal estadunidense confere o tom dos desdobramentos internacionais, face à financeirização do capitalismo hodierno e às estruturas políticas institucionais, em meio à complexidade e à instabilidade das relações capitalistas. O grau de consenso e coerção obtido pelos Estados Unidos permitem que, na medida do possível, eles consigam gozar de uma posição proeminente, a qual não se encontra ameaçada por nenhuma das grandes potências capitalistas, que cooperam e concorrem, concomitantemente, sem impactantes afrontas ao centro do poder. A integração de interesses entre as classes nacionais dirigentes é cada vez mais latente, sob a batuta estadunidense.

3.3.3. Wood e o Império do Capital

Em um segundo momento, com mais proximidades que distanciamentos, cabe elencar, ao lado dessa vertente crítica, o pensamento crítico ao Império e voltado ao relevo da hegemonia estadunidense, difundido pela notória Ellen Wood, historiadora que se tornou uma das referências incontornáveis sobre imperialismo. Na linha do tempo desta sistematização, certamente, seu pensamento encontra-se muito mais próximo de um

---

38 Cf. Panitch e Gindin, 2006.

parcial politicismo do que o politicismo de Panitch e Gindin. Ainda assim, é nesta seara que será abordada, tendo em vista a centralidade e a inquestionabilidade que confere à hegemonia estadunidense. Imbuída de uma concepção histórica reluzente, reiterando constantemente as peculiaridades fundamentais do capitalismo em relação aos modos de produção anteriores, a autora não se furtou de expressar sua interpretação acerca do mundo após as transformações substanciais na organização capitalista. Mesmo antes da eclosão da Guerra do Iraque, já tomara partido nas discussões que se seguiram à publicação do *Império*, de Hardt e Negri, fundamentalmente a partir da publicação da obra *O império do capital*, em 2003.

Assim, como Panitch e Gindin, Wood não poupa críticas ao império transnacional de Hardt e Negri. Afirma que exageram na hipostasiação do poder. Ao proporem o estudo do poder político no capitalismo global, perdem a medida, uma vez que sua discussão depende da dissolução do poder, ou seja, geram um efeito reverso ao pretendido inicialmente.[39] Já identificava uma ruptura clara da globalização no tocante ao contexto do imperialismo pioneiro e, destarte, procurava traçar os nortes que caracterizavam o novo e inédito contexto internacional.

Em que pese ao seu enfoque da história, seus estudos orgânicos extrapolam quaisquer definições temáticas para influenciar as ciências sociais como um todo. Ao lado de Robert Brenner,[40] conduz o debate da transição, o qual identifica as

---

39 Cf. Wood, 2003.
40 Apesar de escritos relevantes sobre o imperialismo, optou-se por não encaixá-lo em nenhuma das classificações, muito em função da peculiaridade de suas ideias. Ele trata especificamente de capitalismo e crise, temas que apesar de inter-relacionados ao imperialismo, não são por ele claramente discutidos. Sua concepção histórica remete aos traços de produção agrícola na Inglaterra feudal como o motor propulsor da emergência do capitalismo. Por meio desse ferramental teórico, toca necessariamente o tema imperialismo (ainda que marginalmente) quando analisa as mudanças do capitalismo e suas crises no sistema internacional. Em seu trabalho *The Boom and the Bubbles* (2000), traça panoramas indispensáveis para as abordagens críticas, e no artigo *What is, and what is not imperialism*, de 2006, apresenta uma confrontação direta ao pensamento de Harvey. Sua visão essencial-

particularidades que permitiram ao capitalismo brotar no tempo e no espaço determinados, com relevo para a produção agrícola. Sempre na comparação com outros modos de produção anteriores, retomando até a antiguidade, aponta as diferenciações perpetradas pelo capitalismo, notadamente, no tocante à apropriação do mais valor que não se daria mais de forma direta extraeconômica, mas indiretamente pelo revestimento do Estado (separação formal entre política e economia). Essa clivagem garante ao modo de produção vigente sua particularidade louvável, difícil de ser decifrada. A relação de classe entre capital e trabalho fica eclipsada, uma vez que não se consegue visualizar nitidamente a transferência de trabalho excedente. Nesse sentido, o poder coercitivo é aparentemente neutro, dado que a aplicação da força direta na luta de classes estaria travestida por interesses gerais e coletivos.

Em analogia com a esfera interna da produção, Wood aplica a lógica capitalista ao plano global. Primeiramente, ressalta as distinções entre o colonialismo e o imperialismo, assim como o faz com o capitalismo e as formações pré-capitalistas. Posteriormente, aponta a dinâmica da segregação entre os âmbitos político e econômico, peculiar e essencial ao capitalismo, também para o cenário externo. A partir dessas premissas, desenvolve o cerne de sua compreensão do imperialismo. A incorporação gradativa das partes do mundo ao capitalismo submeteu os países à dependência do mercado, traduzida pelas condições impostas pelo capital internacional e pelas organizações internacionais. A reação das nações a esse panorama confere a medida da hierarquização. Nesse universo, os Estados Unidos construíram sua posição de cúpula em meio a uma trajetória que os marcou como o primeiro e, até agora, único império genuinamente

---

mente economicista não permite que seja inscrito no ciclo do debate pós-fordista, cabendo apenas sua citação, por aproximar-se de Wood em aspectos elementares de seu pensamento. Para mais, ver Callinicos (2009), Postone (2008) e Míguez (2013).

capitalista. Seu domínio é dado não pela colonização direta, como o fez o Império Britânico, por exemplo, mas ocorre via manipulação dos mecanismos econômicos do capitalismo. A coerção econômica, que caracteriza o imperialismo como um fenômeno capitalista, diferenciando-se da coerção extraeconômica, predominante em outros modos de produção.[41]

Nesse sentido, o exercício da hegemonia é feito pela instrumentalização dos imperativos econômicos, o que por si só não se sustenta, requerendo a presença determinante da política via o estabelecimento de um ordenamento. O império do capital reside, portanto, em uma contradição fundamental do edifício capitalista. A era do imperialismo atual não impõe a necessidade da dominação colonial, mas o capital global, mais do que nunca, demanda uma ordem política, social e legalmente dada, regulada e previsível para que possa se proliferar. Dessa maneira, não cabe a um Estado único o controle geral, sendo a multiplicidade estatal nodal para a configuração e perpetuação das relações capitalistas. Isso significa dizer de antemão que o Estado-nação desempenha papel crucial na interpretação de Wood. O novo capitalismo global depende mais do que nunca do aparato estatal, uma vez que convive e se reproduz em um sistema de múltiplos e formalmente soberanos Estados. Uma unidade política superior a todas e concentradora do poder político minaria as necessárias funções administrativas e coercitivas estatais no tocante aos capitais.[42]

Concretamente, verifica-se que a forma da globalização não traduz o império, enquanto entidade supranacional, mas um ordenamento de alcance mundial, constituído por uma coletividade de Estados soberanos e estruturada em uma complexa inter-relação de dominação e subordinação.[43] Apesar da coerção não

---
41 Cf. Wood, 2014, p. 17.
42 Cf. Wood, 2014, p. 107.
43 Cf. Wood, 2003.

ser mais extraeconômica, como ocorrera nos modos de produção pré-capitalistas, os fatores extraeconômicos operam manipulando determinantemente as forças econômicas em favor dos capitais dominantes. Os aspectos extraeconômicos são essenciais, não obstante a coerção econômica própria do capitalismo. "Assim, o novo imperialismo depende da capacidade de administração e de coerção dos muitos Estados formalmente soberanos, os quais podem ser dominantes ou dominados".[44] Nesse diapasão, para explicar o imperialismo, em seu novo momento e estrutura, resgata os elementos históricos, resumindo a construção do mundo pós-hegemonia estadunidense.[45]

Ela aponta diferenças importantes. O fim do imperialismo formal pintava um cenário bem mais complexo entre Estados mais ou menos soberanos (imperialismo informal). Isso porque o capitalismo já se expandira por todo o globo, ou seja, alargando o universo dos Estados-nação. É nesse ambiente que os Estados Unidos exercem, enquanto potência inquestionável militarmente, seu poder pela via dos imperativos econômicos. O apoio extraeconômico torna-se nodal para a manutenção da coerção econômica em si. Por isso, entender o novo imperialismo é apreender as especificidades do poder capitalista e a natureza da relação entre a força econômica e extraeconômica do capitalismo.[46]

Por ter maior capacidade em administrar os interesses capitalistas e em coagir os outros países, os Estados Unidos imperam e criam sua rede de dominação. Explicar esse comportamento requer muito cuidado, para não se caminhar em um sentido oposto, pois nem sempre é lógica e clara a condução política estadunidense. O vínculo entre supremacia militar e benefício específico dos capitais estadunidenses não segue uma linearidade. Pela capilaridade do poderio norte-americano a

---

44 Cf. Wood, 2003, p. 70, tradução nossa.
45 Cf. Wood, 2014, p. 100.
46 Cf. Wood, 2014, p. 17.

concorrência econômica não se faz análoga às rivalidades interimperialistas de outrora. Há uma dinâmica própria do sistema capitalista que é modulada conforme os interesses específicos dos governos republicano ou democrata, causando, em algumas situações, efeitos contraditórios. A globalização traz um sistema de Estados múltiplos que se inter-relacionam pelo poder econômico e expansivo do capital e o alcance mais ilimitado da força extraeconômica que o sustenta. Na falta de confrontações diretas, o uso da política e o da força fincam a imprescindibilidade de seu ritmo contínuo na atual face do militarismo e da política externa estadunidense, que não goza de objetivos definidos, como os de outrora, para anexar territórios e derrotar rivais. "A dominação ilimitada de uma economia global e dos múltiplos Estados que a administram exige ação militar sem fim, sem propósito ou tempo".[47] A teoria e a prática da guerra travestem-se de uma roupagem distinta.

Desse modo, Wood assume a existência de um imperialismo sob bases inteiramente novas, tendo a força extraeconômica um papel determinante e central nessa dinâmica. Apesar de não oferecer uma definição taxativa de imperialismo, o faz difusamente relacionando-o com as mudanças do capitalismo, sem desconsiderar o caráter de imposição econômica e da apropriação do excedente pelas nações imperiais sobre as subordinadas. Assim, é possível perceber, que o pensamento de Wood se aproxima de Panitch e Gindin, quando confere ao elemento político, não econômico, a essencialidade do imperialismo. Ambos os expoentes reconhecem o papel do Estado como centro fomentador da acumulação e da expansão de capitais, identificando o poder estadunidense como incomensurável e incontrastável, o que relega as rivalidades interestatais de outrora a um plano ultrapassado. Daí a plausibilidade do enquadramento de

---

47 Cf. Wood, 2014, p. 109.

Wood ao politicismo. Simultaneamente, ela afasta-se da dupla por ressaltar a coerção econômica própria do capitalismo, enfatizando sua historicidade e a peculiaridade (clivagem entre poder econômico e político). O exercício da hegemonia ocorre pela via da manipulação dos mecanismos econômicos (garantidos, em última instância, pelos fatores extraeconômicos).

Os autores aqui elencados e outros que, porventura, poderiam integrar esse ramo politicista conferem à política (e à luta de classes, bem como à hegemonia) um papel primordial em sua relação de autonomia com as questões econômicas. Aqueles que escapam dessas atracações, adentrando a navegação em outras águas, no encontro dos aspectos políticos e econômicos, configuram o pilar do parcial politicismo.

3.4. Parcial politicismo

O segundo prisma é o do politicismo parcial. Na ascendência até o cume do pensamento teórico, essa vertente combina elementos do politicismo com questões econômicas e de outras ordens relevantes, na medida em que molda esse ramo no ecletismo. São agregadas a esse universo as visões que não podem ser exatamente indicadas nem no politicismo nem na plena crítica. Se politicismo e economicismo seriam extremos, pode-se dizer que essa categoria seria intermediária. O que se advoga nessa linha de raciocínio é a autonomia relativa do Estado e da política, sem relegar o parcial alicerce na produção econômica. Não apenas as relações de classe, como também a estrutura produtiva, ambas concernem a essas preocupações.

O parcial politicismo escapa à vertente anterior justamente pela ênfase que atribui às questões econômicas em meio às políticas. Ainda não compactuam da plena crítica, mas trilham um caminho mais convergente do que aqueles inseridos no politicismo. Apresentam uma análise que vincula o imperialismo às relações de poder, mas tendo em consideração (não descartando), as bases do processo de acumulação capitalista. Por ser uma categorização, em princípio, residual, ou seja, abarcando o que não é politicismo e o que não é a plena crítica, pode ser passível de imprecisões. Com intuito de evitá-las, dentro dessa sistematização, serão abordadas apenas as interpretações que deixam nítido seu caráter dual entremesclado sobre o fenômeno imperialista. Em outras palavras, aqui serão ventilados autores que, a depender do fio condutor, poderiam inclusive ser incluídos no mesmo bojo da plena crítica, por sua notória proximidade. Antes da exposição das elucubrações mais destacadas, cabe salientar a raiz desse parcial politicismo, ainda na década de 1970.

Com fulcro no contexto então vigente de crise da política e do Estado, a melhor representação desse momento de inflexão que se aproxima da tendência aqui explanada é Nicos Poulantzas que, por toda sua complexidade e sua genialidade, o grego radicado na França não poderia ficar à margem dessa discussão sobre imperialismo. Ele não se centra no politicismo, mas ele foge ao economicismo, angariando uma síntese interessante ao final de sua vida, passadas todas as metamorfoses que sofreu seu pensamento. O mais prudente é, portanto, inseri-lo nesse quadrante classificatório. O filósofo marxista marcou época nas ciências sociais contemporâneas.[48] Durante muitos anos, e ainda hodiernamente, seu célebre debate direito com Miliband[49]

---

48 Cf. Motta, 2013.
49 Poulantzas obteve grande reverberação de suas ideias muito mais fora da França do que no país em que vivia e trabalhava, cuja defesa da teoria do capitalismo monopolista de Estado predominava. É no periódico de vanguarda *New Left Review*, que ganhou maior notoriedade, sobretudo após acalourados debates com Ralph Miliband. Em um contexto, da década de 1960, de críticas à incapacidade do partido trabalhista inglês em realizar as mínimas reformas, diversas interpretações emergiram. Miliband, por meio da obra *The State in Capitalist Society* (1969), realizou um extenso trabalho de documentação para comprovar que o Estado estava atrelado aos interesses da classe capitalista dirigente, em uma fusão entre poder político e poder econômico na Inglaterra. Próximo da teoria do capitalismo monopolista de Estado, Miliband foi alvo de críticas quanto ao instrumentalismo (Estado voltado aos capitais) e ao voluntarismo (política dependente da vontade da classe capita-

foi o norte, para muitos pesquisadores, das teorizações sobre Estado e capitalismo, balizando notadamente o cenário teórico britânico. Ao trafegar fora dos extremos, Poulantzas, em sua teorização, insiste na especificidade (classista) e na autonomia relativa do Estado, ainda que tenha alterado sua concepção de Estado ao longo dos anos.[50] Altamente influenciado por Althusser, tendo sido seu discípulo, entende a sociedade capitalista como composta por três camadas, a econômica, a política e a ideológica.

Ao pretender desenvolver uma teoria do Estado e da política, como complemento a *O capital*, de Marx, obra que considera de cunho econômico, o intelectual grego define a função do Estado, não em relação aos interesses da classe capitalista, mas no tocante à necessidade de uma instituição que assegure a coesão da sociedade como um todo.[51] Nesse sentido, Poulantzas aproxima-se de Offe e de alguns derivacionistas, ao apontar que o traço capitalista do Estado está em assegurar a reprodução da sociedade capitalista, representando os interesses capitalistas como um todo, como um coletivo ideal comum, em favor, em alguns momentos, de demandas da classe trabalhadora e em detrimento, muitas vezes, de pleitos de capitalistas individuais ou de determinados grupos. Essa contradição na qual se reveste permite que o Estado seja visto como neutro, escondendo seu caráter classista, implícito em sua função essencial de reprodução da estrutura capitalista.

A despeito de traços comuns, Poulantzas não consegue ilustrar com a mesma precisão que os derivacionistas demonstram

---

lista) de sua teorização, principalmente por Poulantzas. Advogado do estruturalismo na análise da relação entre Estado e sociedade civil, o grego entendia que o Estado britânico era capitalista em sua forma e que a ideologia dominante era capitalista, elementos fulcrais na reprodução da formação social dominada pelo capital. Assim, o debate entre Miliband e Poulantzas ficou marcado pelas vertentes instrumentalista e estruturalista das análises, respectivamente. Para mais, ver Holloway e Picciotto (1978); Clarke (1991); Carnoy (1994); Bonnet (2007); Elbe (2010); Caldas (2015); Míguez (2010).
50 Cf. Codato, 2013.
51 Cf. Clarke, 1991.

a relação entre política e economia, por não alicerçar-se nas categorias histórico-materialistas desenvolvidas por Marx em *O Capital*.⁵² Mesmo na evolução de seu pensamento que partiu de uma matriz estruturalista gradativamente temperada pelos importantes condicionamentos da luta de classes⁵³ até atingir uma concepção relacional, o autor grego sustenta que a luta de classes ocorre dentro de uma conjuntura específica, influenciada pelo âmbito estrutural, exercendo moldes relevantes. Logo, o Estado, no cumprimento de suas funções, contribui na organização das classes dominantes e na desmobilização das classes dominadas. O filósofo marxista não apenas atribui foco à ideologia, como não deixa de sobrelevar a dinâmica autônoma (descolada da economia) do aparato estatal na determinação do desenvolvimento. Assim também o faz na discussão sobre a esfera internacional.

Em sua obra mais enfática sobre imperialismo, *As classes sociais no capitalismo de hoje*, de 1974, coloca-se em desacordo com as vertentes até então difundidas no centro sistêmico.⁵⁴ Isso porque a corrente do *Monthly Review*, a despeito do destaque ao papel dos Estados Unidos no sistema capitalista, subestima as contradições interimperialistas baseadas no desenvolvimento desigual, só considerando a divisão entre centro e periferia. Os pensadores amalgamados na rivalidade interestatal não conseguiriam, por sua vez, enxergar a complexidade das relações de classe no seio metropolitano, ao invés de conflitos, haveria relações de pacificação e integração sob dominação e exploração

---

52   Cf. Holloway e Picciotto, 1978; Clarke, 1991; Bonnet, 2007; Míguez, 2010; Caldas, 2015.
53   Como o que mais interessa a essa pesquisa é seu enfoque sobre o imperialismo, dado no livro *As classes sociais no capitalismo de hoje*, o recorte tomado de Poulantzas será aquele da transição entre a segunda e a terceira fases, quando o autor realiza a síntese do Estado entre aparelhos estruturais e relações capitalistas que interagem com eles contraditoriamente. Para mais, ver Codato (2013).
54   Poulantzas (1975) não hesita em apontar as fraturas de autores do superimperialismo, como Magdoff e Sweezy, e das rivalidades interestatais, como Mandel, Kidron, Valier e Rowthorn. O superimperialismo dos autores levaria a uma versão à esquerda das ideias de Kautsky.

do capital estadunidense. Em outras palavras, os Estados nacionais metropolitanos teriam seus poderes ameaçados pelo jugo inconteste norte-americano, criando um espaço integrado acima das rivalidades nacionais, que explora em conjunto a periferia. Sem citar Varga, especificamente, o autor não isenta de crítica a posição dos partidos comunistas, sobretudo os ocidentais, como o francês, presa à teoria do capitalismo monopolista de Estado.

Com efeito, Poulantzas delineia suas ideias por meio do relevo ao papel do Estado nacional e da persistência das rivalidades interimperialistas. Nesse sentido, aproxima-se bem mais de Lênin e vai além. A detectada prevalência da exportação de capitais não seria marca de um estágio do capitalismo, mas, sim, traço essencial e inerente do modo de produção capitalista. Nesse diapasão, o imperialismo capitalista destaca-se pelo desenvolvimento desigual, de delimitação fundamental entre metrópoles imperialistas e formações sociais dominadas e dependentes. Peculiaridades que garantem a especificidade do imperialismo no capitalismo e que atravessam toda sua história. Em sua análise da trajetória capitalista, o marxista grego sistematizava o imperialismo em três fases. A consolidação do capital financeiro fora um processo exarado entre o final do século XIX e início do XX, em uma primeira fase, para passar pelo ínterim de transição no período entre guerras, configurando uma segunda fase, até atingir a terceira e atual fase, pós-1945.

Desse modo, a fase corrente do imperialismo seria composta pelo processo de internacionalização do capital financeiro (de diversos países, mas com a predominância de um), essencialmente monopolista e violento, que se efetua sob a regência da hegemonia estadunidense. Poulantzas não escapa à ênfase à dominância concreta americana que, para ele, ocorreu em meio às formas excepcionais da decadência das potências europeias. Com o reerguimento econômico delas nas décadas de 1960 e

1970, verifica-se a reativação das contradições interimperialistas, as quais não significam o fim da hegemonia estadunidense, mas sua transformação. Para Poulantzas, a crise que se instalava era o reflexo do conjunto do imperialismo sob a dominância estadunidense. Em seu foco, o sistema capitalista era essencialmente conflitivo, destacando as rivalidades que iriam além da dinâmica entre centro e periferia, mas ganham conotação relevante no núcleo intermetropolitano.

Logo, o intelectual grego chama atenção para a desigualdade internacional das condições de acumulação e exploração, direcionando seu foco para as relações no centro metropolitano.[55] A relação entre Estados Unidos e Europa Ocidental, dois componentes do núcleo imperialista, é caracterizada pela imposição do capital monopolista estadunidense e sua reprodução interiorizada e induzida no interior das grandes potências europeias, replicando condições políticas e ideológicas do imperialismo estadunidense nas frações de classe das burguesias nacionais. Essa relação de dependência envolve o estímulo à concorrência dentro de parâmetros de pacificação e integração sob a dominação e exploração incontestes do capital americano. Esta interiorização vale também para as relações do capital imperialista estrangeiro com os blocos no poder das formações sociais, surtindo efeitos sobre o aparato estatal delas. A intervenção do Estado desempenha um papel decisivo na reprodução das relações imperialistas dominantes no seio de sua própria formação social. Logo, nessa dinâmica, fica evidente que o imperialismo, para Poulantzas, está vinculado à reprodução e incorporação das relações políticas e econômicas de classes, do Estado hegemônico para as outras formações sociais.[56]

Nesse sentido, o imperialismo é uma relação de força, na qual as classes sociais nacionais cumprem papel decisivo dentro

---

55 Cf. Bugiato, 2014.
56 Cf. Poulantzas, 1975, p. 31-32.

do palco condensador de forças e frações sociais, o Estado.⁵⁷ O responsável por manter estas relações de produção é o aparato estatal, que é dirigido pelo bloco no poder, composto por frações das classes dominantes, em amálgama com os grupos dominados, sem que elas ocupem pessoalmente e necessariamente as instituições, daí a autonomia relativa estatal. O Estado é o fator de coesão de uma formação social atravessada pela luta de classes. Essa é travada dentro do aparato estatal pelo bloco no poder, que expressa a relação entre a classe dominante (hegemônica), suas frações e o Estado burguês, sendo a unidade contraditória das frações da classe burguesa voltada a objetivos gerais (manutenção das relações de produção capitalistas), o que não elimina as metas particulares de cada fração. Além de perpetuar a estrutura das relações de produção, o ente estatal organiza o bloco de classes no poder, segundo hierarquia interna. A classe hegemônica impõe seus interesses e políticas dentro do bloco no poder, obtendo benefícios em relação às outras e cuja atuação é legitimada por elas.⁵⁸

Seu enfoque está nas classes sociais e nas relações de poder, que são travadas no âmbito de relativa autonomia do Estado por diversos interesses entre as diferentes frações da burguesia e as classes trabalhadoras, em uma constante e contraditória disputa. Rechaçando concepções deterministas ou economicistas, afirma que nesse palco de conflitos, a depender da correlação de forças, são produzidas decisões, que não se coincidem sempre com os interesses burgueses, podendo, inclusive, ser contrárias, como maneira de manter certo equilíbrio capitalista. Assim, a crise que ronda a década de 1970 é resultado da reativação da competição pela recuperação dos capitais europeus, que buscam espaço na concorrência internacional, em alguns casos até atreladas a capitais estadunidenses. Por esse raciocínio entende que na

---

57 Cf. Motta, 2013.
58 Cf. Poulantzas, 1975, p. 84.

dinâmica imperialista não há o enfraquecimento ou a dissolução dos Estados nacionais, mas, identifica o aparato estatal como o vetor, o agente do capital financeiro, em sua expansão pelo mundo, leia-se, no processo de internacionalização.[59] A mundialização do capital acirra as rivalidades geopolíticas das nações. Nesse sentido, não há que se falar em federação de Estados integrados e nem em um superestado imperial.

Como se pode verificar, o Estado-nação constitui um elemento central em sua formulação, não havendo possibilidade de seu derretimento em direção a um super-Estado, assim como destaca o papel das classes sociais. Ao ressaltar as burguesias nacionais imperialistas, traça como os capitais se entremesclam nas instituições e como estabelecem relações dentro do aparato estatal. Essa correlação de forças é determinante na atuação externa do Estado, ao mesmo tempo em que ela precisa posicionar-se em relação aos capitais hegemônicos estadunidenses. O imperialismo não pode ser observado sem a consideração da complexa interação entre Estados, classes sociais e capitais que reativam as rivalidades interestatais, em uma cena significativamente distinta daquela dos pioneiros. Malgrado a proximidade de Poulantzas com os derivacionistas, a explicação do Estado está alicerçada muito mais na explicação das classes sociais do que num exame teórico do capital. Por não fazer das leis de movimento do capital seu ponto de partida, não obtém êxito total na construção de uma concepção sistemática de Estado.[60]

É a noção dual do imperialismo e advocacia da intensificação dos conflitos interestatais que pavimentam o caminho que interligará Poulantzas a expoentes contemporâneos da teoria do imperialismo, como Harvey e Callinicos, ainda que entre esses três expoentes não haja um liame perfeito de entrelaçamento. Os dois atuais pensadores estariam degraus mais próximos da

---

59 Cf. Poulantzas, 1975.
60 Cf. Holloway e Picciotto, 1978.

plena crítica,[61] revelando elementos similares e muito louváveis, com bases distintas, porém.

3.4.1. Harvey e o Novo Imperialismo

Quem não escapa plenamente do politicismo, mas parcialmente, alicerçando a busca pelo poder no equilíbrio da relação dialética entre uma lógica dual, territorial e capitalista, é o britânico David Harvey, o qual travara notáveis debates públicos com Wood sobre os rumos do imperialismo.[62] Assim como seus contemporâneos, o geógrafo traça a seu modo a linha divisória entre política e economia para analisar as transformações no cenário internacional oriundas da globalização, interregno no qual constata mudanças substanciais. Seu enquadramento no parcial politicismo evidencia os elementos econômicos que intenta agregar na busca pelo poder. Foge dos cânones do politicismo, ampliando seu leque, mas não suficientemente a ponto de trafegar pela plena crítica. O autodeclarado retorno que faz aos pioneiros do imperialismo, principalmente a Luxemburgo, permite que seja taxado pelo ramo politicista como um estranho, um atualizador do pensamento inaugural, sendo defensor irrestrito das ultrapassadas rivalidades interestatais na dinâmica imperialista, de uma perspectiva economicista.

A despeito das polêmicas, é importante frisar a particularidade de sua intepretação acerca do novo fenômeno que se manifestava na esfera internacional. Em meio aos rumos que delineavam os contornos da globalização, Harvey também não deixou de se posicionar. Vivenciando os protestos populares contra a empreitada militar que se avizinhava ao Iraque, não titubeou ao teorizar sobre a face presente do imperialismo.

---

61 Nachtwey e ten Brink (2008) classificam sob o mesmo teto Callinicos, Harvey e os derivacionistas (Braunmühl e Hirsch).

62 Muito dessa discussão direta está contida em artigos, cuja maioria pode ser encontrada no periódico *Historical Materialism*, de importante papel no desenvolvimento do pensamento marxista.

Claramente se notava que o contexto internacional era radicalmente distinto daquele do início do século XX. O que não significava, contudo, mudanças estruturais na dinâmica capitalista. Seu trabalho de maior envergadura no assunto tem a redação datada de momentos prévios à Guerra do Iraque e a conclusão marcada logo após a eclosão do conflito, em 2003, *O novo imperialismo*. O título não é aleatório e não deixa de mencionar a inflexão do início do século XXI, ainda fresca na memória da reação marxista ao *Império*.

Harvey trafega pelo que denomina do exame do capitalismo global pelas lentes da longa duração[63] e do materialismo histórico-geográfico. Influenciado assumidamente por Arendt e Arrighi, ao defender que o capitalismo visa à busca incessante por poder, sendo esse movimento a síntese entre as lógicas territorial e econômica, o geógrafo adapta esses pilares ao resgate do pensamento pioneiro de Luxemburgo (sobrevivência do capitalismo depende de sua convivência com formações sociais não capitalistas), elaborando sua teoria da ordenação espaço-temporal para explicar o imperialismo capitalista. Dado o excedente de capital subutilizado, para evitar sua desvalorização (crise), há que se descobrirem maneiras de absorver os excedentes de capital. Tanto a expansão geográfica quanto a reorganização espacial viabilizam soluções.

Para ele, a crise da década de 1970 bloqueou o desenvolvimento capitalista que se encontrou nos limites do esgotamento dos velhos mecanismos e foi impulsionado a buscar novas formas de valorização do valor em um processo que não ficou imune à violência e guerras. Em meio à nova abertura de horizontes, a qual ocorreu por variadas maneiras dentro do movimento de

---

63 O termo longa duração é uma tradução do conceito de *longue durée* da concepção de história exarada por Fernand Braudel e aproveitada para a interpretação das relações internacionais pelos teóricos do sistema-mundo, já tratados nessa pesquisa, notadamente por Arrighi, que declaradamente inspira Harvey em muitos aspectos, sobretudo na lógica dual de poder.

globalização, Harvey faz a analogia do ínterim presente com a acumulação primitiva dos primórdios capitalistas, conceituando a acumulação por despossessão.[64] O novo imperialismo ocorre nos moldes do que seria o velho imperialismo, mas adaptado às novas condicionantes. Logo, ele constitui uma variedade atual do imperialismo capitalista, definido como a interseção contraditória entre a lógica econômica e a territorial. Se por um lado, há um espectro político no imperialismo que conduz os Estados em busca de territórios e de recursos naturais e humanos para fins não econômicos; por outro, há também outro vetor, político-econômico, de forma independente, mas entrelaçada, que tange os processos de acumulação de capital no tempo e no espaço, configurando o imperialismo um fenômeno dos capitais.[65]

O imperialismo capitalista surge de uma relação dialética entre as lógicas territorial e capitalista de poder. Essas duas lógicas se distinguem por inteiro, não podendo de modo algum reduzir-se uma à outra, mas se acham estreitamente vinculadas.[66] Frequentemente há sérias divergências entre as duas esferas, materializando motivos e interesses antagônicos. As dinâmicas do território e a do capital são atravessadas e diferenciadas por questões históricas e geográficas determinantes. Desse modo, a explicação do novo imperialismo perpassa inexoravelmente as trilhas do século XX guiado pela busca por petróleo. Com efeito, chega à centralidade dos Estados Unidos.

Mesmo em um panorama de dominância inconteste estadunidense, as rivalidades e a concorrência não são eliminadas,

---

64 Cf. Harvey, 2005.
65 Defino aqui a variedade especial dele chamada "imperialismo capitalista" como uma fusão contraditória entre a política do Estado e do império (o imperialismo como projeto distintivamente político da parte de atores cujo poder se baseia no domínio de um território e numa capacidade de mobilizar os recursos naturais e humanos desse território para fins políticos, econômicos e militares) e os processos moleculares de acumulação do capital no espaço e no tempo (o imperialismo como um processo político-econômico difuso no espaço e no tempo no qual o domínio e o uso do capital assumem primazia) (HARVEY, 2005, p. 31).
66 Cf. Harvey, 2005.

não podendo ser colocadas em segundo plano. As disputas não se limitam à concorrência econômica, mas envolvem questões geopolíticas fulcrais, tocante aos espaços territoriais e, consequente, aos recursos naturais. Ao contrário da seara politicista que enfatiza a hegemonia como conceito crucial, Harvey não a nega, mas a relega a um aspecto marginal. O geógrafo marxista esfumaça brumas sobre o aproveitamento que se faz do conceito gramsciano às relações internacionais, criticando o exercício como ambíguo, apto a múltiplas interpretações. Prefere seguir a visão de Arrighi que destaca os elementos de dominação e de liderança moral e intelectual, ao invés do propalado consenso. Harvey não deixa de relacionar os desdobramentos do poder político a bases materiais que os sustentam. Assim, é enfático. "O dinheiro, a capacidade produtiva e a força militar são três pilares em que se apoia a hegemonia no âmbito do capitalismo".[67] Para melhor elucidar o conceito caminha pelas mudanças nas bases materiais da hegemonia norte-americana, com fulcro em três grandes fases,[68] até atingir os contornos do capitalismo global.

Retomando a crise da década de 1970 e os motivos do bloqueio à reprodução ampliada do capital, na visão do intelectual, a saída do ocaso foi conduzida pela acumulação por espoliação ou despossessão (acumulação primitiva praticada em termos contemporâneos). Mesmo no contexto neoliberal, o Estado continua sendo um agente fundamental na promoção das práticas imperialistas que retroalimentam pelo mundo. Em outras palavras, não há uma acomodação entre países dominantes e dominados, mas uma incessante competição rumo à acumulação de poder que ocasiona não apenas potências regionais, cujo

---

67 Cf. Harvey, 2005, p. 43.
68 As três fases delineadas por Harvey (2005) são: 1870-1945, caracterizada pela ascensão dos imperialismos burgueses; 1945-1970, marcada pelo histórico de pós-guerra da hegemonia norte-americana; 1970-2000, permeada pela hegemonia neoliberal.

melhor exemplo seria a União Europeia (que não teria condições hodiernamente de rivalizar com os Estados Unidos em outras esferas que não fossem a da produção e das finanças), como também potências contra-hegemônicas, cuja ilustração seria o papel da China (em meio sua ascendência econômica e expansão territorial pelo mundo). Consequentemente, nesse panorama exacerbam-se os conflitos geopolíticos e as articulações entre os Estados e os grandes capitais. Sem delongas, realiza uma leitura consubstanciada da realidade internacional vigente e seus desdobramentos.[69]

Nesse universo de configurações instáveis e cambiantes, a teoria da ordenação espaço-temporal de Harvey busca explicações para as contradições internas, propícias a gerar crises, de sobreacumulação de capital e de excedentes de trabalho, com fulcro na atualização da tendência crônica à queda da taxa de lucro, de Marx. A expansão geográfica e a reordenação espacial viabilizam a inversão dessa dinâmica. Assim, pela lógica capitalista, o imperialismo se concretizaria nas ordenações espaço-temporais para o problema do excedente da produção. Acoplada a essa engrenagem, o Estado pavimenta a ponte que a liga à lógica territorial, sendo ator determinante no processo de acumulação e de expansão.[70]

Em função disso, Harvey afirma que o desenvolvimento capitalista depende eminentemente do Estado, com seu monopólio da violência e suas definições de legalidade. É pela via estatal que se orquestra acordos e se mantém as assimetrias nas trocas pelo mundo. Assim, para explicar o cerne do imperialismo na complexa interação, o britânico resgata o conceito de acumulação primitiva de Marx e o adapta às condicionantes atuais, para embasar sua concepção de acumulação por espoliação (ou por despossessão). Ainda se manifestam, com as devidas atualizações,

---
69 Cf. Harvey, 2004, p. 40.
70 Cf. Harvey, 2005, p. 111.

características como a mercantilização e a privatização da terra, bem como a expulsão violenta de populações; a conversão de várias formas de direito de propriedade (coletiva, comum, estatal) em direitos exclusivos de propriedade privada; a mercantilização da força de trabalho e a supressão de formas alternativas de produção e de consumo; processos agressivos de apropriação de recursos naturais; e o alargamento do sistema financeiro.

Por essa perspectiva, o novo imperialismo é entendido como uma forma de expansão externa que se apoia na operação dos meios estatais de força.[71] É no estado permanente de sobreacumulação que os capitais se espraiam pelo globo com o apoio e patrocínio estatal para buscar alternativas lucrativas à tendência inerente. Na lógica da acumulação por espoliação, os Estados mais fortes e as organizações internacionais especializadas forçam a abertura das economias, como forma de abrir espaços para inversão de lucros e obtenção de recursos naturais. O livre mercado e a abertura das economias nacionais ao capital estrangeiros, sintomas centrais que caracterizam a globalização, travestem-se do meio mais imediato de criar espaços de valorização dos poderes monopolistas das potências capitalistas, que dominam o comércio, a produção, os serviços e as finanças pelo mundo. A política neoliberal e a prática das privatizações traduzem nada mais do que a face contemporânea do imperialismo, que guarda a essência primitiva da espoliação, da expropriação e da agressividade.[72]

As pressões dos países capitalistas centrais materializadas nas regras e nas organizações internacionais marcam a coerção consentida plantada nas contradições do imperialismo capitalista, traduzido pela relação dialética entre as lógicas territorial e econômica de poder. Portanto, o que se verifica no pensamento de Harvey é a mescla entre fatores econômicos e geopolíticos que conduzem a busca por poder do imperialismo atual. Pelo

---

71 Cf. Harvey, 2005.
72 Cf. Harvey, 2005, p. 147.

trânsito não exclusivo por categorias políticas, pela atenção ao vínculo dessas às bases materiais, é que o autor figura nessa vertente classificatória. A centralidade que atribui aos conflitos e rivalidades interestatais, concebendo uma noção de hegemonia alicerçada em estruturas econômicas, permite ao autor compreender a pulverização assimétrica de poder, que atravessa a longa duração da história, fomentando conflitos e rivalidades permanentes, cujas contradições são o motor da dinâmica internacional. Nesse diapasão, Harvey diferencia-se dos politicistas e influencia autores que vão trilhar suas pegadas e lhe complementar.

3.4.2. Callinicos e as rivalidades interestatais

Nessa toada, inscreve-se Alex Callinicos, responsável por um dos estudos mais completos sobre imperialismo na contemporaneidade, nomeadamente, *Imperialism and Global Political Economy*, publicado em 2009, ainda sem tradução para o português. O intelectual britânico (nascido no Zimbábue) mostra que os debates imperialistas sobreviveram à Guerra Fria, sendo pujantemente reacendidos no cenário hodierno. Defende o retorno às teorias pioneiras, destacando seus vícios, mas apontando as virtudes que ainda são úteis às questões atuais. As teorias do imperialismo, por sua visão, são um meio de entender o capitalismo em sua cardialidade. Diferentemente de Panitch e Gindin, Wood e Harvey, escreve seu principal livro sobre o assunto já no final da década de 2000, quando se encontra recém-terminado o governo Bush. Naquele momento já se via com maior nitidez a insensatez da guerra ao terror, como um todo. No meio acadêmico, os debates sobre a nova face do imperialismo haviam se instaurado com frequência, induzindo boas reflexões. Logo, não é surpreendente que Callinicos exponha uma perspectiva mais ampla e melhor delineada sobre o tema.

Seguindo os rumos da literatura especializada, articula seu raciocínio em torno da dualidade entre império e imperialismo. O que denota mais uma vez a influência e a consequente repulsa que a obra de Hardt e Negri também lhe causou.[73] Na encruzilhada, toma partido, no esteio de Harvey, retomando a visão marxista do imperialismo. Destarte, não hesita em afirmar que o imperialismo contemporâneo é o imperialismo capitalista, clarificando o recorte histórico. Alicerçando-se no geógrafo britânico, Callinicos também entende que o imperialismo capitalista é constituído pela interseção de duas formas de competição, a econômica (concorrência dos capitais) e a geopolítica (rivalidades interestatais por segurança, território e influência), que se articulam na trajetória do desenvolvimento capitalista. Essa teorização tem como mérito o não reducionismo às condicionantes políticas ou econômicas estritamente, mas ressalta como determinante a interface das duas esferas. Nesse diapasão, o próprio autor distingue-se daqueles baluartes do assunto, estabelecendo sua sistematização acerca dos contornos correntes do imperialismo.[74]

Partindo da noção de que o capitalismo global ainda não saiu da crise que o assolou na década de 1970, ou seja, que o arranjo desse momento ainda é vigente, aponta a tríade que ocupa o centro competitivo (Europa Ocidental, América do Norte e Leste Asiático), reforçando as reais assimetrias de poder

---

73   Tanto que participa da crítica aberta aos formuladores de *Império*, ainda que a salvaguarde com todo respeito pela trajetória pessoal e política deles, principalmente de Toni Negri. Para mais, ver Callinicos (2003).

74   Callinicos (2009) constrói sua organização do pensamento com fulcro no relevo dado ao Estado e à política internacional, traçando três correntes contemporâneas. A primeira com Hardt, Negri e Robinson que defendem o capitalismo transnacional, no qual o Estado-nação e os conflitos interestatais são obsoletos. A segunda vertente seria composta por Panitch e Gindin e Wood, que ressaltam a centralidade do Estado-nação, mas, em face da condição hegemônica estadunidense, os conflitos estariam arrefecidos. A terceira toca teóricos entusiastas do novo imperialismo, como o próprio Callinicos, Harvey e Gowan, por exemplo, os quais advogam pelo Estado-nação como nuclear na acumulação capitalista e fomentador e vetor da competição interestatal.

entre eles e a incessante disputa que os cerca (especialmente os desafios postos ao poderio hegemônico por Rússia e China). Por esses pressupostos estrutura sua obra pela revisitação do legado dos expoentes pioneiros da teoria marxista do imperialismo, sobretudo da matriz economicista, a qual busca refinar com outros elementos, fugindo do dogmatismo. O tom mais de adaptação e menos de crítica aos pioneiros é que predomina em sua interpretação. Callinicos anela suas ideias, especificamente, às de Luxemburgo, Bukharin e Lênin, a quem detêm maior atenção, não apenas pela teoria como pela postura revolucionária. Tanto que o pensador britânico defende Lênin no tocante à polêmica com Kautsky, afirmando ser o russo o baluarte do imperialismo, aquele de compreensão mais ampla, de onde todas as análises vindouras devem partir.

A geopolítica que complementa seu pensamento é analisada pela ótica do sistema de Estados, o qual seria historicamente anterior à formação e consolidação do modo de produção capitalista.[75] Em virtude dessa percepção, Callinicos, assim como Harvey, extrai da longa duração da história o substrato teórico para o pilar geopolítico. Quando as rivalidades interestatais se integram ao processo de acumulação é que se constitui o âmago do sistema internacional. Munido dessa perspectiva, o autor britânico divide o desenvolvimento do imperialismo capitalista em três períodos: 1) imperialismo clássico, de 1870-1945, economia mundial liberal, mundo multipolar política e economicamente, expansão territorial, competição militar e

---

75 Quem delineia com propriedade essa concepção é Teschke (2003), que discorda da colocação dos tratados de Vestefália como marco das relações internacionais capitalistas, chamando a noção de mito. Na mesma linha de raciocínio inscreve-se Gerstenberg (2010) e até mesmo Braunmühl (1974). Para eles, em maior ou menor medida, a competição geopolítica precede o capitalismo, podendo ser verificada desde as cidades-estado gregas até nas monarquias absolutas do início da Europa moderna. O momento histórico do imperialismo capitalista é quando as rivalidades interestatais se tornaram integradas no ampliado processo de acumulação de capital, o que demanda alguns séculos após Vestefália, tornando-se um processo nítido e inexorável somente no século XIX.

capitalismo de Estado (organizado), raça e império; 2) imperialismo do superpoder, de 1945-1991, bipolar, imperialismo das portas abertas, dissociação parcial entre competição econômica e geopolítica, negligência maléfica e industrialização parcial do Terceiro Mundo; 3) imperialismo pós-Guerra Fria, primazia dos Estados Unidos e distribuição do poder econômico, especificidade do imperialismo estadunidense, desenvolvimento desigual extenso, persistente crise de lucros, redistribuição do poder econômico global, continuação da competição geopolítica. O foco é, então, que o imperialismo capitalista é constituído pela interseção de duas formas de competição, notadamente, a econômica e a geopolítica.[76]

Lançando mão dessa interface, Callinicos desnuda as especificidades do período atual do imperialismo estadunidense. Nessa tarefa, não exclui a noção de hegemonia, mas não a lê pela lente do domínio amplo e irrestrito. Há fissuras importantes que tornam oblíqua a perspectiva da hegemonia como direcionada ao interesse geral dos capitais e à estabilidade do sistema. A hegemonia é o sinal da liderança dentro da caracterização do imperialismo capitalista. Por isso, cabe falar em imperialismo britânico e estadunidense, como os dois historicamente constatados. Ao compará-los, é possível separar afinidades e incongruências. Ambos os modelos defendem o livre comércio e as liberdades do mercado; dependem do controle sobre o sistema monetário-financeiro internacional; escoram o domínio econômico em bases militares pelo mundo. A hegemonia dos Estados Unidos destaca-se por grandes corporações, altamente monopolizadoras de tecnologia, que se espraiam pelo mundo; pelo manejo do capitalismo como um todo, incluindo estratégias para os países capitalistas concorrentes; pelo papel fundamental na concretização e difusão da política e da ideologia estadunidense que exercem as

---

76 Cf. Callinicos, 2009, p. 138.

instituições internacionais; e pela condição deficitária em que sua economia funciona.

O resgate histórico das questões políticas e econômicas que fundamentam sua perspectiva não lhe permitem ilusões quanto ao real caráter do imperialismo. Assevera o retorno das rivalidades pelo fortalecimento dos poderes regionais, cujos interesses, em grande parte, colidem com os estadunidenses. Refuta qualquer função progressista que poderia ser atribuída à hegemonia (como acusa de fazê-lo Panitch e Gindin, os quais travam férteis debates com o autor).[77] Para ele, o horizonte de inoponibilidade da hegemonia estadunidense é uma opção equivocada tanto no campo teórico quanto no âmbito da atuação política. Em outras palavras, seria focar demasiadamente nos Estados e relegar a luta de classes a um segundo plano, quando em verdade as coalizões de países capitalistas frequentemente almejam o enquadramento do movimento trabalhista. Por isso, ressalta a veia revolucionária e a importância do ressurgimento dos pioneiros da compreensão crítica do imperialismo.[78]

Diante desse cenário privilegiado, Callinicos realça a essência excludente, assimétrica e perversa do imperialismo capitalista. As atuais crises encaradas pelos Estados Unidos resultariam da renovação das rivalidades interestatais, decorrentes da redistribuição do poder econômico globalmente.[79] Seu diagnóstico, embasado historicamente, consiste em uma visão dual que tenta integrar coerentemente dois aspectos separados do mundo: as hierarquias, conflitos e alianças (políticas, militares e econômicas entre países); e o funcionamento do sistema produtivo e a hierarquização de classes por ele gerada. A primeira é a dominância e exploração de alguns países por

---

77 Principalmente Panitch, por intermédio de artigos no periódico *International Socialism*, trava ricos e férteis debates diretos com Callinicos sobre o tema imperialismo.
78 Cf. Callinicos, 2009, p. 226.
79 Cf. Callinicos, 2014.

outros; a segunda é sobre a estabilidade do sistema produtivo e a dominação e exploração de algumas classes por outras.[80] O que Harvey denota como lógicas territorial e capitalista, Callinicos renomeia de geopolítica e econômica.

Caminhando lado a lado, os autores evocam-se, junto com outros expoentes,[81] como defensores de uma interpretação dual do imperialismo, enfatizando os prismas econômico e político na articulação que estrutura as bases do imperialismo pós-fordista, hodierno. Essa explicação é rica e contribui determinantemente para o desenvolvimento da matéria. Na visão esposada nessa pesquisa é, todavia, ainda insuficiente, uma vez que não se fundaria na compreensão mais alta da crítica marxista. Em que pese à proximidade que se localizam, Harvey e Callinicos tangenciam aspectos relevantes, mas não o alcançam a plenitude da visão sobre o imperialismo. Logo, passado o parcial politicismo, cabe, finalmente, tocar o apogeu das interpretações marxistas, o que é cunhado aqui como plena crítica.

3.5. Plena crítica

O terceiro norte é o que se denomina nessa pesquisa de plena crítica é a compreensão mais sofisticada dentro do espectro marxista sobre a relação entre o Estado e as formas sociais da produção nas sociedades capitalistas. O que se convenciona chamar aqui de plena crítica atrela-se ao movimento do novo marxismo quanto às teorias do Estado de não tomar a separação entre política e economia como um elemento dado, mas de explicá-la radicalmente: trazer a exposição da particularização do Estado enquanto forma social específica do capitalismo. Para tanto, como forma social, o Estado precisa ser compreendido

---

80 Cf. Callinicos, 2009.
81 Não serão aqui debatidos, cabendo a citação apenas dos nomes de autores que o próprio Callinicos (2009) elenca como seguidores dessa vertente, como Peter Gowan, Walden Bello, Chris Harman, John Rees e Claude Serfati. Há quem inclua Arrighi também nesse conjunto, como Nachtwey e ten Brink (2008).

por meio de sua derivação da crítica à economia política de Marx.⁸² É deste patamar teórico que se frutifica a discussão sobre a vertente materialista do imperialismo, o que a coloca em posição diferenciada das correntes anteriores. Daí, a pompa da denominação aqui atribuída, na tentativa de marcar a relevância do momento.

A plena crítica apresenta-se distinta e acima do politicismo e do parcial politicismo, assim como do economicismo, sem deixar, todavia, de com eles dialogar. Simultaneamente, esse ramo rompe com essas concepções, esgarçando os horizontes da teoria marxista. Em verdade, a plena crítica marca um recorte epistemológico nas leituras marxistas, inaugurando um novo panorama de ideias que pode demandar, inclusive, uma sistematização própria.⁸³ Isso significa dizer que não se trata aqui de abordar um todo teórico uniforme e consoante. Há notórias divergências e célebres embates entre os intelectuais inseridos nessa seara. Em comum, apenas o ponto de partida, podendo chegar a conclusões e percepções distintas e opostas. Em outras palavras, o que permite que a plena crítica reluza é a abordagem do Estado e da política enquanto formas sociais extraídas ou, mais precisamente, derivadas das relações sociais de produção capitalistas. A partir desse passo, constrói uma teoria do Estado burguês e do imperialismo que viabiliza a compreensão dos fenômenos sociais hodiernos em sua plenitude.

Munido desse escopo, inicia-se uma narrativa que passará pelo aspecto geral da releitura de Marx nos anos 1960 e 1970, encetada na República Federal da Alemanha, a qual sairá do gueto acadêmico, reverberando em outras partes do mundo. Logo, a primeira tarefa é perpassar brevemente o debate da

---

82 Cf. Almeida e Caldas, 2017; Bonnet e Piva, 2017; Holloway, 2017; Hirsch, 2017.
83 Dentro da plena crítica seria possível estabelecer um novo universo organizado pelo mesmo método, em visões economicistas e politicistas. Essa sistematização das novas leituras de Marx é feita com maior densidade por Elbe (2010) e Mascaro (2017).

derivação do Estado e do direito, para que se possa caminhar rumo a um vetor desse conjunto, o debate (alemão) do mercado mundial. Após a investigação da interface entre relações internacionais, mercado mundial e Marx, caberá especificar a autora seminal da seara, Claudia von Braunmühl, e o pensador mais influente do derivacionismo, Joachim Hirsch, com sua teoria materialista do Estado, responsável por pavimentar o fundamento mais sólido para a leitura das relações internacionais. A partir dessas delineações, cumpre verificar, como as concepções podem ser aplicadas hodiernamente tanto pelo viés da teoria marxista do Estado, como o faz Alysson Mascaro, quanto pela verve marxista do direito internacional, como arquiteta China Miéville. Portanto, partamos do contexto mais geral ao mais específico.

3.5.1. O debate da derivação do Estado

A releitura de Marx a partir de *O Capital* realizada na década de 1960 inaugurou um andar ainda mais elevado dentro do círculo teórico marxista. Se os clássicos, intérpretes imediatos do pensamento marxiano, enfatizaram a matriz economicista e o marxismo ocidental redirecionou os olhares para os elementos políticos e filosóficos da superestrutura, o movimento de resgate das raízes marxianas emerge como uma reação às interpretações anteriores, buscando extrair das categorias da economia política e da própria forma do capital e das relações de produção capitalistas, o entendimento das estruturas políticas que lhe são próprias. Pela crítica das formas sociais é que se manifesta a essência do capitalismo.

A nova leitura do marxismo é tida, conforme Elbe (2010), a partir de 1965. Com fulcro no Marx da maturidade, apropria-se dos *Grundrisse* e de *O capital volume I*, e das categorias econômicas nele anunciadas, como arcabouço para a construção de uma teoria política crítica do capitalismo. Entre os prenunciadores estão Pachukanis[84] e Rubin.[85] O ponto de partida é a leitura de Althusser, que reverberou desdobramentos teóricos em diversos países, como Alemanha, Inglaterra e França. Com divergências internas, mas com muitas convergências, solidificaram interpretações acerca do Estado e do capitalismo. Esse universo que se descortina é tão amplo que é possível tecer inúmeras subdivisões e classificações, o que, definitivamente, não caberá a esta pesquisa.[86] O caminho que será ressaltado se direciona por meio da retomada da economia política de Marx e do resgate do horizonte teórico do Estado e do direito (originalmente ambos com raízes no pensamento de Pachukanis), a teoria derivacionista, desenvolvida na República Federal da Alemanha, que reposiciona a compreensão teórica e política do Estado e do capitalismo no tempo presente.

O tempo e o espaço dessa inflexão teórica são bem específicos e importantes na consideração de seu desenvolvimento. A República Federal da Alemanha, na década de 1960, já digerira os efeitos do pós-guerra. Os anos seguintes ilustraram o momento de dissipação das ilusórias promessas de prosperidade do mundo capitalista. Passada a recuperação econômica célere dos primeiros anos de vitrine capitalista, o milagre alemão, havia uma decepção política muito grande entre a intelectualidade contestadora, que se canalizou em diversos protestos estudantis e político-partidários. O país já ensaiava caminhar com as próprias pernas. Ao mesmo tempo em que também passava a sofrer os impactos da economia mundial. Em meio a um contexto de crise internacional, os primeiros percalços foram consideravelmente sentidos. Dentre os motivos elencados para o surgimento da concepção teórica em solo

---

84 Para mais, ver Pachukanis (2017); Mascaro (2008); Naves (2000; 2009).
85 Para mais, ver Rubin (1987; 2014).
86 Para mais, ver Caldas (2015).

alemão, cabe a consideração de importantes aspectos históricos.[87] O enfraquecimento da tradição crítica e marxista, inicialmente gestada na Escola de Frankfurt, mediante a ascensão do nazismo e da vulgarização stalinista. A marginalização e criminalização da esquerda durante o governo de Konrad Adenauer. A recessão, novidade após anos de milagre econômico, entre 1966 e 1967, impactou na configuração política do país. A vitória do partido social democrata (SPD) nas eleições de 1969 fortificou o discurso de reformas. A ebulição dos movimentos estudantis na França e na Inglaterra ascendeu o pavio da insatisfação.[88] Assim, veio à tona o debate sobre os limites e a atuação do ente estatal. O Estado de bem-estar social era, na visão crítica, um amplo aparato burocrático de controle social, que perpetuava a mesmice política, com praticamente um modelo único, a social-democracia e seus contornos particulares. Em meio à ortodoxia do marxismo soviético e o reformismo acomodado da social-democracia, soluções à esquerda prescindiam.

O âmago dessa releitura do Estado no capitalismo perpassa a tradicional incômoda pergunta de Pachukanis:[89] por que a dominação de classe não se apresenta como ela é, a sujeição de parcela da sociedade ante a outra, mas, por meio de um aparato público coercitivo, apresenta-se como dominação impessoal e

---

87 Cf. Altvater e Hoffmann, 1990; Bonnet, 2007.
88 Durante a década de 1960, mais especificamente em maio de 1968, protestos estudantis e greves operárias pararam o país, sendo duramente reprimidos e reverberando efeitos pelo mundo. Na Alemanha Ocidental, as mortes de líderes estudantis e a desarticulação entre o movimento estudantil e o operário (tido como reformista) expuseram as fraturas e as particularidades do contexto germânico. Logo após os incidentes e nos desdobramentos da década de 1970 surgiram grupos armados de guerrilha urbana, como o RAF (*Rote Armee Fraktion*) também conhecido como grupo Baader-Meinhof.
89 Por detrás de todas estas controvérsias, está colocada uma única questão fundamental: por que é que a dominação da classe não se apresenta como ela é, ou seja, a sujeição de uma parte da população à outra, mas assume a forma de uma dominação estatal oficial ou, o que dá no mesmo, por que o aparelho de coerção estatal não se constitui como aparelho privado da classe dominante, mas se destaca deste, assumindo a forma de um aparelho público impessoal, separado da sociedade (PACHUKANIS, 2017, p. 143).

oficial. Em outras palavras: pelo método da teoria da forma-valor ambicionou-se explicar a separação constitutiva entre Estado e capital ou o porquê a clivagem entre política e economia, e a consequente autonomia relativa do Estado, que não é um palco em disputa, mas é inerente às relações de produção capitalista. É nesse cerne que, desde o artigo cardial de Müller e Neusüss, *A ilusão do Estado de bem-estar social e a contradição entre capital e trabalho*,[90] de 1970, publicado no ano seguinte, as visões derivacionistas do Estado gravitam em torno. Os autores axiais calcam sua argumentação na formulação de estratégias políticas e modos de organização da classe trabalhadora, com fulcro no desenvolvimento do movimento trabalhista na história, pautados pela bifurcação entre reformismo e revolução.

O vocábulo derivação advém do substantivo *Ableitung*, da língua alemã, o que não significa que haja uma simples determinação, sendo o Estado mero resultado da vontade da classe dominante, mas, sim, de um determinado modo de produção e das relações sociais que lhe são inerentes e diferenciadoras dos modos anteriores. Daí o estudo da especificidade do Estado no capitalismo.[91] Nesse diapasão, a teoria da derivação representa um caminho de superação aos impasses políticos. Em meio à falência do modelo de bem-estar social, a emergência do neoliberalismo e engessamento das leituras de tipo soviético, a esquerda, nesta encruzilhada, vinha refluindo, reduzindo-se a apenas uma postura de resistência ao neoliberalismo, sem proposições alternativas de construção de perspectivas socialistas. No seio das contradições extremas do capitalismo desenvolvido de bem-estar social e já entrevista a crise da experiência soviética, o marxismo avança para

---

90   Em alemão, lê-se: *Die Sozialstaatsillusion und der Widerspruch von Lohnarbeit und Kapital*. Publicado no número inaugural da revista PROKLA (acrônimo do termo em alemão *Probleme des Klassenkampfs*, que significa problemas da luta de classes), em 1971, em meio ao contexto de ebulição do final dos anos 1960 e da crise que se avizinhava na década seguinte, sendo o vetor primordial para a difusão dos debates derivacionistas.
91   Cf. Caldas, 2015.

compreender o Estado a partir das categorias que estruturam a sociedade capitalista. Nessa toada, a chegada ao socialismo se daria por caminhos distintos, ou por reformas institucionais e legais ou pela insurreição da classe trabalhadora, uma vez que a via estatal é inerentemente obstaculizada. Cada qual se embasa em perspectivas opostas no tocante ao papel do Estado. Entre o capitalismo monopolista de Estado (*Stamokap*), cuja elaboração teórica aponta a atuação do aparato estatal direcionada a atender as demandas da acumulação de capital, do economicismo, e o capitalismo tardio (*Spätkapitalismus*) ou teoria da social-democracia de Estado, defensor da segregação da política da análise da acumulação de capital, própria do politicismo, o debate alemão da derivação do Estado (*Staatsableitungsdebatte*) oferece alternativas.

O debate da derivação do Estado, instigado pela releitura da obra seminal de Marx (*O capital*) consegue estabelecer-se mediante a visão de que os escritos marxianos não se vinculavam à análise econômica, mas, sim, à crítica materialista da economia política. Em outras palavras, a crítica materialista da tentativa da burguesia de discutir a economia isoladamente no tocante à relação exploratória de classes em que ela se funda. Logo, as categorias desenvolvidas em *O capital*, como mais-valor, valor, acumulação, lucro, preço, salário, não servem apenas para o debate econômico específico, mas são essenciais para uma discussão ampla, também política, pois são categorias histórico-materialistas desenvolvidas para iluminar a estrutura de classes na sociedade capitalista e as formas e concepções gerais dessa estrutura.[92] A crítica à economia política operada por Marx é condensada na noção de que as categorias econômicas são a aparência de formas fetichizadas das relações sociais. Assim, os conceitos não serão estritamente políticos ou econômicos, mas capazes de apreender

---

92   Cf. Holloway e Picciotto, 1978.

criticamente o conteúdo das formas política e econômica das relações sociais. Cumpre, portanto, a compreensão do Estado e da política a partir de sua derivação da categoria de capital. Em outras palavras, o eixo fundamental dessas análises é a ênfase na necessidade de explicar a separação entre as esferas da política e a da economia pela perspectiva do capital.[93]

O Estado burguês ganha especificidade como uma entidade fora e, ao mesmo tempo, ao lado da sociedade burguesa. A concentração da sociedade na forma estatal, que se coloca externa a ela mesma, parecendo flutuar sobre sua própria existência, é fulcral, pois somente assim pode garantir a manutenção e a reprodução da sociedade capitalista, âmbito internamente contraditório permeado pelas relações de produção. Com efeito, a relação entre economia e política não requer ser pensada pela dinâmica entre estrutura e superestrutura, mas o ponto nodal está no motivo pelo qual as relações sociais em uma sociedade burguesa aparecem em formas separadas, como relações políticas e relações econômicas. O Estado precisa ser visto enquanto forma específica de uma dominação histórica de classe.[94] Com fulcro na vertente derivacionista do novo marxismo, é fundamental proceder a uma mirada na totalidade das relações sociais capitalistas, realizando a derivação necessária das categorias políticas, extraídas das econômicas, para situar as questões estruturais.

O que essa visão aprego a é que se deve derivar as categorias políticas e o Estado das relações sociais da produção capitalista. O que ocorre, para alguns, pela via lógica (Escola Lógica do Capital)[95] ou pelo caminho da factualidade (contraditoriedade,

---

93 Assim, as formas específicas econômica e política não podem ser tomadas como dadas, mas precisam ser derivadas das categorias fundamentais das relações sociais de produção, para que se estabeleça simultaneamente sua distinção e sua complementaridade (CLARKE, 1991, p. 10, tradução nossa).
94 Cf. Müller e Neusüss, 1971.
95 Cf. Clarke, 1991; Carnoy 1994; Caldas, 2015.

como o faz a teoria materialista do Estado),[96] para mostrar a diferenciação entre as esferas política e econômica como consequência da forma social da produção capitalista, e pela via histórica, que ressalta a clivagem como um construto da trajetória concreta das relações sociais.

O artigo de Müller e Neusüss inspirou e carreou uma geração de pensadores, que se ocuparam de uma ampla releitura do marxismo a partir dos aspectos essenciais da sociedade capitalista. Inicialmente, constando na obra organizada conjuntamente por Holloway e Picciotto, as primeiras respostas vieram de Altvater, Hirsch, Blanke, Jürgens, Kastendiek, Gerstenberg, Reichelt e Braunmühl, tendo cada qual assumido uma ênfase específica.[97] A tendência foi o alargamento do debate, não apenas pela Alemanha, mas por outros países europeus. Conforme mapeado por Altvater e Hoffmann (1990), Bonefeld e Holloway (1991), Bonnet (2007), Míguez (2010), Caldas (2015) e Gerstenberg (2010), os expoentes dessa corrente advêm dos círculos universitários, majoritariamente da Alemanha, notadamente de Berlim e de Frankfurt, interconectados com outros da Itália,[98] da França[99] e da Inglaterra,[100]

---

96   Cf. Holloway e Picciotto, 1978; Bonnet, 2007; Bonefeld e Holloway, 1991; Clarke, 1991; Hirsch, 2010.
97   É Gerstenberg (2010) que faz o diagnóstico dos autores divididos por ênfases temáticas.
98   Míguez (2010) e Mascaro (2017) incluem Toni Negri e Mário Tronti na vertente italiana das leituras derivacionistas.
99   Caldas (2015) elenca na corrente francesa do derivacionismo ou de proximidades fortes a ela, desde pensadores mundialmente renomados, como Louis Althusser, Nicos Poulantzas e Étienne Balibar até os teóricos da regulação econômica, como Alain Lipietz, Robert Boyer e Michel Aglietà.
100   Na Inglaterra, particularmente, os debates teóricos floresceram com maior força após a Conferência dos Socialistas Econômicos (CSE - *Conference of Socialist Economists*), que reabriu as discussões sobre as categorias econômicas marxianas, como valor, processo de trabalho, Estado, mercado mundial e forma social como ilustrações de uma crítica ferrenha às até então preponderantes premissas do keynesianismo e do neoricardianismo. A vertente teórica do *Open Marxism* tem nesse evento um pilar fundante. Caldas (2015) aponta John Holloway, Sol Picciotto, Bob Jessop, Werner Bonefeld e Simon Clarke, seguindo as diretrizes do movimento, cujos parâmetros teóricos estão traçados nos três volumes homônimos que reúnem ensaios dos autores que compõem esse grupo teórico. Para mais, ver Clarke (1991).

desde sua exaltação pela publicação britânica *State and Capital: a Marxist Debate*, organizado pelos estudiosos entusiastas das ideias John Holloway e Sol Picciotto, em 1978, quando a concepção derivacionista reverberou-se mundialmente, para além das universidades alemãs.

A plena crítica irrompe essas barreiras ao alicerçar a especificidade tanto da política quanto do desenvolvimento das formas políticas na análise da produção capitalista, franqueando alternativas teóricas e políticas. Por um lado, o curso do desenvolvimento econômico e social de sociedade capitalista não pode depender meramente do desdobramento das leis econômicas, sem considerar o relevante papel da luta de classes. Por outro lado, o resultado desse embate de classes não será determinado apenas pela vontade das forças em disputa, há que se ter em mente a estrutura econômica, política e ideológica em que a luta de classes se manifesta. Nem instrumento da classe capitalista dominante, nem terreno neutro de conquista pela luta de classes, a compreensão do Estado e do capitalismo, em um contexto de falência e ilusões da social-democracia, passava pela costura da interface entre economia e política, diferenciando-se das duas que poderiam ser interpretadas como funcionalistas.[101]

Se boa parte do debate derivacionista perdeu-se nas coreografias da abstração,[102] caindo nas armadilhas instrumentalistas ou funcionalistas que cercaram muitas das discussões dentro desse ramo, como aquelas identificadas com a Escola Lógica do Capital, há que se destacar o vetor teórico que embasa esta pesquisa, o qual não se limita a derivar a forma política e o Estado das relações sociais capitalistas, mas vai além, buscando o estudo de sua particularização, de suas especificidades. O debate da derivação do Estado não pode ser visto, todavia, como faziam seus

---
101 Cf. Clarke, 1991.
102 A crítica aqui citada é feita por um dos expoentes do próprio debate, mas reforçada por outros estudiosos. Para mais, ver Braunmühl (1976); Bonefeld e Holloway (1991).

críticos, como a reunião dos autores que derivavam a complexa realidade da sociedade moderna burguesa do conceito de capital. Muito mais do que isso, em verdade, o debate foi uma tentativa de reconstruir teoricamente o emaranhado caótico das relações sociais, incluindo as complexas conexões entre economia e política que embasam a estrutura social sistemática e orgânica da sociedade burguesa. Por meio do resgate das formas mais simples de socialização e do caminho do abstrato ao concretado, projetado por Marx (2011b), a tarefa é cumprida. Dentro do debate derivacionista do Estado, diversas correntes se apresentam,[103] dentre as quais o maior relevo caberá ao debate do mercado mundial e à teoria materialista do Estado, cuja interface qual será o cume desse trabalho, constituindo o ferramental imprescindível para a compreensão do Estado e da forma política no capitalismo,[104] e consequentemente do imperialismo.

O passo adiante é ir além das mesmas perspectivas que povoam há décadas as teorizações, ou seja, é fulcral extrapolar as discussões sobre império-imperialismo, interimperialismo, imperialismo coletivo, ultraimperialismo e superimperialismo, presentes nas correntes já abordadas. Por isso, a explicação substancial para o imperialismo pós-fordista precisa ser buscada na plena crítica marxista, especificamente, nas sementes plantadas pelo debate do mercado mundial que frutificarão nas concepções da teoria materialista do Estado.

3.5.2. O debate (alemão) do mercado mundial

Dentro do debate da derivação do Estado, paralelamente, como um subconjunto, uma das vertentes no amplo espectro da derivação, na compreensão do Estado e da política a partir das categorias econômicas marxianas do capital,

---

103 Para mais, ver Altvater e Hoffmann (1990).
104 No Brasil, os estudos sobre a teoria materialista do Estado e do direito envolvem expoentes como Naves (2009), Mascaro (2013a) e Caldas (2015).

emerge como um tema crucial na análise marxista: o mercado mundial. Desde os primeiros escritos de Marx e em toda sua obra, a tendência expansionista do capital é enfatizada. O desenvolvimento histórico do capitalismo (e do imperialismo) comprova a imprescindibilidade de sua abordagem para uma ampla compreensão. O esgarçamento do capitalismo ocorre por meio e, ao mesmo tempo, resulta na forma mais desenvolvida do capitalismo, o mercado mundial.[105]

A vertente não se limita, mas parte de autores alemães, originalmente, para ganhar contornos mundiais.[106] Nesse diapasão, a clivagem entre as esferas econômica e política constituída nas relações capitalistas de produção, que garante a especificidade do modo de produção, precisa ser analisada em sua plenitude. Isso significa que a lente requer ser ampliada para a esfera internacional. Notadamente, em meio aos impasses da década de 1970, a necessidade de retorno às raízes marxianas atingiu a concepção de mercado mundial, captado como ponto essencial na acumulação capitalista.

Especialmente, no caso alemão, a inserção internacional e a estrutura social nacional estimularam o aprofundamento do tema. Na Alemanha Ocidental verificou-se a efervescência de ideias sobre aquele momento de inflexão no capitalismo pelo globo. Isso não aconteceu nesse país fortuitamente. Tendo em vista sua posição peculiar no sistema de Estados do pós-Segunda Guerra, a República Federal da Alemanha de inimigo de guerra foi içada à categoria de parceiro estratégico, recebendo apoio material direto e indireto para sua recuperação econômica.[107] Desenvolvida à convite, a economia germânica foi amalgamada no comércio internacional, o qual passou a responder por parcela significativa de seu produto interno bruto. Destarte,

---
105 Cf. Marx, 2013; 2017.
106 Cf. Barker, 1991; Clarke, 1991; Bonefeld, 2013.
107 Cf. Block, 1989; Braga, 1999; Medeiros, 1999; Osorio, 2015.

vulnerável às crises externas, as desilusões com o arranjo do pós-guerra são descortinadas. Após de uma década de célere crescimento econômico, a economia política alemã revelava seu real caráter, reformista, conciliatório e não transformador, apoiado em um Estado de segurança, vigilante, que fomenta o compromisso de classes e a manutenção do capitalismo. A insatisfação foi o fermento para a investigação das entranhas do capitalismo em terras germânicas.

Na radiografia marxista do Estado, Christel Neusüss, Klaus Busch e Claudia von Braunmühl desenvolveram suas interpretações acerca das relações internacionais, partindo das premissas derivacionistas. Nelas a releitura da crítica à economia política de Marx trazia a tendência inerente de internacionalização do capital para aspectos nodais da discussão por saídas à esquerda. Suas formulações teóricas ficaram conhecidas como debate do mercado mundial (*Weltmarktdebatte*).[108] Pode considerar-se mesmo um debate no sentido do confronto de interpretações, visto que, apesar de muitos pontos convergentes, há também divergências significativas entre eles. A tríade parte também da crítica a dois horizontes traçados até então: o ciclo pioneiro ou clássico do imperialismo, dos entornos da Primeira Guerra Mundial e o do pós-Segunda Guerra Mundial, de abordagens sistêmicas.

Nos três autores a preocupação em refutar os caminhos dados é latente. Para eles, o capital, como ensinara Marx, alicerça seus limites também na esfera da produção, como manifestação da tendência à queda da taxa de lucros. Essa percepção nodal escapa aos pioneiros que entendem a competição ampliada como um processo anárquico, e não também como uma manifestação da operação da lei do valor. O dissenso não significa um total

---

108 Cabe pontuar que os três autores escolhidos são justificados pelo vínculo ao debate derivacionista e ao entorno intelectual do periódico PROKLA. O destaque dos três não exclui outras eventuais contribuições existentes que, por não terem conexão direta com esses cânones, não serão abordadas.

afastamento, guardando algumas similitudes entre o debate do mercado mundial com os pioneiros do imperialismo.[109] No tocante ao debate posterior, diferentemente do enfoque localizado, Norte-Sul, das teorias da dependência, das trocas desiguais e da ênfase aos mecanismos de distribuição e circulação comercial das teorias do sistema-mundo, o debate alemão do mercado mundial almejava atacar diretamente os elementos constitutivos, estruturais das relações de produção capitalistas. O foco amplo e o espaço temporal são os mesmos das vertentes fordistas, mas com discrepâncias substanciais, as quais não permitem agrupá-las em um mesmo ciclo.

O liame que os unifica as teorias do mercado mundial é a base derivacionista do resgate da análise da teoria da forma valor (*Wertformanalyse*) para explicitar a separação constitutiva entre Estado e capital. Essa clivagem entre esfera política e econômica, e a relativa autonomia do Estado dela decorrente, são elementos estruturantes próprios da forma política do capitalismo, sem os quais resta inviabilizada a reprodução das relações de produção capitalistas. O mercado mundial é a manifestação mais completa e desenvolvida do movimento do capital, o espaço necessário e fundamental para a compreensão do capital em sua plenitude e do fenômeno político. Os três buscam reconstruir a análise marxiana do capitalismo por meio da descrição e da reflexão teórica sobre como a lei do valor opera no mercado mundial, no qual os processos econômicos ganham vida própria no tocante aos atores envolvidos. Assim, a conexão que molda o debate do mercado mundial pode ser delineada.[110]

---

109 Nesse sentido, apesar de servir de base para as críticas, os pioneiros influenciaram marcadamente cada um dos autores, o que fica nítido em seus escritos. Se Neusüss e Busch têm Lênin como mola propulsora, Braunmühl, com mais ênfase, perpassa as ideias de Bukharin. O legado analítico de suas esferas historicamente separadas, mas subsequentes, como os processos geopolíticos de conquista e a competição econômica são essenciais para o desenvolvimento das visões do mercado mundial. Para mais, ver Nachtwey e Ten Brink (2008).

110 A forma-valor (dinheiro e capital) e a lei do valor (mercado) impõem uma lógica particular sobre as pessoas e tornam uma forma de racionalidade plausível a elas- a pressão

A despeito das simetrias no pensamento, há uma clivagem importante no debate do mercado mundial. De um lado estão Neusüss e Busch e, de outro, Braunmühl (que complementa e, portanto, diferencia sua visão com elementos da teoria materialista do Estado). Para os dois primeiros, a reconstrução da lei do valor marxiana requer ser ampliada também para a esfera internacional. A análise do movimento de capital no mercado mundial não pode ser derivada simplesmente da natureza inerente do capital. É, sim, necessário definir as formas modificadas de valor, a existência nacional-estatal do capital, na qual a lei geral do capital atinge sua inflexão no mercado mundial. A forma modificada do valor é expressa na atuação dos capitais individuais como um conjunto social total e, também, como fragmento unitário que compõe o todo, buscando a mesma taxa de lucro. Nas duas abordagens, destaca-se a visão dos efeitos modificados da lei do valor em função dos capitais nacionais, que são apresentados como individualizados no mercado mundial, os quais se relacionam com outros capitais nacionais. Pode-se afirmar que ambos, com suas visões integracionistas dos capitais, entendem a concorrência (e a anarquia dos mercados) como apenas a aparência, a superfície do mercado mundial e não como um traço constitutivo do modo de produção capitalista. Enquanto que a abordagem de Braunmühl é totalizante. As esferas nacional e internacional são vistas como um todo, desempenhando a concorrência entre as unidades políticas apartadas e em coletividade (Estado-nação) o papel essencial na dinâmica da lei do valor. Por amalgamar suas críticas a seus contemporâneos, a compreensão do pensamento de Braunmühl passa pelo enfoque em Neusüss, principalmente, e Busch.

---

que impacta pelas costas dos sujeitos. Capitalismo como uma sociedade descentralizada caracterizada por crises, competição e luta de classes (os três Cs) regula a si mesmo desse modo, mas o processo só é permanente se o Estado capitalista é capaz de constituir-se e sobreviver como uma instância separada relativamente autônoma (NACHTWEY e TEN BRINK, 2008, p. 42, tradução nossa).

Neusüss, imperialismo e movimento de capitais

Christel Neusüss tem relevância não apenas no debate do mercado mundial, mas no da derivação do Estado como um todo, pois é coautora do artigo fundacional do tema, ao lado de Müller, em 1970. Após influente carreira nestas discussões, redirecionou seus últimos escritos às questões dos feminismos. No livro *Imperialismus und Weltmarktbewegung des Kapitals* (1972), traça suas principais diretivas teóricas. Procura desenvolver as categorias do movimento do capital no mercado mundial, cuja base é constituída pela trajetória histórica concreta da relação entre os Estados capitalistas desde o pós-Segunda Guerra. Em sua tarefa, a autora intenta mapear os movimentos das contradições sociais e políticas entre os Estados capitalistas e da interface entre capital e trabalho a partir da estrutura econômica. A premência do retorno às questões do imperialismo pioneiro justifica-se pelo contexto de conflito entre países capitalistas, ilustrado na crise monetário-financeira e na Guerra Fria. Já na década de 1970, identifica o eclipse da prosperidade vivida nos países capitalistas centrais no imediato pós-1945. Ao avizinhar-se um novo cenário, consideravelmente distinto de outrora, ela procura entender as incertezas em meio às transformações e os horizontes de lutas que se concretizam.

Assim, com o intuito de transcender Marx pelas categorias marxianas, ela parte das leis de movimento do capital no mercado mundial, e sua consequente tendência expansiva à internacionalização. Deixa de lado as modernas teorias burguesas de relações internacionais para preocupar-se com as vertentes marxistas existentes, se são suficientes para captar as mudanças no novo cenário. Crítica à teoria do capitalismo monopolista de Estado, notadamente de Mandel, e da interpretação dessa corrente ao imperialismo de Lênin, alicerça seu primeiro capítulo na revisão do pensamento do revolucionário russo. A autora busca escapar dos meandros da teoria do capitalismo monopolista de Estado, ressaltando seus méritos, mas apontando sua incapacidade de responder às demandas internacionais em uma cena tão complexa e diferente. A teoria do capitalismo monopolista de Estado de Lênin seria menos problemática que sua concepção de imperialismo, a qual seria mais frágil. Para ela, a insistência dos partidos comunistas com o dogmatismo oficial e a defesa da visão pioneira de Estado inviabilizaram discussões mais profundas sobre o mutável tema do imperialismo.

Desse modo, Neusüss segue pela crítica parcial à teoria do imperialismo de Lênin, notadamente no tocante às categorias de monopólio e de desenvolvimento desigual, que se debruçam sobre uma deficitária teoria das crises. O baluarte revolucionário russo ficaria adstrito a apenas um aspecto da sociedade produtora de mercadorias, o da ausência de um planejamento social da produção. Logo, as crises econômicas seriam ocasionadas por essa anarquia do mercado mundial. Não se percebe na elaboração de Lênin a conexão com o campo da produção. Seguindo Marx, o capital encontra seus limites na própria esfera da produção, tendo em vista a tendência à queda da taxa de lucro. Nessa linha, a concorrência não pode ser conceituada simplesmente como um processo anárquico, mas também como a forma como se apresenta a materialização da lei do valor.[111]

Com fulcro nas premissas marxianas, Neusüss dedica o segundo capítulo de sua obra aos efeitos da lei do valor no mercado mundial, aplicando as categorias marxianas na análise do movimento de capital internacionalmente. Nessa empreitada, aprofunda o exame sobre a teoria marxiana, discutindo aspectos e significados específicos, pautando sua discussão na dinâmica entre aparência e essência do fenômeno internacional. Em sua argumentação, entrelaça empiria e teoria para comprovar suas

---

111 Cf. Neusüss, 1972.

hipóteses. A forma social da produção é apresentada como um resultado histórico das práticas materiais concretas e de manifestações passadas. Na tentativa de reconstrução da lei do valor marxiana, Neusüss estende-a à esfera internacional. Para ela é preciso partir de Marx e ultrapassá-lo. O alemão trabalha com as leis de movimento do capital em geral, enquanto uma análise apurada do imperialismo requer o foco nos efeitos concretos da lei do valor no mercado mundial. A análise do movimento do capital no mercado mundial não pode ser, sem prejuízos, derivada da natureza imanente do capital. Há que se ter em mente as formas modificadas, a existência do capital em unidades nacionais separadas em Estados, sobre as quais impacta no mercado mundial as leis de movimento. O processo tendencial da equivalência da taxa de lucros por meio da concorrência na esfera da circulação conduz no plano estatal à formação de um complexo capital unificado, que irá atuar na arena internacional.[112]

Em sua visão, por meio da concorrência na esfera da circulação, a tendência por taxa de lucros dos capitais individuais é equalizada, o que conduz, no âmbito nacional, à formação de um todo, um complexo conjunto unificado de capitais (que é o resultado da soma de cada capital individualizado constituinte). A replicação dessa lógica ocorre também na cena internacional por meio dos efeitos modificados da lei do valor. Acontece, todavia, que a concorrência entre os diversos complexos nacionais de capitais no círculo mundial não reverbera da mesma maneira. Por um detalhe não há a formação de uma média mundial de taxa de lucro, viabilizando a constituição de um capital social total internacional, ou mesmo um Estado mundial. Em outras palavras, há um aspecto que permite diferenciar as esferas interna e internacional de circulação. Para ela, o que impede todos os proprietários de mercadorias pelo mundo de interagirem como

---

112 Cf. Neusüss, 1972, p. 113-114.

partes de um capital social total internacional e que, ao mesmo tempo, impõe limites no desenvolvimento da competição no mercado mundial não são os resíduos dos modos de produção pré-capitalistas, mas a forma política do Estado-nação.[113] O capital cria um mercado mundial, mas isso não acarreta em um Estado mundial único. Isso porque o aparato estatal exerce um papel nodal na acumulação capitalista, criando precondições materiais gerais para a produção, o que é crucial para a formação de um capital total social nacional. Em outras palavras, o Estado-nação é uma instituição que reside sobre a base econômica, mas, ao mesmo tempo, está ao lado e fora dela. O aparato estatal nacional modula os efeitos da lei do valor, por meio de ferramentas jurídicas e políticas, criando condições para a formação de uma esfera interna de circulação.[114]

Em suma, Neusüss sustenta a separação entre as esferas de circulação interna e externa, delineando atuações distintas do Estado em cada âmbito em relação aos capitais. A intervenção de questões não econômicas, que são externas ao movimento dos capitais, é vista como o obstáculo que impede a plena realização das tendências econômicas. A modificação da lei do valor pela separação dos Estados em unidades nacionais limitadas por fronteiras é complementada pelo movimento da taxa de câmbio (dinâmica válida apenas para o cenário internacional). O circuito de troca mercadoria-dinheiro-mercadoria transmuta-se em mercadoria-dinheiro-divisa-mercadoria no mercado mundial. Ou seja, o câmbio nacional atua diretamente na cadeia da troca mercantil. O que torna o contexto ainda mais delicado.

Em que pesem às peculiaridades do mercado mundial, a economista política alemã ainda aponta para a tendência a um capital total em esfera internacional. Para ela, na análise do mercado mundial, o capital nacional converte-se em capital

---

113 Cf. Nachtwey e Ten Brink, 2008.
114 Cf. Neusüss, 1972, p. 136.

individual, semelhante ao que ocorre como o trabalho nacional médio socialmente necessário. O mercado mundial é o local onde concorrem os capitais nacionais individualizados, que, em princípio, se encontram como simples possuidores de mercadorias. A exportação de capitais, em suas variadas manifestações, além da exportação de mercadorias, pode derrogar esse modelo. O desenvolvimento do atual processo de internacionalização da produção galgou outros patamares, se comparado com o período pioneiro. Quando se analisa as diferentes formas de capital, como os conglomerados empresariais multinacionais, verifica-se que esses grupos econômicos adentram na esfera interna de circulação das nações diretamente, sem sentir os efeitos modificados da lei do valor. O processo atual de internacionalização da produção (e não apenas de mercadorias e dinheiro como outrora), que na época que Neusüss escreveu já se revela indisfarçável, somente se intensificou com o tempo. A mudança nas relações de produção acentuou indubitavelmente o caminho rumo a um capital total mundial. Essa tendência, para a autora, ainda não poderá ser concretizada pela relevância do Estado-nação, que se converte em uma barreira à homogeneização.

Ademais, a pressão por equalização leva, em verdade, ao favorecimento dos capitais centrais, amplificando as disparidades com os periféricos. Como a diferença entre as searas nacional e internacional permanece, as crises que são imanentes à competição imperialista entre os capitais podem levar a consequências deletérias, como guerras e conflitos permanentes. Paz e ordem são definitivamente palavras que não devem constar no vocabulário do mercado internacional.[115] A perspectiva dual das esferas de circulação é problemática e alvo de críticas. Ademais, as visões sobre o Estado e a política, expostas pela intelectual alemã, são colocadas muito em virtude de questões objetivas, em torno

---

115 Cf. Neusüss, 1972.

da lei do valor, não levando em conta fatores subjetivos, o que a aproxima da corrente que critica, a teoria do capitalismo monopolista de Estado. Neusüss acerta na verificação do surgimento histórico do modo de produção capitalista, de imposição da lei do valor, mas a estende erroneamente quando foca no capital em sua meta de converter-se em capital social total mundial.[116]

Busch, empresas multinacionais e movimento de capitais

Klaus Busch aproxima-se consideravelmente das perspectivas de Neusüss, complementando-as frequentemente. A convergência mais notória é o entendimento do mercado mundial enquanto um âmbito que reúne a combinação de diferentes esferas nacionais de circulação, com a tendência de formação de um capital social total nacional que compete com seus congêneres internacionalmente. Em suma, repete a dualidade das esferas de circulação e a concepção somatória, entendendo o mercado mundial como o total das partes nacionais que o compõem. A obra mais relevante do alemão para o assunto é *Die multinationale Konzerne. Zur Analyse der Weltmarktbewegung des Kapitals* (1974). Busch, por sua vez, ressalta a importância dos conglomerados multinacionais, apontando o mercado mundial como fatiado em esferas de circulação nacionais e distintas entre si. Entende que na esfera internacional há um movimento em direção da equalização das taxas de câmbio, que se tornam um mecanismo protetivo para os capitais nacionais, a depender de sua estratégia internacionalizante. Isso leva à possibilidade, inclusive, de países menos desenvolvidos conseguirem constituir setores exportares de excelência na competição internacional.[117]

---

116 Para mais, ver Nachtwey e Ten Brink (2008).
117 Sobre essa questão, Busch é alvo de contestações, como as apresentadas por Nachtwey e Ten Brink (2008). Com fulcro nessa premissa, que desconsidera aspectos políticos e econômicos relevantes, ele calca sua crítica às teorias das trocas desiguais, afirmando não haver mecanismos assimétricos de trocas, mas quantidades distintas empregadas de trabalho e de capital/tecnologia.

Sua análise situa-se no pós-1945, notadamente, no papel dos Estados Unidos enquanto potência dominante no mercado internacional capitalista. Chama a atenção em sua argumentação para a preponderância estadunidense, sem paralelo na trajetória capitalista, refletida no dólar como moeda central do sistema monetário-financeiro, na produção industrial, nas exportações de mercadorias e, fundamentalmente, na exportação de capitais, que se estendeu para além do hemisfério americano, alcançando as potências da Europa Ocidental.[118] Nesse sentido, enfatiza os investimentos diretos dos norte-americanos em território europeu, como estratégia de internacionalização do mais-valor da produção. Logo, os pilares de discussão de Busch são as causas, as consequências e as perspectivas da internacionalização do mais-valor da produção sob a dominância do capital estadunidense.

Nessa mirada, a internacionalização da produção do mais-valor não seria apenas um resultado de um estágio histórico específico associado a crises, ou seja, não é uma questão conjuntural, mas, sim, deve ser abordada estruturalmente, como uma tendência geral do capital. Para o intelectual alemão, o erro dos pioneiros, como Lênin, Bukharin e Hilferding, foi interpretar o capital como um reflexo do desenvolvimento histórico do capitalismo que caminhava para a fase monopolista. Diferentemente do que enxergam os três expoentes, que derivavam a exportação de capital da tendência à monopolização e à sobreacumulação de capital, para Bursch (1974) a internacionalização da produção de valor deve ser explicada a partir das leis de movimento do capital, as quais são guiadas pela internacionalização da realização do valor. O que a tríade pioneira não levou em consideração foram as variantes determinantes do capital que servem para todas as eras, não se restringindo a um momento específico. Por exemplo, a exportação de capitais não

---

118 Cf. Busch, 1974.

se limita a períodos de crise, podendo ser até maior em lapsos de bonança, como aconteceu no espraiamento da dominância estadunidense pelo mercado internacional. Não há o evolucionismo em fases. Competição e lei do valor operam no capitalismo, independentemente do tempo histórico.[119]

Em sua segregação dos pioneiros pelo foco na lei do valor, Busch estrutura seu livro em quatro seções. Na primeira, clareia o que considera ser a forma específica da lei do valor no mercado mundial, tendo em conta a forma como se materializou a lei internacional do valor, os mecanismos monetários, os pressupostos da internacionalização da taxa média de lucro, a institucionalização das trocas desiguais e a divisão internacional do trabalho com base nos custos comparativos. Na segunda, segue a toada na intenção de derivar do efeito modificado da lei do valor no mercado mundial a tendência à internacionalização do valor da produção, de confrontar as teorias pioneiras com teorias burguesas de exportação do capital, de interpretar a relação entre Europa Ocidental e Estados Unidos pela movimentação de capital. Na terceira, a esfera das relações internacionais adquire um peso especial. Pela desproporção da interface interimperialista, Busch destaca o papel minoritário e subordinado dos europeus ante os estadunidenses e, a partir disso, comenta os processos econômicos de integração pelo viés comunitário, situando-os dentro da dominância estadunidense. Não fortuitamente, o autor dedicar-se-á nos decênios seguintes a estudar esse foco específico.[120] Na quarta, por fim, ressalta as consequências da internacionalização do valor no tocante às condições de luta dos trabalhadores, cuja classe é afetada determinantemente pelo deslocamento das multinacionais pelo mundo, criando espaços de valorização aos capitais pelo enquadramento do trabalho.

---

119   Cf. Busch, 1974, p. 257.
120   O livro *Krise der Europäische Gemeinschaft*, publicado em 1978, é uma referência válida para ilustrar o pensamento do alemão sobre a crise da comunidade europeia.

Assim, Busch apresenta a modificação da lei do valor no mercado mundial, que é derivada basicamente na tendência à internacionalização da produção de valor, a qual precisa ser inserida no contexto histórico concreto em que se manifesta (pós-Segunda Guerra Mundial). Desse modo, o autor alemão empreende a clivagem das esferas interna e externa de circulação dos capitais, entendendo haver duas lógicas distintas.[121]

Cabe, nesse diapasão, ressaltar que os efeitos sobre a internacionalização do capital impactariam diretamente na configuração dos Estados nacionais burgueses, propulsionando uma relação contraditória entre os entes estatais e a tendência do mercado mundial de capitais. As próprias empresas multinacionais desempenhariam uma função de forçar a modificação das orientações políticas e econômicas estatais. Seguindo Neusüss, o intelectual alemão entende os conglomerados empresariais multinacionais como um agente que escapa aos efeitos modificados da lei do valor, tendo seu poderio fortalecido pela internacionalização da produção. Como também compreende o Estado como um ente fora e ao lado das relações econômicas, ele aponta para a intervenção estatal para atenuar as crises e os traumas que são inerentes ao movimento do capital no mercado mundial. Em uma leitura mecanicista, o autor sinaliza que a integração econômica somente seria possível mediante a instituição de uma entidade política supranacional. O processo de internacionalização do valor objetivamente pressionaria por essa instância política, que, pela política e pelas armas, fomentasse a integração econômica não apenas regional, mas até mundial.

Destarte, Busch vaticina que sem esses elementos externos quaisquer iniciativas de integração estão fadadas ao fracasso. Raciocínio aplicado diretamente no caso comunitário. Ele advoga que o processo europeu não irá adiante, uma vez que os

---
121 Cf. Busch, 1974, p. 11.

países que o compõem são desiguais economicamente e estruturalmente. Logo, a redução das assimetrias é nodal e premente para que se atinja o mínimo grau de êxito. Até aquele momento não enxerga no contexto comunitário, nenhum país apto, nem a Alemanha Ocidental, a conduzir os rumos da iniciativa de integração. Para chegar a essa conclusão, Busch simplesmente deriva o comportamento do Estado em relação à economia considerar fatores políticos, como correlação de forças sociais e estratégias de classes.[122]

Portanto, percebe-se que Busch e Neusüss tangenciam-se constantemente, a despeito de pontuais diferenciações. O ponto principal é a compreensão do mercado mundial como um universo composto de blocos individualizados de capitais nacionais que encontram com seus congêneres de outras nações, produzindo duas esferas de análise, a interna e a internacional, em que a lógica de uma tende a se replicar na outra. Em outras palavras, apesar de estarem inseridos no debate do mercado mundial, Neusüss e Busch ainda estão atrelados ao nacionalismo metodológico, sendo o Estado-nação seu ponto de partida e de análise. Ademais, a concepção que apresentam da forma política não é ainda a mais sofisticada, pois compreendem o Estado como um ente fora e ao lado das relações capitalistas, o qual pode e deve intervir para moldar seus efeitos, em um viés ainda deveras economicista.

O que ambos manifestam é que o mercado mundial é a manifestação mais completa e desenvolvida do movimento do capital, o espaço necessário e fundamental para a compreensão do capital em sua plenitude e do fenômeno político. É esse liame que os vincula com o pensamento de Braunmühl, fazendo com que se diferenciem dos outros autores da derivação, constituindo um debate próprio e concomitante. Se ambos definem

---

122 Para mais, ver Nachtwey e Ten Brink (2008).

a cena internacional como a soma de elementos nacionais que se estendem ao exterior, a autora desenvolve seu raciocínio com fulcro em outra metodologia, que não se prende a uma compreensão somatória, mas totalizante e sistemática, bem como expressa uma visão bem mais apurada do Estado e da forma política, escapando das armadilhas do economicismo. O mercado mundial, para a autora, é uma unidade necessária de análise, sendo dotada de categorias próprias. Por essa via, ela solapa as concepções predecessoras e inaugura novos patamares na crítica marxista das relações internacionais, elevando o debate alemão do mercado mundial a seu ápice.

Braunmühl, mercado mundial e imperialismo

Claudia von Braunmühl diverge dos dois referidos autores, afastando-se em uma reflexão própria e original. Alicerçada na economia política marxiana, a autora retoma os esparsos parágrafos legados por Marx, ao longo de sua vasta obra, sobre o mercado mundial para atingir o cume da compreensão do Estado no capitalismo. Em meio ao acalentado debate derivacionista, reluz seu brilhantismo ao deslocar o ponto de partida da teoria marxista do Estado, especificamente, pelo conhecimento que difunde sobre relações internacionais e imperialismo. Ela diferencia-se de seus pares ao salpicar a discussão com elementos da teoria materialista do Estado, construindo sua articulação teórica e inaugurando a visão materialista do imperialismo.

O início de suas reflexões deu-se, por uma série de razões, sendo duas delas a afinidade intelectual e a proximidade pessoal a Joachim Hirsch por meio do grupo de trabalho que compunham dentro da área de Ciências Sociais da Goethe-Universität, na cidade de Frankfurt am Main,[123] Braunmühl chama para

---

[123] Altvater e Hoffmann (1990) chama os pesquisadores reunidos de Grupo de Frankfurt, que, além de Hirsch e Braunmühl, contava com a presença de expoentes, como von Auw, von Cappelleveen, Engelhardt, Fichtner, Gloede, Mayer, Wilker, Wolf, Köhler e Küchler.

si a responsabilidade da reflexão sobre o imperialismo por essa perspectiva. Os dois autores, em especial, dentro desse conjunto, destacam-se pelo projeto de pesquisa sobre o planejamento científico estatal da República Federal da Alemanha, financiado pela Fundação Volkswagen (*Volkswagenstiftung*), que impulsionou as publicações da autora na direção das Relações Internacionais.[124]

Não obstante a fecundidade de suas premissas, a alemã, no auge do debate do mercado mundial, limitou-se, todavia, a três ensaios específicos sobre o tema das relações internacionais,[125] bem como a seus desdobramentos,[126] redirecionando suas pesquisas a partir da década de 1980 para outras searas das ciências sociais (como questões de gênero e de governança global). A despeito de seu destino ter seguido a tendência à entropia, atinente a todo o debate da derivação do Estado e do mercado mundial, arquivados com a guinada neoliberal dada pelo sistema internacional, as ideias da autora persistiram pelo tempo e resistiram às dificuldades, podendo, agora, ser resgatadas.[127]

Em seu primeiro trabalho sobre o tema, *Weltmarktbewegung des Kapitals, Imperialismus und Staat* (1973), Braunmühl demonstra a preocupação inicial em incluir o imperialismo nos debates derivacionistas, tanto que o assunto é tratado do começo

---

124 Tanto no primeiro artigo, de 1973, quanto no terceiro, de 1976, há referências claras ao projeto de pesquisa. Não coincidentemente, os três artigos de Braunmühl aqui citados aparecem em publicações que também carregam escritos de Hirsch.
125 Cf. Braunmühl, 1973; 1974; 1976.
126 O ensaio de 1974 constitui pedra angular na teorização de Braunmühl, tanto que foi traduzido pela o inglês, com algumas revisões (alguns trechos do artigo de 1976 são inseridos), sendo publicado em 1978, com o título *On the analysis of the Bourgeoise Nation State within the World Market context. An attempt to develop a methodological and theoretical approach*. Nesse momento, há o reconhecimento da doutrinadora como um dos expoentes principais da escola da derivação, irradiando seus cânones pelo mundo. Devido a seu impacto e a sua centralidade no pensamento da autora, esse texto é retomado mediante sua tradução para o espanhol, a qual foi publicada em 1983, como *Mercado mundial y Estado nación*, viabilizando a porosidade das ideias pela América Latina.
127 Nachtwey e Ten Brink (2008) lamentam tanto o fato de o debate ter se perdido no tempo, que escreveram um artigo reverenciando e resgatando o tema, o qual é a referência citada, quanto os três ensaios de Braunmühl não terem se tornado uma obra singular, mas terem ficado esparsos em artigos.

ao final do denso artigo. Em uma visão geral, a cientista política alemã descreve o mercado mundial como o âmbito apropriado para observar os movimentos do capital e os efeitos gerais da lei do valor, justamente por constituir a arena que permite captar os fenômenos capitalistas em sua plenitude. Nesse primeiro esboço, a clareza de suas concepções ainda não atingira a maturidade, o que viria no fôlego seguinte. As linhas mestras do conceito já estavam delineadas, entretanto. Os vieses político e econômico inseridos da dinâmica do mercado mundial emergiam como aparelhos estruturantes de seu pensamento, que se diferenciava radicalmente do pano de fundo até então costurado pelas visões teóricas acerca do tema. Logo, são de suas estruturas que devem ser extraídos e explicados os fenômenos como a forma do Estado e do imperialismo.

A intelectual germânica continua a desenvolver seu raciocínio, pautada pelos desdobramentos de sua reflexão inicial. Na intenção de completar os eventuais flancos deixados descobertos, ela tece os fios de centralidade de seus argumentos anelada à acumulação de capital no contexto do mercado mundial e à organização política de múltiplos Estados nacionais, pilares que erguem o edifício do imperialismo. Nesse diapasão, em seu segundo escrito, *Kapitalakkumulation im Weltmarktzusammenhang. Zum methodischen Ansatz einer Analyse des bürgerlichen Nationalstaats*, de 1974, a autora dedica-se a escancarar as vísceras da acumulação de capital no contexto do mercado mundial, apartando-se do nacionalismo metodológico que ronda a maior parcela das análises sobre o espectro internacional. O mercado mundial é apresentado aqui como o nível apropriado de análise para as manifestações históricas do modo de produção capitalista, bem como para derivar a forma do Estado capitalista.

O círculo teórico fecha sua redoma a partir do maior aprofundamento acerca da organização nacional-estatal da sociedade burguesa, em um exame histórico e sistemático sobre o papel do Estado-nação e do imperialismo na dinâmica do mercado mundial. Desde o prefácio deixa clara sua ambição de responder a críticas e observações feitas a seu último artigo, o de 1974, bem como de esclarecer questões que arroga centrais na discussão da teoria do Estado e do imperialismo. Aqui, conforme explica Bonnet (2007), ela vai além e expõe nitidamente a concretização e maturação de suas ideias, inicialmente gestadas em 1973. Em seu terceiro artigo, *Die nationalstaatliche Organisiertheit der bürgerlichen Gesellschaft. Ansatz zu einer historischen und systematischen Untersuchung*, de 1976, a intelectual alemã complementa seu raciocínio, afastando-se do engessamento da derivação lógica e buscando nas raízes históricas a explicação para a constituição plural (em Estados nacionais) e concorrencial da forma política internacional, sem tomar a multiplicidade como uma premissa dada. Comprova, assim, que um Estado capitalista somente se constitui como tal em um sistema, em processos marcados por contradições e peculiaridades.

Mercado mundial: método e objeto

Nesse ponto vem a contribuição de Braunmühl para a teoria marxista do Estado e para as Relações Internacionais, principalmente. Até então aqueles que se dedicavam à teoria marxista do Estado relegavam a esfera interacional de acumulação, tomando o Estado-nação, a economia nacional ou o capital nacional como ponto de partida. A cientista política alemã é a destacada ao insistir que o nível analítico apropriado para a compreensão do Estado é o mercado mundial.[128] É na dimensão internacional da acumulação, no mercado mundial que se deve

---

[128] Obviamente aqui não podemos desconsiderar o pioneirismo e o brilhantismo das análises de Wallerstein, de Frank, de Dos Santos e de Amin sobre a reconstrução da história do capitalismo como um sistema mundial e o modo de produção capitalista como um processo de acumulação mundial. O que se enfatiza na visão de Braunmühl é o pensamento sobre a teoria marxista do Estado sob os cânones do mercado mundial.

derivar ou determinar a forma do Estado burguês. Acumulação, reprodução e expansão do capital não podem ficar aprisionadas às fronteiras nacionais.[129]

Também não há razões para se estabelecer a identidade entre Estado e capital, haja vista que o capital (internacional) é organizado e particularizado pelo Estado, dentro de fronteiras nacionais, ganhando a forma de capital nacional, em meio a peculiaridades históricas das lutas sociais. Dessa maneira, a compreensão plena do Estado e do capitalismo passa pelas relações internacionais como um todo. A forma mercado mundial é o modo de existência das relações nacionais; estas subsistem em e por meio das relações do mercado mundial, logo este não é um elemento externo às nações, mas sua base e sua atmosfera vital.[130]

O centro nevrálgico é: o Estado não existe no singular, mas apenas na forma de um sistema de Estados nacionais. Ela argumenta que a dinâmica ilustrada entre Estado e capital não é resultado do desenvolvimento moderno do capitalismo ou do que se veio a chamar de globalização, mas é inerente da própria forma nacional do Estado, a qual deve ser derivada do mercado mundial, âmbito da manifestação plena do modo de produção capitalista, de contexto marcado forçosamente por dois aspectos: pela acumulação global capitalista (essencialmente contraditória) e pelo sistema internacional de Estados (plural e concorrencial).

Ela defende que não basta derivar a forma política e o Estado das relações sociais capitalistas, mas é fulcral ir além e fomentar o estudo da forma de particularização estatal, de suas especificidades. Se a política modifica a lei do valor, o limite da intervenção estatal não pode ser entendido sem que se tenha em mente os limites da forma nacional do Estado. Não há como apreender as especificidades e a essência estatal sem tocar a forma do Estado-nação, inserido no contexto de acumulação

---
129   Cf. Fay e Stucker, 1980.
130   Cf. Bonefeld, 2013.

global de capital e no sistema capitalista de Estados, ou seja, o mercado mundial.[131]

O destaque dado a Braunmühl deve-se à abordagem totalizante e inovadora que a inscreve no preenchimento da lacuna da teoria marxista do Estado quanto à dimensão internacional.[132] As esferas nacional e internacional são vistas como um todo, desempenhando a concorrência entre as unidades políticas apartadas e em coletividade (Estado-nação) o papel essencial na dinâmica da lei do valor. Em seu método, ao invés de partir do capital nacional e do Estado-nação individualizado (nacionalismo metodológico), propõe a análise do imperialismo, tomando como base a forma mais desenvolvida de capitalismo, o mercado mundial enquanto uma totalidade, um universo plural, composto por Estados nacionais individualizados, mas que não é o resultado automático da soma de todos eles. Não há que se derivar a configuração do mercado mundial dos capitais nacionais, mas de seu todo. O mercado mundial não é constituído por várias economias nacionais reunidas, mas é organizado na forma política da multiplicidade de economias nacionais como seus componentes integrais. É nesse âmbito que os capitais realmente se movem, logo, é partindo dele que se deve analisar a lei do valor, o que significa inserir a derivação da forma do Estado burguês dentro desta dimensão. A plena compreensão da forma estatal não pode ficar restrita às fronteiras nacionais da sociedade produtora de mercadorias. Uma vez que a esfera mais desenvolvida de movimento de capital e da lei do valor é o mercado mundial, é dele que se deve partir.[133]

---

131 Cf. Braunmühl, 1976.
132 Nessa linha, coube a Barker (1991), no cenário britânico, tecer acompanhamentos e complementos ao raciocínio. Ele também insiste que a análise da forma estatal deve partir do capital em geral ao nível do mercado mundial. Diferentemente de Braunmühl, Barker (1991) não retoma a formação histórica dos Estados, mas enfatiza que cada espaço nacional representa a fusão de uma fração particular do capital mundial com segmentos de classes nacionais em oposição e em competição a outras nações.
133 Cf. Braunmühl, 1973, p. 32.

De pronto, a autora situa o leitor nos debates teóricos travados naquele momento ao redor dos rumos da escola da derivação, que se apresentava como um movimento ainda muito recente. Por isso, mais uma vez a intelectual reforça a necessidade de analisar a reprodução do capital pela intermediação do mercado mundial. O período de crise que atravessava a República Federal da Alemanha, sua realidade vivente, seria mais um comprovante de suas concepções teóricas. A resposta para as encruzilhadas emergentes passava necessariamente pela relação entre economia nacional e mercado mundial, ou melhor, pela interface entre o Estado nacional capitalista e o sistema imperialista. O desenrolar desse nó tangencia uma visão holística do sistema internacional. Diferentemente do que pensavam outros expoentes do debate alemão do mercado mundial, o todo não é a soma das partes, mas é composto por uma multiplicidade de peças. É o que a autora (alicerçada na premissa metodológica de Lukács) chama de primazia da totalidade sobre o momento individualizado.[134]

O mercado mundial é o substrato do qual se extraem todas as categorias da crítica marxiana da economia política.[135] É ao mesmo tempo a precondição e o resultado da produção capitalista. Asseverando o caráter intrinsecamente internacional do modo de produção capitalista, a base do Estado nacional só pode ser o mercado mundial; e este, por sua vez, só existe nos e a partir de espaços nacionalmente organizados. O impulso à fortificação do mercado mundial é dado pela competição

---

134   Cf. Braunmühl, 1976, p. 276.
135   "Ela deve partir das categorias gerais, que Marx desenvolveu em *O Capital* para a anatomia da sociedade burguesa, mas não deve ficar a elas restrita, e, sim, seguir, conforme o método do abstrato ao concreto, por uma derivação categorial determinada do movimento aparente na superfície da sociedade, a mudança de forma da concorrência no âmbito mundial, do desenvolvimento e da diferenciação de classes, da forma da luta de classes e da consciência social dos atores, dos quais devem ser investigados e determinados a estrutura política do sistema e do real curso do processo político" (BRAUNMÜHL, 1973, p. 7-8, tradução nossa).

entre capitais, que utilizam todos os meios possíveis disponíveis (como a constante reorganização do Estado para garantir condições de valorização) na busca por lucros. Essa dinâmica leva à cristalização de múltiplos centros de acumulação moldados em Estados-nação. Destarte, a tarefa teórica é descortinar a forma particularizada em que o capital se apresenta, organizada em Estados nacionais, em coletividade e em constante concorrência. Ao invés de partir do capital nacional e seu Estado, a autora analisa o imperialismo dentro da totalidade constitutiva do mercado mundial, o qual não se resulta no somatório das partes, mas um ambiente sistemático, pleno, permeado por categorias e contradições próprias.

Reitera-se que pelo viés marxiano, o mercado mundial apresenta-se como um esquema distinto das relações de produção entre os países (as relações internacionais propriamente ditas, em sentido estrito), uma dimensão mais ampla, em verdade. Não fortuitamente, desde seus primeiros esboços, o mercado mundial aparece como ponto concluinte da anatomia da sociedade capitalista, visto que é lá onde todas as contradições da sociabilidade burguesa se põem em jogo, manifestando sua mais concreta materialidade.[136] Logo, o mercado mundial configura a forma universal de existência capitalista.[137] Nesse espaço, o trabalho humano é levado aos mais elevados níveis de abstração, em termos de enquadramento na constante revolução das relações de produção, na concorrência constante pela valorização do valor. Assim, o mercado mundial constitui em geral a base e a atmosfera vital do modo de produção capitalista de produção, não sendo uma categoria econômica como outras, mas é, ao mesmo tempo, o

---

136 Cf. Bonefeld, 2013; Marx, 2011b.
137 Cf. Bonefeld, 2013, p. 47. Para o autor, o mercado mundial apresenta-se como a forma universal de existência capitalista. É somente nesse espaço que as indústrias nacionalmente constituídas adquirem seu sustento como indústrias capitalistas. O mercado mundial configura o imperativo categórico da produção capitalista dentro das fronteiras nacionais, entre nações e muito além dos limites nacionais.

pressuposto e o resultado da produção capitalista. Por conseguinte, o mercado mundial não é externo às relações nacionais de exploração, mas ele subsiste e fomenta a exploração nos territórios nacionais e por meio do controle político estatal.[138] Nessa dinâmica, pode-se afirmar que o Estado capitalista não existe no singular, somente em coletividade.[139]

O impulso à fortificação do mercado mundial é dado pela competição entre capitais, que utilizam todos os meios possíveis disponíveis (como a constante reorganização do Estado para garantir condições de valorização) na busca por lucros. Essa dinâmica leva à cristalização de múltiplos centros de acumulação moldados em Estados-nação. Assim como o capital em geral ilustra a contradição entre anarquia (na competição entre capitais) e despotismo (controle dentro de cada capital individual), a cena política carrega também a unidade contraditória entre despotismo (soberania estatal dentro dos territórios nacionais) e anarquia (competição interestatal). O Estado configura-se, por conseguinte, como um vetor privilegiado da competição intracapitalista no mercado mundial. Por isso, ele será atravessado pela contradição entre a tendência à internacionalização dos capitais e à nacionalização da organização capitalista por meio de um sistema político de intervenções estatais nas relações de produção.[140]

Destarte, a tarefa teórica é descortinar a forma particularizada em que o capital se apresenta, organizada em Estados nacionais, em coletividade e em constante concorrência. Ao invés de partir do capital nacional e seu Estado, a autora analisa o imperialismo dentro da totalidade constitutiva do mercado mundial, o qual não se resulta no somatório das partes, mas um ambiente sistemático, pleno, permeado por categorias e contradições próprias.

---

138 Cf. Bonefeld, 2013.
139 Cf. Barker, 1991.
140 Cf. Jessop, 1982.

Se o capital é inerentemente expansionista e internacional, o mercado mundial é a base necessária para a acumulação primitiva, tendo adquirido com o desenrolar da história papel seminal para a organização da produção e para a circulação de mercadorias e capitais.[141] A concretude do desenvolvimento histórico comprova que a forma do Estado nacional não pode ser entendida no singular, mas em meio a um sistema coletivo de Estados, o qual é a mola propulsora da acumulação e da reprodução das relações capitalistas por todos os quadrantes do mapa-múndi. Ela inverte o ponto de partida e volta às relações capitalistas, que têm por objeto e por pressuposto o mercado mundial, para a compreensão do Estado e da forma política, enfatizando a necessidade de entender os Estados dentro da teoria do imperialismo, uma vez que o capitalismo nasce como um sistema global alavancado pelo imperialismo.[142]

Imperialismo: críticas e definições

Ao teorizar sobre o imperialismo, dentro desta esfera totalizante do mercado mundial, em um primeiro e específico esforço, Braunmühl (1973) delineia as linhas mestras do conceito: é dos alicerces político e econômico do mercado mundial que se deriva a compreensão estrutural do imperialismo. Logo, a autora diferenciava-se radicalmente do pano de fundo até então costurado pelas visões teóricas acerca do tema.

Ela afasta-se dos pioneiros do imperialismo, sobretudo no que tange a Lênin, quando denuncia certo traço burguês escondido na concepção balizadora, calcada em um economicismo que traduziria uma espécie de efeito transbordamento (*spill-over*) dos capitais nacionais que, pelas condicionantes internas, extrapolam suas fronteiras e se confrontam com outros capitais no exterior, reproduzindo as condicionantes e provocando a postura

---
141 Cf. Jessop, 1982.
142 Cf. Kán, 2013.

expansionista desses. Braunmühl (1973; 1974) afirma que a conceito norteador de imperialismo apresentado pelos pioneiros contém recônditos vícios burgueses. As visões, em geral, pressupõem que o capital nacional, que antes permanecia restrito ao âmbito interno, expande-se e reproduz-se externamente, engendrando o imperialismo. O imperialismo tem como premissa a divisão do mercado mundial em Estados nacionais, a qual se manifesta em caráter normativo, conferindo legitimidade à acumulação interna de capitais nacionais frente à intervenção de capitais estrangeiros. A ameaça do concorrente estrangeiro legitimaria não apenas o espraiamento dos capitais nacionais, mas também sua defesa e proteção por parte de barreiras estatais à entrada de capitais internacionais.

Também rechaça os teóricos da dependência, que descrevem o decisivo poder do mercado mundial, mas não analisam as evidências sobre o plano conceitual adequado, teorias do Estado, ficando adstritos à investigação do capital nacional e das estruturas internas do Estado, sem destacar o mercado mundial enquanto foro específico e próprio dos movimentos do capital e dos Estados. Essas abordagens estariam presas a constatações empíricas ao invés de atacar as questões teóricas de fundo do Estado, do capitalismo e do mercado mundial. Braunmühl (1973; 1974) especifica aqueles que defendem o teorema do desenvolvimento do subdesenvolvimento, não fazendo grandes distinções dentro do amplo e plural universo das teorias da dependência, colocando autores de diferentes matizes no mesmo balaio crítico. A despeito dessas imprecisões, suas ponderações ambicionam abarcar os teóricos do que se convencionou aqui chamar do ciclo fordista. Em geral, as perspectivas do debate fordista alargam o objeto de análise para o sistema internacional como um todo. Assim, entendem o surgimento do modo de produção capitalista e sua expansão em escala mundial como um processo de conexões e dimensões internacionais, apontando a sua face perversa como determinante para as mazelas da periferia. Apesar do foco importante, ele é restrito às relações entre centro e periferia que é uma parte do todo mercado mundial, e cuja assimetria é relativamente óbvia no contexto do desenvolvimento capitalista.

Por fim, Braunmühl (1974; 1976) não poupa as eventuais lacunas nas teorias marxistas do Estado, que, em sua reflexão, compartilhariam de déficits perturbadores,[143] o que turvaria a visão sobre o imperialismo. Os comentários nos textos do baluarte da teoria do mercado mundial são direcionados imediatamente para Neusüss (1972), mas são tranquilamente extensíveis a Busch (1974) e a outros expoentes do derivacionismo,[144] sobretudo no tocante ao conceito de Estado e de forma política. Ela ataca o teorema dos efeitos modificados da lei do valor, defendido pelos dois, uma vez que a lei do valor sempre opera em uma forma alterada, não havendo um modelo atual ou particular de um determinado momento histórico. Equivocam-se os autores quando derivam o Estado e suas intervenções da totalidade do desenvolvimento social, considerando-o um elemento externo à lei do valor, fora de seus impactos. A intelectual alemã reitera que o Estado não pode estar conceitualmente fora e ao lado do capital, mas é um elemento imanente do capitalismo. Partindo de uma teoria do Estado claudicante, ao compreender o capital nacional no mercado mundial como individualizado, o qual se encontra com outros capitais nacionais singulares na

---

[143] As críticas de Branmühl voltam-se a todos aqueles expoentes do marxismo que compartilham em maior ou menor medida das premissas da teoria do capitalismo monopolista de Estado. A compreensão do movimento da relação entre capital, Estado e imperialismo ainda estaria situada em um nacionalismo metodológico que não atende à complexidade do mercado mundial. Assim, refutando o panorama dado, segrega-se em uma vertente própria, dentro do debate do mercado mundial, quando expõe as lacunas do pensamento de Neusüss e Busch, que são suas principais referências dentro de suas discussões, mas não deixar de apontar as insuficiências de Poulantzas.

[144] A referência aqui é direta a Müller e Neusüss (1971), mas não exclui outros autores que compartilham da mesma concepção.

esfera internacional, Neusüss (1972) e Busch (1974) estariam subestimando o caráter monopolizante do capitalismo.

Destarte, pululam as tarefas de uma teoria do imperialismo derivada da crítica marxiana à economia política. As questões a serem esclarecidas gravitam em torno de: como que a lei do valor se realiza, intermediada pela concorrência na crescente internacionalização do processo de acumulação, e de como a relação intermetropolitana e entre metrópole e periferia se estrutura; em quais formas aparece a exploração no processo de valorização do capital, que é internacional, mas mediado por unidades nacionais; e quais funções o aparato estatal desempenha nesse processo de mutação das formas. Basicamente, o objeto de uma teoria do imperialismo é o desenvolvimento do movimento dos capitais no mercado mundial. Com fulcro nesse alicerce, cumpre dissecar a forma de realização da lei do valor no mercado mundial[145] e as funções que desempenha o Estado burguês em relação ao que por ele é designado capital nacional no processo internacionalizado de acumulação. Logo, a interface entre internacionalização da acumulação e forma política nacional é a chave para abrir a essência recôndita do imperialismo. A partir de uma análise concreta e categorial dos processos de acumulação e de crise no contexto do mercado mundial é que se chega a respostas para as constatações empíricas prementes, como as assimetrias incontornáveis entre centro e periferia.

São, portanto, das estruturas do capitalismo que devem ser extraídos e explicados os fenômenos como a forma do Estado e do imperialismo, o que ela se debruça a fazer nos seguintes.[146] Nesse diapasão, em suas palavras, o imperialismo somente pode ser conceituado adequadamente como uma forma específica do capitalismo, como manifestações de estágios históricos no

---

145 Não obstante a perspectiva teórica distinta é nodal mencionar aqui o importante estudo de Leite (2017) sobre mercado mundial, imperialismo e teoria do valor.
146 Cf. Braunmühl, 1974; 1976; 1978; 1983.

desenvolvimento concreto das leis de movimento do capital. Os fenômenos empiricamente constatáveis que caracterizaram as vertentes do imperialismo até então não são por si só suficientes para explicá-lo.[147] Por exemplo, a expansão mundial do capital, a estruturação capitalista do mercado mundial, os monopólios internacionais operantes, a disputa pela divisão do mundo, controle sobre esferas de influência, a crescente disparidade de patrimônio e qualidade de vida, a internacionalização da luta de classes, a crescente contraditoriedade e as mudanças na função do Estado capitalista. Sem perder de vista as especificidades históricas, eles são entendidos como expressões e formas aparentes da dinâmica interna das relações capitalistas e de suas leis de movimento. A despeito das importantes transformações históricas passadas, o capitalismo não perde sua identidade. Ainda que altere sua maquiagem, seu rosto é o mesmo. Portanto, a explicação do imperialismo requer um passo adiante no sentido de sair das armadilhas da aparência e compreender a real natureza do capital.

Ela define imperialismo como as formas econômica e política de dependência[148] e de modulação das condições de vida, oriundas da estruturação do mercado mundial, que é lapidada pelos imperativos de valorização dos capitais desenvolvidos das metrópoles, que se voltam tendencialmente a abraçar toda produção mundial, e pelas formas de poder político deles resultantes. As estratégias imperialistas envolvem, em maior ou menor medida, a

---

147 Cf. Braunmühl, 1973.
148 O que se verifica na conceituação da autora é a presença da assimetria metrópole e periferia. Sob um viés teórico distinto dos autores terceiro-mundistas, ela não deixa de enfatizar a desigualdade estrutural do sistema capitalista. Diferentemente dos teóricos cepalinos, ela via no Norte interesse pela industrialização parcial e seletiva do Sul. O maior exemplo ela ilustra com as políticas de auxílio ao desenvolvimento, muito em voga à época, que, em verdade, mostravam um caráter bem diferente daquele que as anunciava. A apregoada ajuda ao desenvolvimento servia, senão, aos capitais metropolitanos privados em busca de espaços de valorização em detrimento de qualquer interesse coletivo possível do país receptor. Em verdade, o mecanismo colaborava com a reestruturação da divisão internacional do trabalho, a favor dos capitais metropolitanos, e assegurava a consolidação de esferas de influência neocoloniais (BRAUNMÜHL, 1973).

reversão da tendência à queda da taxa de lucros, por meio de importação de matéria prima barata ou exportação de capitais por diversos canais, bem como pela troca desigual. Concomitantemente, a violência estatal, na forma de intervenção militar, pode ser utilizada na empreitada. Nesse diapasão, o mercado mundial tornou-se o espaço da produção e da troca que se constitui em uma pluralidade de Estados.[149]

O imperialismo é a força motriz que impulsiona o sistema capitalista de Estados para sua formação e suas transformações. Em verdade, o conceito de imperialismo precisa ser debatido dentro das dimensões da divisão internacional do trabalho e da luta de classes sob determinação da função historicamente modificada da forma política estatal, assinalando especialmente a gravitação do desenvolvimento específico da divisão internacional do trabalho estruturada pelo capital metropolitano.[150] Em outras palavras, a derivação da forma do imperialismo não ocorre diretamente, logicamente, objetivamente, automaticamente da estrutura do mercado mundial. É extraída, sim, em meio e atravessada pela luta de classes e de grupos, que modulam a divisão internacional do trabalho. Logo, malgrado a luta de classes não ser o elemento cardial da compreensão materialista do imperialismo, ela não deixa de ser relevante, ao contrário, está imersa na dinâmica que confere as particularizações e peculiaridades dos capitais e dos Estados nacionais. Redimensionando os parâmetros da crítica do debate do mercado mundial, Braunmühl assevera que a missão do especialista não é explicar como que os capitais nacionais se internacionalizam, senão o porquê

---

149 A partir do pano de fundo que se apresentara até então, o imperialismo atual pode ser conceituado como as formas política e econômica de dependência e de modulação das condições de vida, oriundas da estrutura do mercado mundial, cunhada pelos imperativos de valorização dos capitais metropolitanos, tendencialmente voltados à produção mundial e conectados pelas formas de poder político deles resultantes (BRAUNMÜHL, 1973, p. 59, tradução nossa).
150 Cf. Braunmühl, 1973.

da particularização do capital em capitais nacionais, com unidades e aparatos políticos próprios.[151]

Ao contrário daqueles que estariam presos à jaula de aço das abstrações derivacionistas, admitindo a existência de leis positivistas e idealistas e consequentemente defendendo o curso inerente objetivo da lei do valor, ela enfatiza o papel importante que desempenham o sujeito e a luta de classes na modulação dos efeitos da tendência à queda da taxa de lucros. A análise do capitalismo precisa ser guiada por uma teoria da acumulação que tome a luta de classes como um elemento sistêmico em constante mobilidade e em processo de mutação, e não como uma decorrência automática da intervenção modificativa da lei do valor.

Em meio à dinâmica de particularizações e transformações, dois elementos estruturantes para a compreensão das formas do imperialismo: a acumulação de capital (e sua contradição inerente) e a organização política específica em uma pluralidade de Estados.

A tarefa de compreensão do sistema imperialista passa, conforme Braunmühl (1974), caracterizada, sobretudo a partir do viés metropolitano, pela contradição entre internacionalização e nacionalização do processo de acumulação. Se mediante a internacionalização da produção, a exploração torna-se cada vez mais internacional; ela continua a ser mediada pela força, a qual é nacionalizada. Atualmente essa tensão manifesta-se pela emergência dos capitais que operam em âmbito global, como as corporações multinacionais, e a permanente intervenção estatal no processo de reprodução do capital. Os capitais, ao mesmo tempo em que transcendem as fronteiras e atuam frequentemente em uma postura contrária aos interesses de seu próprio Estado (e aos seus próprios ou de sua fração), demandam o aparato estatal para que garanta o mínimo de segurança à sua base territorial de domínio, mobilizando, em muitos casos, a

---

151 Cf. Braunmühl, 1974, p. 38-39.

intervenção estatal para sua defesa e para a manutenção da organização nacional-estatal do mercado mundial.¹⁵²

Logo, a organização política em uma pluralidade de Estados em concorrência complementa e se mescla ao primeiro aspecto, perfazendo a base da análise. No mercado mundial, a regulação e a repressão necessárias não se condensam em uma unidade centralizadora, mas estão presentes na organização política plural dos Estados. O mercado mundial tem que ser visto como um internacional, estatal-organizado e especificamente estruturado, abrangente, efetivo contexto de competição, dentro do qual o nacional-estatal emerge e consolida a si mesmo e os Estados formam suas estruturas econômicas, sociais e políticas características.¹⁵³ No modo de produção capitalista, a dominação é reproduzida no funcionamento dos mecanismos econômicos que ainda precisa da regulação e da repressão políticas e garantidoras, uma vez que a autoridade exercida anarquicamente é incapaz de assegurar adequadamente pela operação das leis de produção. Nessa toada, por mais que a internacionalização das relações de produção esteja em uma trajetória ascendente e que a competição internacional determine com mais intensidade as condições de produção internas, é pela via nacional que a exploração é mediada.¹⁵⁴ A burguesia nacional requer um espaço próprio delimitado para a imposição de seus interesses e para evitar a tendência à equalização dos níveis de produtividade. Nesse sentido, a organização política do mercado mundial em uma coletividade concorrencial de Estado erige o cenário adequado para a constante valorização do valor, mantendo em funcionamento as engrenagens do motor

---

152   Cf. Braunmühl, 1976.
153   A relação entre mercado mundial e Estado nacional precisa ser entendida como um contínuo histórico inerente ao capitalismo e ser determinada em referência às leis manifestadas no processo de acumulação do capital, em uma forma específica, concreta e histórica (BRAUNMÜHL, 1976).
154   Cf. Braunmühl, 1974, p. 36-37.

capitalista.¹⁵⁵ Mais do que uma característica, a organização política em multiplicidade de Estados nacionais é uma necessidade para a manutenção e reprodução das relações capitalistas.

Multiplicidade de Estados como construção histórica do capitalismo

Nesse tocante, a historicidade desempenha função axial. A emergência do Estado-nação origina-se em um sistema de Estados (composto por uma pluralidade dinâmica operada mediante a organização e reorganização das fronteiras, impostas pela acumulação capitalista).¹⁵⁶ Para Braunmühl (1976), o próprio Marx não avançara muito na questão, pois via a multiplicidade como uma premissa dada e não como um problema a ser explicado. O mercado mundial foi a base necessária da acumulação primitiva, assim como o foram as fronteiras territoriais e a soberania dos Estados nacionais burgueses suas premissas, o que fomentou a Revolução Industrial a eclodir em meio a essa contraditória unidade. A experiência pioneira dos britânicos não pode ser contada sem a consideração central dos fatores externos, bem como os efeitos dessa transformação não ficam limitados às demarcações territoriais britânicas.

A forma de Estado-nação burguês, a de um mercado mundial organizado em entidades políticas múltiplas, adquire, como um vínculo, centros soberanos legalmente constituídos¹⁵⁷

---

155 Cf. Braunmühl, 1976, p. 312.

156 "O mercado mundial é a base e o espaço integral do modo de produção capitalista, assim como é também a base do Estado nacional burguês; o qual é tanto historicamente quanto conceitualmente vinculado ao modo de produção capitalista" (BRAUNMÜHL, 1976, p. 315-316, tradução nossa).

157 No direito internacional que se formava, os Estados se reconheciam mutuamente como representantes políticos das vinculações de produção e circulação separadas e delimitadas, cuja unidade desenvolvida constituía o Estado nacional burguês, em função concorrencial. Para ela, no curso do desenvolvimento do sistema de direito internacional, os Estados passaram a reconhecer uns aos outros como representantes políticos, separados, ligados por complexos de produção e circulação, unidades desenvolvidas sobre bases antagonistas, que constituíram o Estado burguês. Para mais, ver Branumühl (1974).

de complexo capitalista de produção e troca, a função de assegurar, internamente e externamente, o poder político-econômico das burguesias competindo no sistema internacional. Portanto, a forma coletiva do sistema internacional é constituída historicamente a partir do desenvolvimento do capitalismo nos países europeus, em um processo que também é influenciado pelo fator externo, o que faz com que o mercado mundial seja moldado gradativamente, especialmente se consolide no século XIX. Conforme as premissas marxianas, o capital avança do âmbito interno ao mercado mundial como um processo social internacional que se molda à revelia (nas costas) dos produtores. Essa unidade afirma-se nas crises por meio da lei do valor. A emergência do capitalismo em si é resultado de um processo violento de expansão e redistribuição de valores no mercado mundial, que parte da acumulação primitiva nas metrópoles. O mercado mundial é um componente direto desses processos de imposição do modo de produção capitalista e de suas leis. Em outras palavras, desde o surgimento do modo de produção capitalista, o mercado influencia determinantemente a formação das economias nacionais, ainda que, em seus primórdios não estivesse plenamente consolidado.

Nessa mirada, Braunmühl (1976) toma como referência as quatro grandes experiências capitalistas, particularizadas, na Grã-Bretanha, na França, na Alemanha[158] e nos Estados Unidos para discussão pormenorizada. Ela demonstra que cada processo de consolidação das relações capitalistas ocorreu, não apenas por determinantes internas, mas, sim, foi moldado em cada tempo dentro dos movimentos do mercado mundial, que gradualmente foram se condensando até sua maturação no século

---

158 O caso da Prússia no tocante à unificação da Alemanha é o maior exemplo, para a autora, dessa dinâmica. Uma vez que a necessidade da modernização capitalista com o escopo da concorrência foi introjetada nas classes agrárias latifundiárias (*Junkers*) a partir da invasão de Napoleão Bonaparte em 1807 (BRAUNMÜHL, 1976).

XIX. O aparato político feudal de dominação foi convertendo-se aos poucos em Estado absoluto, em coalização em parte objetiva, em parte direta, com o capital mercantil e manufatureiro, comercial, que cimentando os laços econômicos e sociais foi o parteiro do modo de produção capitalista. A concentração e organização do poder estatal impulsionada pelo Estado absolutista eram premissas de um amplo sistema de medidas que produzindo riqueza alicerçavam a burguesia em ascensão, que exigia a delimitação das fronteiras territoriais. O Estado foi perdendo paulatinamente o caráter dinástico, adquirindo crescente caráter econômico, dentro do qual emergiu o Estado nacional burguês.[159] Com sua política de força e violência no mercado mundial, o Estado mercantil logrou a incorporação sistemática do mercado mundial a economia nacional, a estruturação desta para o mercado mundial. Na política, o aparato estatal atuava no exterior não apenas através da guerra, mas também pela assunção de garantias jurídicas nas operações internacionais de troca, visivelmente como representante e garante do modo de produção predominante. Desse modo, o poderio político e militar de um Estado dentro do sistema internacional constituiu desde o início um interesse direto da burguesia em ascensão.

Considerações fundamentais e finais: imperialismo e mercado mundial

Diante do conceito e de seus elementos moduladores, Braunmühl esgarça os limites da compreensão do imperialismo, franqueando mais um caminho para o aprofundamento do estudo.

A relevância dessa abordagem não foi de pronto captada pelos principais cânones teóricos, abrindo uma lacuna na teoria marxista sobre o assunto, a qual foi alvo preferencial de críticas.[160]

---

159 Cf. Gerstenberg, 2010 e Moore Jr., 1996.
160 Nessa linha, coube a Barker (1991), no cenário britânico, tecer acompanhamentos e

E mesmo entre aqueles que conferiram todo o mérito à pensadora pela abordagem sistemática, as contestações não foram poupadas.[161] Independentemente da repercussão gerada, o que por ora interessa é apontar os ensinamentos que ficaram.

Braunmühl, em consonância com a nova leitura de Marx, extrai das categorias da economia política e da própria forma do capital, bem como das relações de produção capitalistas, o entendimento das estruturas políticas que lhe são próprias, como o Estado. E vai além, voltando seu foco para as relações internacionais (em sentido amplo). O mercado mundial é o substrato do qual se extraem todas as categorias da crítica marxiana da economia política. É ao mesmo tempo a precondição e o resultado da produção capitalista. Asseverando o caráter intrinsecamente internacional do modo de produção capitalista, a base do Estado nacional só pode ser o mercado mundial; e este, por sua vez, só existe nos e a partir de espaços nacionalmente organizados. Em suma, é por meio da articulação entre a dinâmica contraditória de acumulação entre internacionalização e nacionalização dos capitais e da multiplicidade de Estados nacionais, singulares e em constante competição pela valorização do valor, que se podem extrair as entranhas constitutivas do imperialismo, a força edulcorante do sistema de Estados.

Em virtude do curto tempo em voga e do redirecionamento dos estudos, a autora manteve-se voltada ao sistema internacional,

---

complementos ao raciocínio. Ele também insiste que a análise da forma estatal deve partir do capital em geral ao nível do mercado mundial. Diferentemente de Braunmühl, Barker (1991) não retoma a formação histórica dos Estados, mas enfatiza que cada espaço nacional representa a fusão de uma fração particular do capital mundial com segmentos de classes nacionais em oposição e em competição a outras nações.

161 Fay e Stucker (1980) dirão que a autora levanta a questão correta, mas lhe dá uma resposta equivocada, quando partindo de uma abordagem deveras eurocentrista, não considera a estrutura básica desigual do sistema mundial, a divisão entre um centro acumulador e explorador e uma periferia não acumuladora e explorada. A ausência do olhar para a periferia faz com que a autora relegue a maioria dos países do mercado mundial, abarcando somente a realidades das poucas potências centrais, o que acaba maculando sua abordagem do capitalismo como sistema mundial.

mas alicerçada em outros pilares, não deixando uma trilha de continuidade nas reflexões sobre imperialismo. Ainda assim, foi responsável por pavimentar as bases para a reflexão sobre a sofisticação da teoria marxista do Estado e do imperialismo. Com essa mirada, ela descortinou um campo fértil para o debate das relações internacionais no capitalismo.

Partindo de uma perspectiva que tangencia em muitos pontos a da cientista política alemã (fundamentalmente, como a assunção da estrutura política do capitalismo internacional em torno da pluralidade incontornável e necessária de Estados nacionais), emergem visões que complementam e aprofundam a vertente materialista do Estado e do imperialismo, como a de Hirsch, o qual não está diretamente ligado ao debate do mercado mundial, mas ocupa posição de destaque no debate da derivação do Estado, conservando sua importância desde os anos 1970 até o panorama hodierno.

3.5.3. Hirsch, teoria materialista do Estado e imperialismo

Joachim Hirsch, como principal expoente do debate da derivação do Estado,[162] desenvolveu suas reflexões desde a década de 1970, resistindo às intempéries e aos obstáculos até a atualidade. A despeito de variações ao longo dos decênios em seu pensamento,[163] o alemão manteve-se fiel à sua trajetória marxista e a seu objeto de pesquisa, construindo um sólido edifício teórico (com as devidas atualizações) que não se vergou ante a ofensiva neoliberal e pós-moderna das últimas décadas. Em uma relação de proximidades e afastamentos, de sístoles e diástoles com as teorias do mercado mundial, especificamente com Braunmühl, com quem dialoga mais estreitamente, Hirsch tece

---

162 Cf. Holloway e Picciotto, 1978; Jessop, 1982; Altvater e Hoffmann, 1990; Clarke, 1991; Carnoy, 1994; Caldas, 2015.
163 Caldas (2015) elenca duas fases ao longo do pensamento de Hirsch. Uma inicial, na qual ele se atém mais à lei do valor, e outra, na qual mescla sua ênfase com o elemento da luta de classes.

os fios de sua argumentação com o enfoque na teoria do Estado, mas não sem pontuar a relevância de pensá-lo em uma coletividade, a do sistema de Estados. A principal lição que retira do debate do mercado mundial, mormente de Braunmühl, é a visão da multiplicidade de Estados como um marco estrutural do capitalismo. Tendo em vista a envergadura teórica de suas elucubrações sobre o viés materialista do Estado, faz-se pertinente a inscrição do autor no rol de interpretações críticas e contemporâneas sobre imperialismo.

Com fulcro na relação entre Estado e capitalismo, Hirsch inovou ao publicar seu artigo seminal *Elemente einer materialistischen Staatstheorie*, em 1973, o qual serviu de base para divulgar suas primeiras concepções sobre o derivacionismo. Presente nas reflexões do Grupo de Frankfurt,[164] o escrito foi o passo pioneiro que guiou décadas de um trabalho ininterrupto sobre o Estado, a política e o capitalismo. Em meio ao destaque hodierno que o tema voltou a receber, Hirsch condensou os pilares de seu raciocínio, desenvolvidos ao longo dos anos, em sua obra magnânima, publicada em 2005, *Materialistische Staatstheorie*, editada em português, em 2010, como *Teoria materialista do Estado*. Não fortuitamente o momento da sistematização de suas ideias coincide com o período de reafirmação teórica do marxismo e de busca por alternativas políticas dentro do espectro crítico.[165] Em um esforço de muito fôlego, delineou as bases e os caminhos para a ampla e plena compreensão do Estado e da política no capitalismo. Dentro de uma esquematização que envolveu os traços fundamentais da teoria materialista, os processos de transformação do sistema de Estados e as conclusões teóricas aliadas às perspectivas políticas, não poderia faltar uma seção que escancarasse o Estado no sistema mundial e o imperialismo. Pelo costurar dos

---

164   Para mais, ver Altvater e Hoffmann (1990).
165   Cf. Hirsch, 2010, p. 293-307. O autor dedicou o posfácio da edição brasileira à discussão sobre o vínculo de seus escritos e as alternativas políticas à onda neoliberal.

capítulos, assim como o fez no decorrer de suas reflexões pelos anos, a necessidade de contextualizar o Estado e o imperialismo no espaço internacional, em uma relação ambivalente de constituidor e constituinte, está inexoravelmente presente.

Dentro das concepções derivacionistas do Estado (inserida na nova leitura de Marx), Hirsch consegue realizar uma interessante síntese teórica.[166] O autor agrega elementos da tradição do marxismo ocidental,[167] como as contribuições específicas de Gramsci, Althusser e Poulantzas,[168] embasando sua visão sobre sociabilidade capitalista e papel das classes sociais. Ao lado, completa sua teoria do Estado com uma teoria da acumulação capitalista e das crises carreada pelos teóricos franceses da regulação econômica, conferindo à particularização do Estado a historicidade capitalista nas crises estruturais sistêmicas (agregando os conceitos de fordismo e pós-fordismo).[169] Quer para acompanhá-los, quer para criticá-los, Hirsch confere uma abordagem ampla que mescla a economia política marxiana e a ênfase à luta de classes para a elaboração de um viés histórico-materialista para a teoria do Estado e da forma política, diferenciando-se dentro do espectro derivacionista.[170]

O autor coloca-se como uma alternativa às abstrações e trivialidades da escola derivacionista, quando entende que a investigação da forma política estatal deve ser extraída para além

---

166 Não obstante a síntese seja respeitada, mas alvo de críticas, como em Holloway (2017).
167 Cf. Hirsch, Kannankulam e Wissel, 2008.
168 Hirsch rechaça abertamente o conceito de autonomia relativa do Estado de Poulantzas por considerá-lo pouco desenvolvido. Ou seja, para ele, Poulantzas não explicaria suficientemente o conceito de autonomia relativa (BONEFELD e HOLLOWAY, 1991). O alemão confere outro sentido, não admitindo em hipótese alguma o Estado como um palco em disputa pelas classes e grupos. Se o alemão se mostra insatisfeito com o conceito de autonomia relativa do Estado esposado por Poulantzas, a noção conceitual do Estado do marxista grego enquanto condensação material de relações de forças lhe é muito útil (MOTTA, 2013).
169 Conceitos que são compartilhados por autores que não se identificam diretamente com o espectro marxista (BONEFELD e HOLLOWAY, 1991).
170 Cf. Altvater e Hoffmann, 1990.

da lei do valor e do capital em geral, mas esse exercício deve abraçar o todo (social, político e nacional) das condições de produção de uma formação social. Em outras palavras, Hirsch combina a crítica marxiana da economia política e a sociologia política da dominação de classe. Em sua visão, todas as sociedades de classes necessitam da relação de força para exercerem a dominação de uma sobre a outra. O que difere os modos históricos de produção do capitalismo é a forma como essa relação se manifesta. No capitalismo as relações de produção e de troca ocorrem revestidas pelos mantos da igualdade e liberdade sem a ameaça ou o uso imediato da coerção. Nesse diapasão, a força requer ser centralizada em um aparato externo que viabilize a produção e a troca. Logo, o Estado particulariza uma forma (aparentemente) independente e neutra (em relação à luta de classes) do poder coercitivo que é fundamental na reprodução capitalista e na dominação burguesa.

Em todo momento enfatiza a não identidade entre política e economia, traço nodal do modo de produção capitalista, e examina as implicações da luta de classe a acumulação capitalista e a legitimidade estatal.[171] Para ele, é fundamental extrapolar as generalidades teóricas do debate da derivação e avançar na historicidade específica e na concretude das lutas sociais do capitalismo. Em outras palavras, nos embates marxistas pela conceituação deficitária em torno da ação, das leis e da estrutura, ele toma o caminho que tece a articulação desses aspectos, cada qual a seu modo de relevância.

Sem desconsiderar as didáticas denominações que lhe foram atribuídas para diferenciá-lo dentro do debate da derivação, como abordagem da reformulação,[172] o que se demonstrará nesta

---

171 Cf. Jessop, 1982.
172 Bonefeld e Holloway (1991) chamam a teoria do Estado agregada a noções de fordismo da escola francesa da regulação de abordagem ou perspectiva ou teoria da reformulação. O termo em português não é o melhor, uma vez que esse substantivo traz uma ideia totalmente discrepante com a radicalidade do pensamento de Hirsch. De qualquer forma, cabe a

pesquisa é o nome que ele próprio confere, teoria materialista do Estado, e o lugar do imperialismo dentro desta matriz conceitual.

Estado e forma política no capitalismo

Seguindo as pegadas de Marx, ele observa que o desenvolvimento da sociedade capitalista não é autopoiético nem pode ser conscientemente dirigido, mas pode ser entendido como o resultado contraditório de ações fundadas e conflitivas de uma multiplicidade de atores. A análise dos processos e crises sociais oriundos dessa dinâmica requer um sistema próprio de categorias. A visão materialista das estruturas e dos processos sociais demanda a elucidação, primordialmente, das formas sociais determinadas, nas quais se manifesta a coesão da sociedade e da relação recíproca entre seus membros.[173] As relações de produção, enfatizadas por Marx, não tocam apenas às questões entre capital e trabalho, caracterizam, todavia, o conjunto da sociedade, a totalidade social, cujos fundamentos se encontram nas condições materiais de produção e reprodução. As formas sociais são manifestações fetichizadas e coisificadas que a relação recíproca entre indivíduos na sociedade assume, expressando-se como independentes à sua vontade e à sua ação, como mercadoria, dinheiro, capital e Estado.[174] É nessa linha que o Estado e o político precisam ser discutidos. O nodal não são as funções que o Estado exerce, mas a forma histórica em que ele se configura e atua. Nessa mirada, para Hirsch (2007a; 2010), o Estado é uma forma histórica, definida e transitória, de relações sociais.

Desse modo, o Estado capitalista configura uma forma específica de Estado, a qual pode ser derivada das relações de produção capitalistas (como defendem os derivacionistas), mas não sem acentuar os processos, lutas e conflitos

---

menção dessa sistematização, que diferencia o autor alemão dos outros expoentes do debate da derivação do Estado, e o coloca ao lado de Bob Jessop (*Modell Deutschland*), como um dos eixos de superação da teoria derivacionista lógica. Para mais, ver Míguez (2010).
173 Cf. Hirsch, 2007a.
174 Cf. Hirsch, 2007a.

históricos que a conformam.¹⁷⁵ Nesse sentido, a despeito de precedências cronológicas, cabe apontar que é o modo de socialização capitalista que confere moldes específicos ao Estado e à forma política. Desse modo, o Estado é, enquanto forma social, insculpido nas práticas materiais concretas da sociabilidade capitalista. As relações sociais capitalistas alicerçam-se na propriedade privada, na divisão do trabalho, na troca mercantil e no trabalho assalariado, ou seja, na valorização do capital apoiada no trabalho assalariado.

A sociabilidade exterioriza-se em formas sociais fetichizadas, que não podem sofrer a interferência direta e consciente dos indivíduos. O Estado capitalista e a forma política são contrapostos ao indivíduo como uma relação coercitiva exterior, uma vez que não se consegue reproduzir as relações capitalistas em um âmbito escancaradamente fragmentado por antagonismos de classe, sob divisão do trabalho e mediação da concorrência. Logo, o exame analítico do Estado deve partir da economia política, da anatomia da sociedade burguesa, ou seja, do modo de produção social específico, da apropriação do produto excedente e das leis de reprodução capitalista.¹⁷⁶

Imbuído desse embasamento teórico materialista do Estado, Hirsch realiza com a ciência política um movimento semelhante ao que Pachukanis fez com o direito, haurindo da forma mercantil a essência da forma política e do Estado, com o auxílio das ferramentas da economia política.¹⁷⁷ A questão norteadora advém do resgate sobre o porquê da forma política do capitalismo se constituir na separação entre Estado e sociedade,

---

175 Cabe ressaltar que no mundo fático se pode afirmar que a independência do Estado enquanto aparelho centralizado de violência ante a sociedade precede o pleno desenvolvimento das relações de produção capitalistas e, ainda, o condiciona. Para mais, ver Hirsch e Kannankulam (2011); Gerstenberg (2010).
176 Cf. Hirsch, 1973.
177 É Mascaro (2013a; 2017) que traça esse paralelo e o expõe em toda sua plenitude e em seus limites.

política e economia.[178] A dominação de uma classe pela outra no capitalismo não é exercida por um aparato das classes dirigentes, diretamente, como outrora,[179] mas pela forma de poder público. Ele não é apenas aparelho de força, mas representa a abstração e generalidade, sobre as quais se calca a comunidade política da sociedade capitalista, como se fosse um ente neutro, fora e acima das lutas de classes. O domínio de classe não assume a forma de um aparelho privado da classe dominante, mas se separa dessa e assume um formato impessoal de poder público, saída da vontade coletiva da sociedade.[180]

Teoria materialista do Estado

Nessa toada, é a teoria materialista do Estado que franqueia as ferramentas para a tarefa de desconstrução e reconstrução que se ligam pelo fio do materialismo histórico e da crítica à economia política de Marx. A forma política não pode ser derivada simplesmente da estrutura econômica (como na compreensão de base e superestrutura). A separação entre economia e política expressa-se em formas sociais específicas que se conformam, mas não se confundem, sendo um impacto do modo de socialização capitalista. Nesse sentido, a clivagem entre economia e política que garante a especificidade do capitalismo é uma forma básica de determinação da relação de causalidade da sociabilidade capitalista.[181] O Estado burguês seria, por conseguinte, uma forma

---

178 Cf. Pachukanis, 2017, p. 143.
179 Ao contrário do escravismo ou do feudalismo, há uma clivagem formal entre as esferas políticas e econômicas. Os detentores do poder econômico não se coincidem necessariamente com aqueles do poder político. Esta noção forja a separação entre âmbitos público e privado. No público é quando se age em nome da coletividade, travando relações do indivíduo com o ente estatal, quando se pratica a política. As estruturas políticas universalizantes o distinguem e o dissociam da sociedade civil. Enquanto que a esfera privada é o local onde residem as contradições entre os interesses econômicos, os quais são defendidos individualmente, por atores livres e iguais, mediante a intermediação estatal. Para mais, ver Hirsch (2007a; 2010); Pachukanis (2017).
180 Cf. Hirsch, 2007a, p. 19.
181 Cf. Hirsch, 2007a.

histórica específica de dominação de classe e não meramente um ente técnico, com funções e competências específicas. Como o aparato estatal não reflete diretamente os interesses burgueses, ele paira em um equilíbrio frágil, não podendo se afastar da classe trabalhadora nem romper com os interesses capitalistas individuais e/ou coletivos. A intervenção do Estado é calcada no processo de reprodução que estruturalmente demanda medidas que não podem ser tomadas pelos capitais individuais. A forma política estatal se constitui no seio das contradições das próprias relações sociais de exploração, orientadas para a acumulação.[182] As formas sociais são, portanto, atravessadas pela luta de classes.

A luta de classes reluz como elemento necessário para o perfazimento das formas sociais, ainda que não seja o cerne estrutural. Isso porque essa luta de classes e grupos está subsumida às formas sociais, não leva à superação do capitalismo, pois se concentram na dinâmica da distribuição. O Estado não é um espaço aberto à investigação nem um espaço aberto a lutas e transformações, é, sim, dotado de autonomia relativa (diferentemente do sentido dado por Poulantzas), devendo ser extraído das categorias fundantes da dinâmica do capital.[183] O Estado deriva-se factualmente das relações sociais capitalistas, ou seja, contraditoriamente, não sendo um elemento lógico, automático, do capital (não há derivação lógica, para Hirsch), nem atende à média de um coletivo ideal, pois não há uma central de inteligência que o oriente, nem uma razão funcionalista guiando a dinâmica político-social. O motor das relações sociais concretas é a acumulação, a qual é garantida materialmente pelo Estado, conformado pela correlação de forças; a luta de classes não pode ser ignorada.[184] A interpretação do Estado deve partir do processo de acumulação de capital; da

---
182 Cf. Hirsch, 2010, p. 32.
183 Cf. Caldas, 2015.
184 Cf. Hirsch, 2010, p. 24.

estrutura em transformação derivam-se as funções do aparelho estatal. Logo, escapando aos enquadramentos economicistas ou politicistas, Hirsch constrói sua argumentação pela interface entre as formas política e econômica.[185]

Compartilhando da perspectiva relacional do Estado de Poulantzas (1978)[186] e adaptando-a, como o faz com o auxílio de Barker (1991), Hirsch conceitua-o como a materialização institucional de uma condensação internacional de relações de classe e de força. O que se evidencia por esse prisma é a expressão que o aparato estatal irradia que abarca não apenas os conflitos e antagonismos estruturais internos, senão fundamentalmente os internacionais. O que se deve ao traço estrutural da forma política do capitalismo, a fragmentação do mercado mundial em múltiplas unidades nacionais, fruto e conformadas pelas lutas de classes, em incessante concorrência. Por meio do aparato estatal se canalizam as pressões competitivas do mercado mundial sobre os processos políticos internos, ao mesmo tempo em que é o próprio Estado que exterioriza interesses de classes, tanto os conflitantes quanto os comuns.[187] Em outras palavras, por estar descolado das classes dominantes, o Estado pode representar parcialmente interesses da burguesia global, como também as demandas da classe trabalhadora, o que ocasiona convergências e divergências específicas. O Estado não reproduz, portanto, apenas as relações de classes e os conflitos internos, mas também os internacionais, exprimindo, a seu modo, uma rede internacional de relações de classe e de força. Essa correlação é alterada por articulações internacionais, como cooperação, blocos, alianças e coalizões, que, frequentemente, minam interesses da classe trabalhadora. "Assim, surge especialmente a possibilidade, no plano dos Estados isolados, da formação de coalizões que transcendam

---

185 Cf. Hirsch, 2007a, p. 21.
186 Motta (2013) colocaria também Bob Jessop como expoente que traduz e desenvolve, ao lado de Hirsch, o pensamento crítico de Poulantzas sobre o Estado.
187 Cf. Hirsch, 2007a.

as classes, com o objetivo de assegurar vantagens concorrenciais comuns no mercado mundial".[188]

Teoria materialista do imperialismo

É a partir da articulação entre luta de classes e da dinâmica de valorização do valor que se pode compreender o imperialismo pelo viés materialista. Diferentemente de momentos anteriores, nas reflexões sobre imperialismo é fundamental desenvolver categorias que franqueiem a compreensão da estrutura e da dinâmica do sistema mundial, sem ficar ancorado em generalizações de contextos históricos específicos. O que não significa dizer que as configurações concretas sejam imutáveis ou invariáveis. Pelo contrário, quaisquer modificações dependem em muito da articulação entre condições internas e internacionais, o que também não é automático, mas calcada em instabilidades estruturais.[189]

É no sentido de buscar reinterpretar o imperialismo que a teoria materialista apresenta suas bases. Seu ponto nodal é que, apesar das descaracterizações e rechaços sobre o papel do Estado, ele constitui-se como o núcleo decisivo das relações de dominação e o eixo dos processos sociais de regulação.[190] A compreensão do imperialismo demanda necessariamente a fundamentação de uma teoria do Estado capitalista (mas também uma teoria econômica da acumulação e de suas crises) porque esse tem um significado decisivo para a organização e a relação das classes, constituindo-se tanto a expressão quanto a base de relações de força sociais historicamente específicas. No pensamento sobre o imperialismo, se trata, sobretudo, de desenvolver categorias que permitam entender a estrutura e a dinâmica do sistema de Estados capitalistas.[191]

---

188 Cf. Hirsch, 2010, p. 72.
189 Cf. Hirsch, 2010.
190 Cf. Hirsch, 2010.
191 O imperialismo é, portanto, o marco estrutural constitutivo do capitalismo, e não caracteriza nem um estágio de seu desenvolvimento específico, nem uma situação histórica

Com efeito, advém a hierarquização entre os quadrantes do mundo. Em outras palavras, a diferenciação entre os espaços é construída e mantida pelas assimetrias materiais, que se manifestam por meio das relações sociais práticas e concretas de poder que articulam a economia, a política, a sociedade e o domínio dos territórios dominantes sobre os dominados. É fundamental considerar que as condições de valorização do capital variam espacialmente e temporalmente.[192] As disputas econômicas e geopolíticas[193] acontecem amalgamadas nas estruturas imperialistas do capitalismo, as quais ganharam formas de expressão distintas ao longo dos anos, dadas pelas relações de força dominantes nos arranjos internos e internacionais. Os autores apontam para a separação entre política e economia, específica do capitalismo, e a consequente particularização do Estado na órbita internacional, como a engrenagem que leva a lógicas distintas de competição, que se inter-relacionam, mas não se confundem.[194]

A reprodução dessa dinâmica deve-se à tendência expansiva inerente ao capital, que escancara sua principal contradição. Embora atrelado a formas políticas nacionais, os capitais não encontram nelas seu limite. Nesse diapasão, o imperialismo não é um simples fenômeno econômico, mas expressão da complexa forma política do capitalismo. Quando destrincha a definição de imperialismo, Hirsch aproxima-se de Braunmühl (e desdobra suas ideias) ao enfatizar os dois elementos nodais:

---

particular sua. O conceito não pode ser aplicado para descrever uma situação histórica singular, mas ele compreende um processo complexo e contraditório de valorização de capital e de luta de classes, que não pode ser entendido sem as suas características relações de forças político-sociais, tanto a nível de cada Estado, como a nível internacional (HIRSCH, 2010, p. 218).
192 Cf. Hirsch e Kannankulam, 2011.
193 Nesse momento, verifica-se a aproximação do autor com as ideias expostas de Harvey (2005) e Callinicos (2009) sobre a dualidade da competição capitalista, a despeito das bases teóricas distintas.
194 Cf. Hirsch e Kannankulam, 2011.

a dinâmica de acumulação de capital, essencialmente portadora de crises, e a fragmentação do mercado mundial em diversas unidades singulares. A relação entre os dois vetores é umbilical.

Dinâmica de acumulação: portadora de crises

Em relação ao primeiro aspecto, é fundamental ressaltar que a essencial tendência expansiva do capital leva o modo de produção ao espraiamento pelo mapa-múndi. A acumulação de capital ocorre, assim, em escala ampliada, em meio aos efeitos da concorrência e da lei à tendência da queda da taxa de lucros, defrontando-se com os limites do subconsumo ou superprodução. Por isso, é portadora de crises. Para evitar a tendência da queda da taxa de lucros, em concorrência, os capitais são levados a transformar o mais-valor apropriado novamente em capital, fomentando o desenvolvimento de novas estratégias de valorização do valor.[195] Esse processo não se desenrola mecanicamente nem linearmente, mas é catapultado pela dinâmica da crise capitalista, que envolve mudanças das condições técnicas e sociais de produção, impulsionadas por lutas econômicas e políticas, ao mesmo tempo em o processo expansionista é enfestado também por contratendências.

Nesse sentido, o espraiamento dos capitais pode ser dar em duas direções. Internamente pela via da inovação tecnológica do processo de produção em direção à racionalização, assim como pela inclusão de espaços de produção não capitalistas (agrário e artesanal) no processo de valorização do capital (mercantilização das relações internas). Esse movimento intestino demanda circunstâncias internas que viabilizem as mudanças na correlação de forças sociais. O ciclo fordista é o melhor exemplo dessa hipótese,

---

195 Hirsch (2010) elenca quatro possíveis estratégias: a exportação de capitais em espaços não capitalistas; destruição de capital, por meio da desvalorização cambial subvencionada pelo Estado; redução de salário; e transformação técnica dos processos produtivos que leva à exploração das novas reservas de produção.

permitindo que as relações capitalistas se esparramassem por todas as searas dos modelos nacionais de bem-estar social. Sem que lhe seja excludente, mas, sim, sendo complementar, vem a expansão externa, que é a nitidamente verificável na trajetória internacional. Ocorre pela via da exportação de capitais, exploração da mão de obra barata e pilhagem dos recursos naturais e matérias primas. Por ser explicitamente mais violenta, requer o poderio militar ativo. A expansão externa manifesta-se em dois caminhos. O formal, pela submissão militar direta, típica do da viragem do século XX; e o informal, que se expressa pela pressão política, econômica e militar indireta por áreas de influência e abertura de corredores para a expansão dos capitais estrangeiros, como se identificou no mundo após a Segunda Guerra Mundial em diante. Cabe notar que essas classificações não são excludentes, mas se condicionam reciprocamente, podendo ser complementares ou simultâneas. Historicamente, as diferentes formas de expansão atrelam-se a ligações sempre novas e variáveis.[196] Frequentemente, o imperialismo é entendido somente como a expansão externa e formal. O que não corresponde nem à realidade nem à sua complexidade. Qual forma de expansão de capital irá prevalecer dependerá determinantemente do arranjo entre as relações de força internas e internacionais.[197]

Organização política do sistema de Estados

No tocante ao segundo aspecto, cumpre içar a organização política específica do capitalismo no plano internacional. O Estado adquire sua conotação no capitalismo, como instância

---

196   O arco de formas de violência e intervenção é extenso. Vai desde conquistas territoriais diretas até golpes de Estado, comandados por setores civil-militares ou pela via civil-política, como o judicial-parlamentar-mediático, que atravessa a sociedade brasileira. Atualmente, precisamente a partir do pós-Guerra Fria, passou-se a verificar também a existência de figuras como a intervenção militar humanitária, uma nova forma de aplicação da força, que, por trás de finalidades pretensamente nobres, esconde a impactante mudança de regime político nos países destinatários das incursões estrangeiras.
197   Cf. Hirsch, 2007c.

formalmente apartada da sociedade, internamente. No âmbito mundial, a organização política constitui-se na pluralidade de Estados nacionais. Em outras palavras, não há um comando único, mas um universo de unidades políticas apartadas que interagem em uma lógica própria, produzindo a clivagem entre política e economia, inerente ao capitalismo. Nessa lógica, o Estado-nação, dotado de relativa autonomia, não é um instrumento direto do capital.[198]

Ele apresenta-se como elemento incontornável das relações capitalistas de produção, uma vez que à forma política capitalista pertencem a pluralidade de Estados e sua consequente organização política coletiva. O sistema de Estados, por sua vez, reflete as relações capitalistas de classe e de concorrência, ou seja, Hirsch enfatiza o aspecto dual, econômico e político que pauta as relações internacionais, a política dos Estados e a política dos capitais.[199]

Dessa organização política internacional decorrem suas consequências cardiais.

Em primeiro lugar, o capital não opera em um âmbito socioeconomicamente homogêneo, mas em meio a unidades políticas diferentemente organizadas, no tocante à estrutura produtiva e relações de classe. A existência de um sistema de Estados nacionais é uma característica inerente do desenvolvimento espaço-temporal desigual do capitalismo. "O desenvolvimento socioeconômico desigual é uma condição essencial para a formação de 'cadeias de geração de valor' rentáveis para além das fronteiras nacionais, e ampara a correlacionada estabilidade do lucro do capital".[200] Essa assimetria imanente é viabilizada e desenvolvida pela expansão permanente, criando, por conseguinte, as condições de uma cadeia de valor lucrativa, que extrapola

---
198 Cf. Hirsch, 2010, p. 215.
199 Cf. Hirsch, 2010, p. 70-71.
200 Cf. Hirsch, 2010, p. 216.

as fronteiras nacionais, constituindo-se como um importante elemento de contratendência à queda da taxa de lucros.

Não se pode olvidar que cada aparato estatal é constituído e, ao mesmo tempo, intermedia um amálgama de classes que se dividem entre exploradoras e exploradas. A emergência da nação reluz em meio de relações econômicas já assentadas e nelas interfere diretamente. O capitalismo não se basta nas fronteiras demarcadas. Com isso, o Estado agrega não apenas as relações sociais concretas de exploração interna, nas quais pode favorecer interesses de frações distintas da burguesia ou, mesmo, da classe trabalhadora, como também se desdobra na interface imediata, de choque ou harmonia, da articulação interna com os capitais, classes e grupos sociais estrangeiros.[201] A fragmentação política do mercado mundial em Estados individualizados permite aos capitais circulantes de beneficiar-se da concorrência dos locais de investimentos.[202]

Em segundo lugar, os Estados em princípio são obrigados a operar em favor da reprodução e do interesse dos capitais estrangeiros que neles investem. A dimensão que essa atuação estatal ocorrerá dependerá muito da correlação de classes dentro do espaço nacional. Por isso, pode-se falar que nenhum Estado é totalmente independente e soberano. Concomitantemente, o capital não fica adstrito à esfera nacional, tendendo sempre a superá-la. Em virtude disso, emerge a contradição elementar do capitalismo entre o movimento de capitais e a organização política em unidades nacionais fragmentadas. O que causa a

---

201 Cf. Hirsch, 2010, p. 72. Para o autor, as coalizões e alianças entre Estados transcendem frequentemente os interesses de classes nessa dinâmica.
202 A fragmentação política do mercado mundial em Estados particulares possibilita a criação de diferentes condições de produção e acesso ao mercado para mercadorias, capital e força de trabalho. Isso permite que o capital móvel, atravessando as fronteiras estatais, possa operar no interior de espaços econômicos delimitados politicamente, e paralelamente colocá-los em disputa. Dito de forma simples: beneficiar-se da concorrência entre os locais de investimento. O processo global de acumulação está apoiado na existência de diferentes espaços políticos (HIRSCH, 2010, p. 74).

dinâmica dúbia entre a representação de interesses capitalistas específicos pelo Estado na concorrência internacional e, simultaneamente, a ação desses capitais no âmbito internacional em conflito com os interesses nacionais. Qual fração capitalista será beneficiada e como se dará a internacionalização serão indagações respondidas em cada caso concreto, conforme a correlação interna e internacional de forças. Em verdade, é preciso pontuar que não se trata de uma relação excludente entre Estado e capital. O poder dos capitais na unidade real do mercado mundial instaura-se com e contra a forma estatal isolada. "Mas esse poder do capital por sobre os Estados se faz, necessariamente também, passando pelos Estados".[203]

A ascensão das empresas multinacionais e a processo de aceleração da internacionalização das relações de produção que caracterizam o capitalismo pós-fordista não são sinais de arrefecimento do Estado, mas, ao contrário, fortalecem as relações capitalistas, das quais o aparato estatal é parte, asseverando as contradições do modo de produção.[204] Por isto, a relação é antagônica e contraditória, visto que os capitais pressionam por menos intervenção restritiva de sua atuação, o que atinge a capacidade estatal de direcionar a economia, e, ao mesmo tempo, reclamam por proteção, quando em crise ou com o lucro ameaçado. "As empresas multinacionais necessitam dos Estados – e não só para a garantia militar de sua política –, como base de sua expansão, estando, contudo, em oposição e em conflito com eles".[205]

Considerações finais

Em suma, a inerente tendência expansiva do capital é um fato que possui um significado basilar e geral para o modo de produção capitalista. Como que ela se manifesta historicamente e

---
203 Cf. Hirsch, 2010, p. 107.
204 Cf. Hirsch, 2010, p. 180.
205 Cf. Hirsch, 2010, p. 75.

concretamente estará vinculado às relações de classes condensadas nos Estados nacionais e nas relações internacionais de poder. A tendência imperialista do capital desdobra-se em expressões muito distintas. A atual é a remodelagem estatal pós-fordista, pela via da internacionalização do Estado.[206] Em franca contestação aos alvissareiros sopros da globalização, Hirsch entende que esse fenômeno não ocorre por cima ou contra os Estados, mas por meio deles, os quais se revelam vetores privilegiados do imperialismo contemporâneo, muitas vezes apoiado na força militar e política dos Estados, acirrando as rivalidades interestatais e levando a conflitos, em novos moldes, bem distintos daqueles de outrora. Além dos Estados nacionais singulares, que continuam sendo essenciais para a organização das relações de classe, emergiriam outros pontos de apoio substanciais para o capital internacional, como as organizações internacionais e as articulações regionais, dadas em blocos de diferentes geometrias, concretizando-se em formas institucionais.[207] As rivalidades não desapareceram, assumiram, todavia, outras configurações, tendo em vista a face hodierna do imperialismo, informal, sob hegemonia estadunidense.

Ao longo da trajetória do sistema capitalista, Hirsch verificou três momentos em que a face do capitalismo, e consequentemente do imperialismo, foi alterada.[208] A primeira irá da grande depressão da década de 1870 até o final da Segunda Guerra Mundial, em 1945, de domínio expansivo e violento de capitais e territórios por meio de guerras. A segunda, ainda impactada pela debacle dos anos 1930, abarca o pós-guerra até o decênio de 1970, assentada sob o modelo de bem-estar social e a Guerra Fria. A terceira, por fim, pode ser dimensionada dessa

---

206 Cf. Hirsch, 1986; 1988; 1995; 1998; 2001; 2002; 2010; Hirsch e Kannankulam, 2010.
207 O maior exemplo é, indubitavelmente, a União Europeia, que é, ao mesmo tempo, um bloco regional de integração econômica e uma organização internacional. Para mais, ver Osorio (2015).
208 Cf. Hirsch e Roth, 1986.

ruptura até os tempos cotidianos, configurados em bases pós-fordistas, que ensejaram uma intensificação da internacionalização das relações de produção, remodelando o papel estatal.

Desse modo, cabe enfatizar que o imperialismo não se apresenta como um mero desdobramento econômico, mas é a materialização da complexa forma político-econômica do capitalismo. Essa dinâmica estrutura-se em torno da acumulação capitalista (que se manifesta em formas variadas e, por vezes, entrelaçadas, essencialmente portadora de crises) e da organização política em torno de múltiplos Estados singulares (configuração que fomenta a reprodução e existência das relações capitalistas e assevera suas contradições). Esse arranjo ganha contornos distintos, conforme a correlação de forças e de classes[209] que se apresenta no cenário internacional, pautando as grandes transformações internacionais.

Por fim, ante o pensamento de Hirsch, cumpre ressaltar a centralidade de sua contribuição, a qual pavimentou caminhos para a plena compreensão da forma política capitalista e, por consequência, do imperialismo, inspirando autores e reflexões, reacendendo a necessidade do debate do Estado, da política e das relações internacionais no capitalismo pelo viés materialista.

3.5.4. Mascaro, forma política e imperialismo

Afinado com as linhas-mestras da nova leitura de Marx, Alysson Mascaro traz tonalidades ímpares ao estudo sistemático das ciências sociais e humanas. Ao traçar a radiografia marxista do Estado no capitalismo,[210] ele interlaça as formas política e jurídica, destacando cada qual dentro de suas singularidades e de suas correspondências (e de suas equivalências à forma mercantil na toada de Pachukanis). Na empreitada de interpretação ampla

---

209 É nesse momento que as influências de Gramsci e de Poulantzas, junto com a conceituação de hegemonia que deles também extrai, ficam mais nítidas em Hirsch.
210 Para mais, ver Pereira e Ekert (2016).

e plena do fenômeno político estatal, o autor dedica ênfase específica às relações internacionais. Em artigos mais recentes,[211] mas, principalmente, em um dos capítulos de sua obra de maior envergadura, o livro *Estado e forma política*, de 2013, o autor busca elucidar a complexidade e dissipar as brumas que envolvem a relação entre Estado, capitalismo e imperialismo. No esteio de sua profunda e completa anatomia do Estado, da forma política e da forma jurídica, como não poderia deixar de ser, dentro de sua visão materialista do Estado e do direito, o intelectual brasileiro denota merecida relevância à pluralidade de Estados no sistema internacional para a compreensão do capitalismo. Nesse enfoque, discute o sistema de Estados no capitalismo, primeiramente, e, posteriormente, especifica o imperialismo e a forma política, edificando os pilares de sua reflexão.

Munido de sistemática visão histórica, o autor acompanha as pistas legadas pelos cânones materialistas, como Braunmühl e Hirsch, ao apontar que a forma política capitalista, baseada no Estado-nação, surge historicamente em coletivo, como um sistema de Estados. Em outras palavras, o pleno entendimento do Estado só pode ser capturado se levar em conta sua relação com o exterior. Em função do movimento do capitalismo no cenário internacional, as nações estrangeiras estruturam-se em formas similares. Se o capital é impreterivelmente internacional, o Estado também o é, logo, apresenta-se em multiplicidade, forjando um sistema de regras e comportamentos minimamente comuns. "O fato de que o capital se estabelece em relações de produção que se esparramam em um espaço necessariamente maior do que o de uma unidade de um Estado específico engendrou a constituição de tal forma política num coletivo de Estados".[212] Na experiência histórica, os Estados constituem-se como tal paralelamente, ou seja, a forma política estabelece-se

---
211 Cf. Mascaro, 2015; 2016.
212 Cf. Mascaro, 2013a, p. 95.

no plano nacional, ao mesmo tempo em que se molda na cena internacional, influenciando e sendo influenciada. A proximidade e simetria temporais que tomam os Estados europeus em sua formação devem-se ao espraiamento das relações sociais capitalistas, que varreram os quadrantes do mundo após a Revolução Industrial.

Multiplicidade estatal, concorrência, nação e valorização do valor

Na explicação de Mascaro, a multiplicidade de Estados não basta para explicar a dinâmica internacional. É nodal ter em mente que a rede coletiva de entes individualizados e apartados por fronteiras políticas e jurídicas. Esse amálgama não leva e nem pode levar à consequente uniformização em um Estado mundial que seja o mais abrangente possível. Antes, há que se observar a contingência factual das sociedades, que se alia à estratégia do capital, a qual por si só não é suficiente para construir essa lógica, para anelar um cenário de integração que se caracteriza por competição, concorrência, apoio e estabilização recíproca. A competição entre unidades territoriais não é exclusiva do capitalismo. Pluralidade e concorrências, aspectos elementares da teia atual, são verificáveis em outros momentos históricos. É no capitalismo, entretanto, que essa arquitetura é potencializada a ponto de espraiar-se por todos os continentes do globo, tornando-se elemento central da sociabilidade mundial.[213]

A exponenciação da lógica exploratória do capitalismo nesse ambiente revela a centralidade capitalista da pluralidade de Estados nacionais, o que permite que eles compitam entre si, estabelecendo uma específica junção de classes e interesses dentro de cada unidade territorial, elevando o grau de enquadramento interno face às variáveis exteriores. A forma política internacional

---
213 Cf. Mascaro, 2013a, p. 96.

apresenta-se necessariamente na pluralidade estatal e concorrencial, visto que, somente diante dessa configuração, é possível garantir plenamente os mecanismos de reprodução do capital e, concomitantemente, estabelecer unidade estrutural e ideológica ao acoplamento entre a exploração da força de trabalho e o interesse do capital nacional.[214] "Assim, a competição entre Estados enfraquece, necessariamente, a luta de classes interna de cada país".[215] Por meio de artifícios homogeneizantes como a veste de nação, nas relações com a arena internacional, as divisões e lutas de classe são sobrepostas por arranjos que lhe são aparentemente externos. Aqui reside o perigo da duplicação do Estado em nação, o que é estimulado por meio de símbolos e discursos nacionais, colocando elementos de classes sociais distintas dentro do mesmo balaio. Como são os capitais que determinam a toada do ritmo internacional, é nesse amálgama de classes em escudo nacional que se impõem enquadramentos e submissões aos explorados do capitalismo.[216]

O efeito ideológico, por sua vez, passa despercebido na sociedade como um todo, incluindo a maioria dos estudiosos de Relações Internacionais. Esse fenômeno é devido à duplicação ideológica do Estado em nação. Antes de proletário ou burguês, o indivíduo é um nacional. Em um ambiente competitivo, cimenta-se ainda mais o sentimento de união, sobretudo ante a ameaça externa. Logo, o estrangeiro precisa ser combatido e isso requer engajamento pessoal de oposição, sendo que todos compartilham perdas e conquistas. É nessa forja ideológica que consiste a desarticulação das classes trabalhadoras via esfera internacional. Os trabalhadores de diferentes nações são colocados em contraposição,

---

214 Mascaro (2013a) não se limita a denunciar a dinâmica de influência da concorrência internacional em oposição aos ganhos das classes trabalhadoras, mas cita exemplos concretos. A discussão tributária é o melhor dístico dessa lógica, assim como também o é a trabalhista, frequentemente mencionada como responsável pelo custo de produção do país.
215 Cf. Mascaro, 2013a, p. 97.
216 Cf. Mascaro, 2013a, p. 79.

mas são, em relação à burguesia que os explora, amalgamados em um sentimento de pertença e de comunidade sob o mesmo signo patriótico, o que não se coaduna com realidade concreta.

Em virtude disso, a organização política internacional em unidades políticas singulares e concorrentes é nuclear para a reprodução capitalista. Como o panorama internacional é dinâmico e contém elementos que não são estritamente econômicos, por diversas razões Estados podem ser fundados ou extintos. O fato é que um Estado único de abrangência universal é incompatível com as relações de produção capitalistas, logo, inviável, visto que minaria as vantagens e os ganhos da competição, socavando os mecanismos de valorização do valor.[217]

As lutas de valorização do valor, de troca, por óbvio, permitem aos capitais lucros ainda maiores, os quais sem o auxílio das questões externas não seriam admitidos em meio à correlação de forças internas. É com fulcro nessa dinâmica que os capitais constantemente forçam transformações no sistema internacional, as quais não são automáticas, mas dependem também de uma dinâmica própria que se materializa nas relações de classe e de exploração que se condicionam reciprocamente.[218] Uma vez que os Estados também não se desenvolvem na mesma proporção, mas, assimetricamente, a busca por menos obstáculos ao processo de valorização capitalista não ocorre sem que haja fortes tensões e resistências. Por isso, as coalizões em torno de tratados de liberalização de comércio e investimento, a formação de blocos

---

217 Os Estados se apresentam como unidades competitivas entre si, clamando por reiterados sacrifícios das classes trabalhadoras internas a fim de dar condições de competitividade do capital nacional em relação ao capital mundial. Neste sentido, é improvável a existência de um Estado mundial global, sob o risco de o capital e a política perderem as vantagens e os ganhos da competição entre Estados plurais. As condições da concorrência capitalista necessitam de unidades políticas distintas em benefício das lutas pela valorização do valor (MASCARO, 2013, p. 97).
218 A diferença no preço da mão de obra, por exemplo, entre periferia e metrópole apenas pode existir duradouramente porque o sistema internacional está organizado em Estados separados.

econômicos e mercados comuns e a consolidação de instituições multilaterais travam-se permeadas por discussões e polêmicas internas e internacionais, haja vista que se voltam frequentemente para a majoração das explorações internas e o bloqueio ao processo de unificação das classes trabalhadoras pelo mundo. Assim, o autor adverte para os efeitos deletérios da fragmentação e da concorrência no cenário internacional.[219]

Forma política e forma jurídica internacional

As articulações, coalizões, arranjos, privilégios, violência e guerras ocorrem por meio de regras e referenciais diplomáticos comuns. Os Estados travam relações no plano legal, como se fossem iguais ou mesmo equiparáveis do ponto de vista formal. Uma vez reconhecidos enquanto tal, os Estados-nação portam uma subjetividade jurídica indistinta, igual e universal, ou seja, são dotados de soberania, cujas principais implicações são a liberdade e a igualdade para celebrar tratados e atos no direito internacional.[220] "É na igualdade formal dos Estados que opera sua desigualdade concreta".[221] Em outras palavras, a assimetria material, travestida pelas formas do direito, manifesta-se tanto na seara política quanto na econômica. Assim, como acontece nas formas sociais capitalistas, o campo político também é clivado do econômico, como é inerente ao capitalismo, embora estejam acopladas em muitas ocasiões. A forma política internacional não é estatal, no sentido da condensação formal e técnica em um aparato superior, mas é plural (de uma coletividade estatal) e concorrencial.

Por mais que um Estado muitas vezes siga a política determinada por uma classe ou por um grupo de interesses rumo à

---

219 Cf. Mascaro, 2013a, p. 98.
220 Para uma visão crítica do direito internacional ver Pachukanis (1980 [1925]); Miéville (2006).
221 Cf. Mascaro, 2013a, p. 99.

valorização do valor, não há que se falar em coincidência entre Estado e capital. Ao contrário, há uma engrenagem múltipla que manifesta uma dinâmica própria, permeada por contradições, uma vez que a forma política é terceira a indivíduos, grupos ou classes. Logo, se verificam dois vetores que se entrelaçam e se articulam constantemente, a política dos capitais e a política dos Estados.[222]

Neste ambiente de materialidades distintas e elevados antagonismos sociais, o Estado tem na dinâmica de reprodução do capital o seu elemento constituinte fundamental. Por isso, a dinâmica internacional é central em sua estrutura, visto que garante um trunfo em meio à correlação de forças internas. Logo, a acumulação internacional cria uma cadeia que beneficia o próprio aparato estatal, fazendo com que o favorecimento que confere aos capitais nacionais internacionalmente esteja vinculado à sua própria estrutura. Assim, a política dos capitais passa pela intermediação dos Estados, quando esses interferem juridicamente, politicamente, economicamente e militarmente na luta de classes. As unidades estatais não têm, contudo, um único objetivo, a reprodução do capital. Os Estados são constituídos pela sociabilidade capitalista, mas vão além. Vinculam-se a classes, grupos, nações, povos, crenças, valores e interesses estratégicos que não se confundem e, frequentemente, estão em oposição à lógica capitalista, sendo reflexos das contradições existentes nos tecidos sociais inerentes a cada espaço territorial.

Em torno desse panorama dual estrutura-se a forma política internacional. O capital não se espraia à margem ou contra os Estados, mas por meio deles, em um acoplamento variado e contraditório que impulsiona as relações exploratórias de dominação e dependência. Mediante o desenvolvimento desigual próprio da dinâmica capitalista, que quase nunca ocorre

---

222 Cf. Mascaro, 2013a, p. 100. Na linha da compreensão mais avançada sobre imperialismo, a qual é compactada por Hirsch (2007a; 2007c; 2010), Harvey (2005) e Callinicos (2009).

somente pela política dos capitais ou pela política dos Estados, mas conjugado na interface dos vetores, hierarquizam-se material, política e socialmente os Estados. "Tomado em sentido lato, o imperialismo consiste na hierarquização dos espaços políticos e econômicos mundiais".[223]

Imperialismo e forma política

O imperialismo, nessa perspectiva, é um movimento político e econômico que impõe poder e submissão, ordenando os espaços internacionais. O imperialismo caracteriza-se pela posição distinta do Estado e do capital em múltiplos territórios, envolvendo violência e exploração, em um processo construído e marcado historicamente "(...) por meio das relações sociais práticas e concretas de poder que articulam a economia, a política, a sociedade e a hegemonia tanto dos espaços dominantes quanto dos espaços dominados".[224] Portanto, o imperialismo seria um processo relacional, concreto socialmente e, eventualmente, podendo ser fundado em categorias normativas políticas ou jurídicas.[225]

A imposição da violência e a subjugação de povos são práticas que podem ser identificadas desde priscas eras. No capitalismo, o imperialismo funda-se na articulação entre dois ou mais Estados, que se relacionam em um processo de domínio e subordinação via formas políticas similares, que se moldou pelo caminhar da história. O imperialismo está na gênese do próprio capital, cujo surgimento floresceu pelas vias interna e externa. Se internamente, a acumulação primitiva impunha a separação dos trabalhadores em relação aos meios de produção; externamente, a acumulação de capitais foi mediada pela conquista de

---

223 Cf. Mascaro, 2013a, p. 101.
224 Cf. Mascaro, 2013a, p. 101.
225 São os casos de tratados manifestamente desiguais, como aqueles do século XIX, ou mesmo da composição formal assimétrica do Conselho de Segurança da ONU, em relação aos países permanentes detentores do poder de veto, criada no século XX que atravessa o XXI. Para mais, ver Osorio (2014).

territórios e pela espoliação de riquezas, bem como da mão de obra cativa, engendrando as distinções políticas e econômicas entre os países.

Diferentemente do que pensavam os autores pioneiros, a hierarquização política no plano mundial não é exclusividade de um período histórico específico, como uma fase ou, mesmo, uma política de Estado em meio às relações capitalistas. Há que se ressaltar que todas as fases do desenvolvimento capitalista foram e são imperialistas. Da exploração capitalista de sociedades pré-capitalistas, em que não havia correspondência de formas entre os envolvidos, que caracterizou o colonialismo,[226] chegou-se à dinâmica exploratória entre formações sociais capitalistas, em subjugação de dominantes sobre dominados, a despeito e com fulcro na autonomia formal. Desde a colonização das Américas, passando pela ocupação da África e da Ásia, até as situações de constante beligerância no grande Oriente Médio, todas foram deflagradas ou apoiadas pelas grandes potências imperialistas em busca de incrementar mecanismos que garantissem vantagens comparativas na concorrência, como mercados consumidores, locais de investimento, mão de obra barata e recursos naturais abundantes. O sistema internacional é forjado em um arco de explorações e hierarquizações territoriais.[227]

A desigualdade exterior é uma das bases materiais da forma política estatal, que se instaura na sobreposição de uns sobre os outros, não sendo um processo plenamente capitalista, mas essencialmente. A política dos capitais e dos Estados dominantes impõe-se mesmo sobre a igualdade e a liberdade jurídica, bem

---

[226] Para Mascaro (2013a), há que se enfatizar a diferença entre o colonialismo e o imperialismo. As colônias são territórios subordinados diretamente, no plano político e jurídico, às metrópoles. Um Estado conquista diretamente porções territoriais alheias. Não há correspondência das formas políticas entre exploradores e explorados. No imperialismo, a relação de exploração e subordinação opera entre entes estatais por marcos jurídicos e políticos equivalentes.
[227] Cf. Mascaro, 2013a.

como sobre a soberania política dos dominados. É por meio dos marcos da política e do direito que o imperialismo capitalista se manifesta. Esse universo não é, todavia, binário, não há bem ou mal, mas uma ampla gama de acordos, alianças, explorações e políticas formais e informais que se sucedem e variam conforme o sabor do momento e da correlação de forças envolvidas. Se o processo do imperialismo é capitalista em seu centro dinâmico, não necessariamente o é em suas periferias. A partir de um motor político-econômico capitalista de um Estado já estabelecido, as dominações se impõem em espaços territoriais já capitalistas ou então em regiões com outros modos de produção ou formação social. Historicamente, o imperialismo capitalista explorou sociedades primitivas, servis e escravas. Nessa dinâmica, as sociedades exploradas são penetradas pelas formas do próprio capitalismo, que até então desconheciam ou albergavam um circuito parcial.[228]

Na trajetória do arranjo internacional, Mascaro identifica três fases do imperialismo. A primeira, do final do século XIX à metade do século XX, com um domínio expansivo e violento dos capitais e dos Estados por meio de guerras, o que eclodiu em dois conflitos mundiais. A segunda, do pós-Segunda Guerra, assentada em bases políticas e econômicas fordistas. A terceira, pós-fordista, desde a década de 1970, que se apresenta sob roupagem neoliberal, fragilizando as condições sociais internas e gerando novos e específicos conflitos, demandas e lutas.[229]

Esse panorama atual insculpe-se em meio às fraturas do capitalismo pós-fordista, na onda de desconstituição do cenário de bem-estar social e de reagrupamento dos grupos políticos e frações burguesas em torno de projetos e linhas de força marcadamente neoliberais tanto no centro quanto na periferia do

---

228 Cf. Mascaro, 2013a, p. 103.
229 Dentro desse novel panorama estão, por exemplo, o papel policial-militar que assumem os Estados Unidos, em sua supremacia militar, e o terrorismo, como violência arquetípica dos tempos pós-fordistas, que não ambiciona mudanças estruturais e se arroga em uma função precária e controversa de resistência anti-imperialista e de libertação nacional.

capitalismo, notadamente na América Latina, que atravessa o refluxo das conquistas sociais do início do século.[230] Mascaro nota que, por meio do direito, os golpes e opressões são engendrados. Como direito e Estado estão arraigados nas relações sociais capitalistas, a legalidade e a política estão submetidas à dinâmica da acumulação nacional e internacional. As determinações materiais e econômicas constituem as balizas das condições institucionais da política e do direito. Por mais que seja reconhecido juridicamente, a autonomia dos Estados ditos soberanos é comprovada conforme sua força econômica (o que também pode ser medido pelo aparato militar). A atuação dos Estados Unidos no cenário internacional confere a medida da legalidade.[231]

Se o visível internacionalmente são as instituições e as regras, em um panorama de inéditos níveis de desenvolvimento organicista e normativo, o oculto é a geopolítica dos capitais e dos Estados que operam em uma rede articulada e hierarquizada política e economicamente. Nas palavras do autor, se a forma política e a forma jurídica são derivações, de primeiro grau, da forma mercantil (núcleo da sociabilidade capitalista), a norma jurídica (internacional) advém da derivação de segundo grau, que chama de conformação (contorno), que se dá entre as formas política e jurídica. Logo, a norma jurídica, que pauta as regras e as instituições internacionais, deve ser lida pela confluência de dois fenômenos sociais, sendo uma manifestação muito mais política do que baseada na tecnicidade jurídica. É com fulcro nesse deslocamento da relação entre norma e Estado que Mascaro escancara os elementos estruturais da sociedade,

---

230 Cf. Mascaro, 2015; 2016.
231 Os Estados Unidos sustentam o juspositivismo para o comezinho e, para além disso, também alimentam um vasto grau de não juspositivismo para ações políticas e econômicas ilegais, como escutas telefônicas, artimanhas de inteligência e mesmo guerras não respaldadas pelo direito internacional. Quanto mais importante o peso capitalista do país, mais práticas não juspositivistas avultam como o mecanismo necessário para a acumulação, a concorrência e o empoderamento (MASCARO, 2015, p. 81).

fugindo às armadilhas da abstração jurídica. É nessa chave que a configuração internacional precisa ser lida.

Considerações finais

Para o jurista e filósofo, o poder mais internacionalizado do capital não demonstra uma dinâmica contra os Estados, explicitando o império do capital internacional, como previram Hardt e Negri (2001), mas, sim, dos Estados, revelando-se como instrumento privilegiado, pelo qual opera o imperialismo contemporâneo. A materialidade da exploração econômica se faz permeada ainda pelas condições estruturais de sociabilidade do capital, insculpidas pela forma jurídica e pela forma política estatal. Desse modo, Mascaro, alicerçado nos pilares materialistas, ao escancarar as agruras do sistema capitalista dos Estados, pela exposição da forma política estatal no capitalismo, franqueia saídas para uma compreensão que consiga captar os meandros recônditos do direito e do Estado no mundo atual, bem como denotando o peso do imperialismo, como elemento estrutural do sistema de Estados no capitalismo.

Não obstante toda a contribuição dada por Mascaro à forma jurídica e à forma política, aquela que aprofundará as reflexões de Pachukanis acerca da relação específica entre imperialismo e direito internacional é Miéville.

3.5.5. Miéville, imperialismo e direito internacional

China Miéville apresenta sua visão crítica sobre o direito internacional, inaugurando novos patamares dentro do pensamento internacionalista. Fundado na originalidade e na genialidade das reflexões de Pachukanis para o direito e o Estado, o autor vai além de seu mestre, esgarçando os limites da doutrina tradicional e navegando por águas pouco conhecidas ao atrelar a forma jurídica à forma mercantil, o elemento nuclear do capitalismo. Toma a equivalência das formas para desnudar o real caráter por trás das abstrações que circundam a subjetividade jurídica. Ao ressaltar as entranhas da relação jurídica, ele aponta a violência contida na norma legal e inerente de seu caráter.

Nesse horizonte que se descortina, é pouco usual ou, mesmo, improvável que a discussão do imperialismo tome o rumo do direito. É, por esta trilha truncada, que Miéville caminha para a reflexão mais completa e fundante de uma crítica marxista do direito internacional.[232] Alicerçado na teoria da forma mercantil de Pachukanis, o britânico desenvolve, fundamentalmente, mas não exclusivamente, sua argumentação no livro que coroou seus estudos revisados de doutoramento, *Between equal rights*, publicado pela primeira vez em 2005; obra mais impactante, responsável por redimensionar as balizas teóricas acerca da seara jurídica internacional.

Suas reflexões foram motivadas pela proeminência e consequente expansão que o direito internacional obteve no pós--Guerra Fria,[233] despertando o que chama ironicamente de um interesse geral sobre a matéria.[234] O inédito desenvolvimento normativo e institucional galgado foi acompanhado do contraditório aumento de guerras e conflitos pelo mundo,[235]

---

232 Assim como Pachukanis (1980), Miéville trata como direito internacional o que se convencionou chamar de direito internacional público. Visão que é compartilhada nessa pesquisa. O direito internacional privado, que, em verdade, é o direito interno dos Estados que dispõe sobre as relações específicas com elementos estrangeiros nada mais é do que uma extensão extraterritorial do direito privado.

233 De regras sobre guerras, sobre navegação e fronteiras, e sobre questões técnicas específicas de comunicação, a matéria legal passou a abarcar os assuntos mais sensíveis e complexos da esfera mundial, acobertando desde meio ambiente, passando pela ampla gama dos direitos humanos, até aspectos tecnológicos mais sofisticados, como o lançamento de satélites.

234 Referência às matérias jornalísticas publicadas por especialistas do direito internacional no jornal britânico *The Guardian*, de 2003 a 2004, tocantes à Guerra no Iraque, constante de opiniões contrárias e favoráveis.

235 Cabe a ênfase de que as guerras referidas aqui são em sentido amplo. Em outras palavras, a quantidade de batalhas travadas entre as potências imperialistas e/ou entre Estados nacionais inimigos decaiu. Mesmo porque a política do capital alterou-se. O que aumentou, frente ao contexto hodierno, foi o número de conflitos concentrados nos indivíduos, grupos ou classes que agem dentro ou fora de limites territoriais estabelecidos. As ações

suscitando incômodos questionamentos. A solidez teórica e política permitiu a Miéville transpor os obstáculos de aparentes aporias para traçar análises estruturais[236] e conjunturais[237] sobre os rumos do direito internacional e do imperialismo. Ao almejar abrir a caixa preta da doutrina internacionalista, Miéville pretendeu diferenciar-se dos autores tradicionais, não sendo mais um volume na pilha comum dos estudos acadêmicos. Nessa toada, vai direto ao cerne da questão para limpar os entulhos que travam a plena compreensão da matéria. Para ele, sem uma teoria da forma legal os desafios do direito internacional tornam-se impenetráveis, patinando nas eternas falsas polêmicas, como sobre sua natureza jurídica (e de suas obrigações), monismo e dualismo, e sobre a força vinculante de suas normas. Para fugir do marasmo da literatura especializada, Miéville, calcado no materialismo histórico e dialético de Marx, recorre à teoria da forma mercantil de Pachukanis para a compreensão da essência do direito internacional. Ainda que essa disciplina não seja o foco específico do jurista soviético,[238] sua teoria

---

terroristas são o exemplo mais ilustrativo desta dinâmica, que, ainda que não os envolva diretamente, passa pelos Estados.
236 Referência ao artigo que condensa sua visão teórica exposta em seu livro (MIÉVILLE, 2006; 2011).
237 Referência à crítica à política externa britânica (MIÉVILLE, 2005) e a denúncia das barbáries do multilateralismo na missão de paz no Haiti (MIÉVILLE, 2009).
238 Ainda que o direito internacional não tenha sido o foco central das preocupações de Pachukanis, como ele desenvolveu o mais amplo e sistemático estudo crítico do direito (*Teoria geral do direito e marxismo*, de 1924), em determinados momentos de sua trajetória dedicou reflexões sobre o assunto. A contribuição mais notável, nesse diapasão, que se tornou um dos pilares da matéria, é o artigo escrito em 1925 para a Enciclopédia do Estado e Direito, chamado de Direito Internacional. O texto tornou-se tão seminal, que Miéville o resgata como apêndice de seu livro. Seu interesse sobre as relações internacionais não arrefeceu; atravessou sua carreira, constando escritos em 1927 e 1928 sobre soberania, Estado, imperialismo, política internacional, economia mundial, guerra e a ciência do direito internacional. Mesmo na revisão que fora obrigado a fazer sobre suas ideias, no contexto de perseguição e censura que sofrera, a partir da década de 1930, não minguaram as reflexões sobre a seara, ainda que distantes de suas concepções originais, como os ensaios sobre direito internacional, em 1935 (NAVES, 2000; 2009). Não obstante a maioria dos escritos mencionados ainda estarem na língua original, o russo, as duas principais contribuições quanto ao tema, sim, foram traduzidas para outros idiomas. Para mais, ver Pachukanis (1980; 2017).

da forma jurídica revela-se nodal para o direito internacional, assim como o direito internacional é a comprovação mais ilustrativa de suas teses.

Primordialmente, mais do que as necessárias revisões teóricas que realiza, o autor retoma e disseca as ideias pachukanianas, para atualizá-las dentro das concepções mais profundas no assunto. Diante da crítica mais frequente e proeminente ao jurista soviético quanto ao preenchimento do conteúdo da forma legal, ou seja, o problema da política e da coerção em sua teoria do direito, Miéville inova ao descontruir a contestação por meio do arcabouço teórico do próprio Pachukanis, apontando a concepção de política e a determinação coercitiva do conteúdo do direito. Assim, o faz com o auxílio da teoria da derivação do Estado. Nesse momento, as influências de Braunmühl e também de Hirsch mostram-se incontornáveis em seu pensamento, ainda que isso não fique enfatizado explicitamente o tempo todo em seu texto. Aplicando o teorema da equivalência entre a forma jurídica e a forma mercantil do baluarte soviético, o autor britânico desenvolve suas ideias próprias, avançando na matéria e em simetria com os debates mais modernos, na tentativa de mesclar concepções das formas sociais, como a da forma-valor, com aquelas que compartilham a análise concreta dos marxistas pioneiros do imperialismo, como, notadamente, Lênin e Bukharin. Por meio desse ferramental teórico, aplica a teoria da forma mercantil ao direito internacional.

A falsa problemática do direito internacional

A violência inerente à relação jurídica internacional não é e nem pode ser captada pela doutrina burguesa, presa a seu próprio labirinto. O direito não é norma ou poder, mas subjetividade jurídica, a qual é constituída pelas práticas sociais concretas, as quais se alicerçam na forma mercantil, conforme as lições de

Pachukanis (2017). O direito internacional é o ramo que permite elucidar as concepções pachukanianas de maneira mais nítida, sem as turvações dos fetiches burgueses. Por meio de perspectivas juspositivistas ou visões não juspositivistas não se consegue atingir a essência recôndita do direito, sobretudo, em sua expressão internacional, o que induz os estudiosos a entrar em um círculo vicioso do qual não conseguem fugir.[239] As tentativas de escapar da jaula de aço por mais variadas que sejam são fracassadas se não forem pela ferramenta da plena crítica marxista.

Pelo viés normativista são as normas (estatais, majoritariamente, mas também oriundas de outras fontes) que criam o direito, e é o Estado que lhes garante efetividade por meio da coerção. Esses parâmetros induziram a história do direito internacional a ter a discussão ontológica como central, ocasionando a clivagem entre os que consideram ou não o ramo como jurídico. O inegável aspecto da incômoda ausência de um ente central, hierarquicamente superior, de poder legiferante e dotado do monopólio do poder de coerção impacta em duas vertentes. Sem um poder legislativo, neutro e imparcial, para criar as normas, os acordos são celebrados pelos próprios destinatários das normas, os sujeitos de direito primordiais, os Estados-nação, enquanto portadores de direitos subjetivos e não como a encarnação da norma objetiva (como ocorre no direito interno). Sem a organização e a gestão da função coercitiva por um aparato oficial, o cumprimento dos compromissos estipulados torna-se precário, o que para muitos é sinal de inefetividade, configurando o direito internacional mais uma noção de moralidade do que de juridicidade (obrigatoriedade).

É notória e inegável a capacidade organizativa que o Estado confere ao direito.[240] Contudo, ela não é o elemento vital da relação jurídica. A existência e a operacionalidade da relação

---

239   Cf. Mascaro, 2013b.
240   Cf. Pachukanis, 2017, p. 162.

jurídica internacional alicerçam-se em outras bases, ainda que mais precárias. O que não significa que o direito internacional esteja conectado ao campo de moral, pois o cumprimento do dever jurídico se desprende de quaisquer elementos subjetivos (voz interior), e se volta para exigências externas que emanam de um sujeito concreto, portador de um interesse material correspondente, em uma dinâmica quase objetiva.[241]

A instável e precária natureza do direito internacional é encontrada em várias outras áreas já consolidadas do direito, como o civil, no qual a maior parte das relações ocorre sob a influência de pressões limitadas pelos próprios sujeitos. O que há é uma diferença de gradação entre as searas civil e internacional. "É apenas na imaginação dos juristas que a totalidade das relações jurídicas é inteiramente dominada pela vontade do Estado".[242] A noção normativista de que cada direito subjetivo depende de uma norma objetiva entra em parafuso na cena internacional. Os sujeitos das relações jurídicas, os Estados, são os mesmos detentores da autoridade soberana. As aporias normativistas, assim, emergem.

Pachukanis (1980) já decifrava o problema e apontava seu cerne. Ei-lo: se para ser sujeito de direito internacional é preciso ser soberano (medida da subjetividade jurídica internacional); os Estados precisam ser soberanos para que exista direito internacional; logo, cumprirão as normas conforme sua vontade, prevalecendo esta sobre a juridicidade; se houver na esfera internacional um poder central e hierarquicamente superior que detenha o monopólio do poder de coerção para efetivar e executar as normas, os Estados deixam de ser soberanos, pois tem sua capacidade limitada. Logo, segundo o raciocínio juspositivista, para que o Direito Internacional exista é necessário que os Estados não sejam soberanos, e se eles não o forem, deixam de ser sujeitos de direito; e, portanto, não há

---

241 Cf. Pachukanis, 2017, p. 162-163.
242 Cf. Pachukanis, 1980, p. 180, tradução nossa.

direito internacional. Não faltaram esforços, todos malfadados, para sair dessa redoma.

Portanto, a constatação da ausência de uma força organizacional cogente (como o Estado faz com o indivíduo dentro das fronteiras nacionais) é bastante óbvia e, por si só, não é a medida exata do direito internacional, podendo servir tanto para negá-lo quanto para afirmá-lo. A única garantia das relações jurídicas entre os sujeitos de direito internacional (Estados, preponderantemente) continua a ser a troca de equivalentes, sob o fundamento jurídico do real equilíbrio de forças.[243] Dentro dessa balança de poder, os conflitos serão dirimidos e os acordos travados com base no direito, cujo cumprimento precisa ser sopesado pelas desproporções materiais existentes.

Em suma, Pachukanis[244] conceitua o direito internacional: "(...) é a forma jurídica que assume a luta entre os Estados capitalistas pela dominação do restante do mundo".

E por mais distinta que seja a posição do Estado na relação jurídica e por mais notórias que se apresentem as variações entre direito interno e o internacional, não há razões para tratá-los como se fosse ciências apartadas. São partes, manifestações, em contextos diferentes do mesmo todo: o direito. Todavia, como se alicerçam sobre o mesmo solo, o do modo de produção capitalista, tanto para o território nacional quanto para o mercado mundial, as implicações são convergentes. Nessa toada, a separação entre economia e política, inerente ao capitalismo, também é verificada na arena internacional, mas em uma condição aparentemente menos estável do que ocorre dentro dos Estados, uma vez que a forma política internacional é fragmentada em múltiplas unidades nacionais, o que permite que a coerção na forma legal se torne mais transparente no direito internacional.

---
243 Cf. Pachukanis, 1980.
244 Cf. Pachukanis, 1980, p. 169, tradução nossa.

Em outras palavras, a ausência de um soberano não faz do direito internacional uma seara não jurídica, uma vez que o Estado é nuclear para o desenvolvimento do direito como um todo (doméstico e internacional), mas não para a forma jurídica em si. Forma política estatal e forma jurídica são derivações da forma mercantil, mas não se confundem entre si. Ademais, conforme argumenta Miéville, em contraposição ao próprio Pachukanis, a violência e a coerção são elementos imanentes da relação mercantil, não demandando necessariamente a forma política estatal para exercê-las. Em um regime de autotutela como o internacional, é a violência coercitiva dos próprios sujeitos de direito que tonifica as relações jurídicas. O que acontece sem a presença de uma autoridade suprema que se apresente como terceira força, neutra e imparcial, é que a violência que, em princípio, seria abstrata e impessoal, particulariza-se na relação jurídica entre dois sujeitos.

Violência na subjetividade jurídica internacional: igualdade e liberdade

A forma jurídica corresponde à forma mercantil, assim como as relações jurídicas são correlatas às relações de troca. Para participar desse circuito, os sujeitos de direito precisam ser livres e iguais formalmente, bem como proprietários, para poder dispor de seus bens no mercado. Os Estados-nação, ao serem reconhecidos como tal, adquirem personalidade jurídica internacional, estando aptos a travar relações com seus congêneres, haja vista que são proprietários do patrimônio que se limita a suas fronteiras territoriais. O cerne desse pensamento está claro em Pachukanis. "Estados soberanos existem e interagem uns com os outros do mesmo modo que os indivíduos, proprietários de bens, o fazem por meio de direitos iguais".[245] A troca mercantil

---
245 Cf. Pachukanis, 1980, p. 176, tradução nossa.

é carreada por disputas quanto à propriedade que podem ou não ser resolvidas pacificamente.

Na acepção de Miéville, fica evidenciado o cerne a forma jurídica internacional.[246] Ele retoma Marx, para asseverar que a violência está sempre implícita na relação mercantil, logo, também o está na relação jurídica. O título da obra já diz muito sobre o autor e suas ideias. Inspirado nas lutas de classes pelo embate político em torno do pleito laboral pela redução da jornada de trabalho, Marx (2013) não se ilude com o direito e não titubeia: entre direito iguais, quem decide é a força.[247] O intelectual britânico não está preocupado diretamente com a competição entre os Estados (como estava Pachukanis), mas em elucidar a coerção inerente à forma jurídica na relação entre Estados soberanos juridicamente iguais. A violência é o coração da forma mercantil. A força está implícita na forma geral do direito, sendo direcionada de um sujeito para o outro na concretude da relação jurídica. Portanto, é imperioso ressaltar que, de acordo com esta perspectiva, a forma legal internacional assume a seguinte configuração dada pela soberania política: a igualdade jurídica (pela desigualdade material) e a liberdade (pela imposição da violência): "Direito Internacional incorpora a violência do colonialismo e a abstração da troca de mercadoria".[248]

Formalmente, os Estados soberanos coexistem, dispondo cada qual de direitos iguais e do mesmo naco de liberdade. Livres e iguais, os Estados são sujeitos de direito, aptos a celebrar tratados internacionais (contratos). A execução e a interpretação

---

246 Os Estados soberanos são o aspecto fundamental do direito internacional e se relacionam entre si como proprietários de bens, cada qual com exercendo seu direito de propriedade sobre seu próprio território, da mesma forma que o direito interno garante aos proprietários suas prerrogativas legais sobre seu patrimônio (MIÉVILLE, 2006, p. 291-292, tradução nossa).
247 Cf. Marx, 2013, p. 308. Por ter essa percepção como central, Miéville nomeia seu livro por ela (*Between equal rights*). O título desse livro advém da observação de Marx que entre direito iguais, a força decide (MIÉVILLE, 2006, p. 8, tradução nossa).
248 Cf. Miéville, 2006, p. 169, tradução nossa.

das normas ficam por conta dos próprios sujeitos, os quais são completamente desiguais em termos de poder material. Não é de se admirar que a vontade do Estado mais forte geralmente prevaleça. No ambiente excludente e materialmente desigual das relações de produção capitalistas, é na premissa da igualdade formal que opera a incongruência concreta. Assume-se na consagração deste princípio da isonomia, a desigualdade material. Como a competição e a violência são o berço do moderno sistema de Estados, pode-se afirmar que o verdadeiro conteúdo histórico do direito internacional é a luta imperialista entre Estados capitalistas. "A luta dos Estados capitalistas entre si é o verdadeiro conteúdo escondido por trás da forma legal".[249] Um exame da trajetória do direito internacional corrobora essa percepção. Desde sua fase embrionária (normas voltadas às guerras navais ou terrestres),[250] a matéria jurídica internacional dispõe sobre conflitos e competição. Mesmo as demais regras internacionais, quando regulamentam condições de paz, muitas vezes tratam dissimuladamente da luta. Ademais, inclusive os assuntos que são alvos de regulação, ao invés do interesse geral, tocam as vontades e estratégias das grandes potências, em meio à competição capitalista permanente.

Em virtude disso, Miéville empreende uma retrospectiva até o século XV para extrair as raízes do colonialismo e a especificidade do capitalismo. Apesar de algumas evidências e coincidências pontuais em conjunturas temporais determinadas, é somente com a ascensão da soberania estatal que o direito internacional é gestado, como se constatou nos acordos de Vestefália. A partir da consolidação do capitalismo enquanto modo de produção de franjas mundiais, com a mercantilização das relações sociais pelo

---

249 Cf. Miéville, 2006, p. 138, tradução nossa.
250 De fato, as primeiras regulações mais amplas e genéricas do direito internacional tocaram os conflitos armados, constituindo um ramo chamado de direito internacional humanitário ou direito internacional dos conflitos armados ou ainda direito da guerra.

globo, é que a forma jurídica internacional se universalizou e se conformou o sistema internacional hodierno.[251]

Desse modo, considerando a especificidade capitalista do direito internacional, é fulcral compreendê-lo a partir de seu ventre: a paradoxal relação entre igualdade formal e força que o constitui. É, mormente, esse enlace que permite que o que o direito internacional, próprio do modo de produção capitalista, se distinga de momentos históricos anteriores.

Imperialismo e direito internacional

Não se pode, todavia, ser apressado em entender que só os Estados mais fortes prevalecem ou que a coerção precisa ser física ou explícita. O revestimento legal dado pelo direito torna essas relações de força mais intrincadas. É nessa dualidade imbricada que Miéville amalgama suas ideias em torno do caráter imperialista do direito internacional. "A forma jurídica internacional assume a igualdade jurídica e a violência desigual".[252] A violência referida não é a da classe, mas a do mercado, da mercadoria e da forma legal. O direito assume o imperialismo, que se configura como o processo estruturante do sistema internacional contemporâneo. Sem o imperialismo não pode haver direito internacional. "(…) imperialismo é a rivalidade político-militar entre Estados capitalistas que se manifesta na intercambiante integração de capital e do capital monopolista com aqueles Estados".[253]

Nesse diapasão, a tentativa de criticar o imperialismo por meio de argumentos jurídicos é inútil.[254] Imperialismo é um

---

251 A forma legal – a forma pela qual os detentores de direitos abstratos e de mercadorias se confrontam – existiu em várias conjunturas históricas, mas foi somente com a ascensão da soberania estatal que o direito internacional pode ser considerado gestado, e que somente com o triunfo do capitalismo e a mercantilização das relações sociais é que a forma legal se universalizou e se transformou no direito internacional moderno (MIÉVILLE, 2006, p. 161, tradução nossa).
252 Cf. Miéville, 2006, p. 292, tradução nossa.
253 Cf. Miéville, 2006, p. 229-230, tradução nossa.
254 Cf. Craven et al. (2004).

elemento contínuo do capitalismo, cuja trajetória atravessa mudanças políticas. A coerção implícita na relação jurídica erige a discussão sobre a conexão entre direito internacional e a sistemática coerção do imperialismo. A questão não é o direito internacional do imperialismo, mas, sim, o imperialismo do direito internacional. Um não é redutível ao outro, mas são mutuamente constituídos. A ambiguidade em torno desse arranjo leva Miéville a afirmar que os Estados ao se pautarem pelo direito servem a dois mestres. "Os Estados podem categoricamente servir a dois mestres: na tentativa de dominação regional ou mundial e na defesa da forma independente de Estado soberano".[255]

A grande contribuição de Miéville é a ênfase que confere à violência contida na relação mercantil, logo, também na relação jurídica e, consequentemente, no direito internacional. O enraizamento da violência no direito é a ponte que permite estabelecer uma relação inafastável entre a forma jurídica e o imperialismo, que constitui o cerne teórico do pensamento de Miéville. Logo, direito internacional e imperialismo possuem uma relação umbilical, indissociável. A inter-relação entre direito e violência é tão íntima que sem imperialismo, o direito internacional não tem sentido. O direito internacional é uma expressão e um momento do imperialismo.[256]

Essa interface manifesta-se constantemente, podendo ser verificada pelas ações conjunturais. Nesse diapasão, Miéville aplica suas ideias aos casos específicos, em dois artigos,[257] discutindo a política externa britânica na Guerra do Iraque ante o direito internacional e o multilateralismo no cenário internacional, com ênfase à missão de paz no Haiti. Em um primeiro momento tece críticas pertinentes às abordagens teóricas de direito internacional, mesmo aquelas mais questionadoras, mas que ainda se

---
255 Cf. Miéville, 2006, p. 290, tradução nossa.
256 Cf. Miéville, 2006, p. 293.
257 Cf. Miéville, 2005; 2008.

atêm à legalidade como âncora de salvação. Em meio ao contexto mundial no início do século XXI e o papel secundário e lateral desempenhado pelos britânicos à invasão ao Iraque, em 2003, a ansiedade tomou conta dos estudiosos que contam como cânones legais para barrar as violações perpetradas pelas grandes potências. Apesar de esboçar algum horizonte de mudança do panorama, o autor não deixa de destilar sua acidez ao abordar o tratamento do direito internacional em um contexto tão ilustrativo quanto aquele que os britânicos viviam.[258]

Interessante notar que o autor não se contenta em expor sua verve crítica apenas em situações beligerantes, mas refirma suas bases teóricas, ressaltando o papel do imperialismo em meio à normalidade do direito. A operação multilateral no Haiti caracteriza uma dinâmica própria da lógica que cerca o direito internacional. Miéville denuncia, nessa mirada, a pouca ou quase nenhuma importância atribuída pelos doutrinadores do direito internacional no evento ocorrido na periferia. "A falta de atenção do direito internacional à MINUSTAH é ainda mais assustadora, dado que a incrivelmente exitosa cooperação multilateral, esse arco-íris de nações invasoras intermediárias do imperialismo".[259] Ao ir além da aparência dos fenômenos internacionais, o intelectual britânico formula contestações necessárias para as estratégias de cooperação no mundo e para instrumentos de natureza incerta e duvidosa, como as missões de paz[260] da Organização das Nações Unidas, instituto que reveste de legalidade e legitima a invasão hodierna ao Haiti.[261]

Portanto, Miéville não se furta a esgarçar as feridas da ordem internacional, a qual por meio de normas e valores abstratos impõe

---

258 Cf. Miéville, 2005, p. 458.
259 Cf. Miéville, 2008, p. 32, tradução nossa.
260 Para mais, ver Osorio (2014).
261 Cf. Miéville, 2008, p. 44.

a força e a violência das potências materialmente predominantes, em um equilíbrio repleto de contradições.

Considerações finais

Miéville alarga os horizontes de análise, fraqueando alternativas para escapar da mesmice doutrinária, quando aponta o direito internacional como uma relação e um processo, um modo de decidir as regras (e não um ordenamento normativo fixo). Nessa dinâmica, a violência, a coerção, o elemento político não se confunde com o jurídico, mas se correlaciona com este intimamente. Em nenhuma esfera isso fica tão evidente quanto no direito internacional. Portanto, o império da lei é o reino da violência imperialista. O horror e a miséria que assolaram a trajetória do capitalismo são a realidade do direito. "Um mundo estruturado ao redor do direito internacional não pode ser senão aquele da violência imperialista. Este caótico e sangrento mundo em torno de nós é o império do direito".[262] Essa visão imprescindível é que inspira as visões mais críticas a darem um passo adiante nas elucubrações teóricas acerca da questão internacional e do imperialismo.

Com a discussão de Miéville, a plena crítica fica contemplada em suas vertentes mais expressivas, aquelas que abordam de diferentes maneiras e com vieses originais o imperialismo dentro da teoria materialista. Portanto, finda, por ora, a caminhada, procede-se ao encerramento do estudo mediante as considerações finais acerca do que foi exposto ao longo das páginas pretéritas.

---

262 Cf. Miéville, 2006, p. 319, tradução nossa.

4
CONSIDERAÇÕES CONCLUSIVAS

Diante da epopeia teórica traçada neste estudo, a qual parte do limiar entre o crepúsculo do século XIX e a alvorada do XX e que completa atualmente seu jubileu centenário, buscou-se, em meio ao terreno povoado por variadas abordagens e frutíferos debates, pavimentar um caminho, dentro do espectro marxista, que pudesse levar o leitor à plena compreensão do fenômeno capitalista, estruturante das relações internacionais: o imperialismo. Na toada da desconfiança permanente dos rótulos,[1] dentro do modo de produção capitalista, é sempre atual e necessário descortinar o real caráter de um conceito tão disputado, multifacetado e traiçoeiro como o imperialismo. A ferramenta é a relação umbilical entre marxismo e Relações Internacionais.

Se a tarefa foi traçar uma rota que explicasse as diversas ênfases teóricas aliadas às grandes modificações mundiais, o resultado dessa empreitada foi a superação do olhar estritamente economicista (ênfase à lei do valor, seus movimentos e suas manifestações) e politicista (relevo a questões políticas, luta e correlação de classes e de grupos) rumo ao resgate da nova leitura de Marx iniciada na década de 1970 para explicar a teoria do Estado.

---
1 Cf. Lipietz, 1988.

Ao erigir o edifício teórico do imperialismo, a opção é por situar nos andares superiores o debate pós-fordista, notadamente, a plena crítica, que engloba as visões inseridas no espectro do novo marxismo. O ressurgimento de uma vertente alternativa às teorias marxistas do Estado postas até então confere novo fôlego às investigações da forma política no capitalismo. Notadamente, a discussão destrinchada da clivagem entre política e economia própria do modo de produção vigente. Assim, destaca-se o debate derivacionista do Estado.

No topo dessa construção está a teoria materialista do imperialismo, a qual se diferencia dentro do universo derivacionista, lançando suas próprias matrizes. Se a explicação do imperialismo perpassa as noções de capitalismo e de Estado, pelo viés materialista, a forma do Estado capitalista não pode ser considerada apartada da relação de capital que lhe é intrínseca. Seguindo a trilha legada por Marx, conforme os direcionamentos preciosos de Braunmühl e Hirsch asfalta-se a estrada rumo à compreensão do imperialismo em sua plenitude.

O capitalismo constitui-se em sua forma mais desenvolvida no sistema internacional. O mercado mundial é o âmbito de manifestação mais alargada do capitalismo. É a arena que capta os fenômenos capitalistas por completo. É a base e a atmosfera de vida do modo de produção capitalista. Logo, estudar o Estado e o capitalismo sem adentrar nas questões internacionais, é como tocar o violino com apenas uma das mãos.[2] O Estado capitalista não surge isoladamente, mas em coletivo, enquanto um sistema de Estados, sendo essa multiplicidade um traço estrutural do capitalismo. O espaço geográfico do capital não é o das fronteiras estatais, senão o internacional.

Portanto, o imperialismo somente pode ser debatido por um viés atento à estrutura e à dinâmica do capitalismo global e

---

2 Alusão feita por Barker (1991).

do sistema de Estados. Para que não se incorra no deslize de generalizar situações históricas específicas ou aspectos meramente empíricos, é preciso entender que as conjunturas mutáveis que influenciaram nas concepções expostas estão alicerçadas em bases estruturais. É com fulcro nessa concepção materialista que se pode derivar as categorias que são próprias e inerentes ao âmbito internacional, como seus dois elementos estruturais: a acumulação capitalista, portadora de crises e contradições; e a forma política específica do capitalismo, a organização política em uma coletividade de Estados, individualizados e particularizados, que se põem em relação de concorrência permanente.

Com efeito, a forma política capitalista toma molde de Estado-nação, em um ambiente de múltiplos atores congêneres. Logo, a discussão sobre a forma política capitalista toca o Estado enquanto aparato de dominação de classe e como aparato de competição entre segmentos das burguesias. O Estado no capitalismo é moldado na lógica do capital (em uma relação factual contraditória), sendo despótico em relação a seus sujeitos (nacionais), e competitivo, e imerso na anarquia, em meio a seus rivais (congêneres estatais). Essa forma política concreta expressa que o Estado capitalista não está acima e fora das relações capitalistas de produção, mas é decorrência direta delas. O capitalismo é anarquicamente ingovernável (não há um centro nevrálgico de comando que guie seus rumos). Nenhum centro ou instituição irá controlá-lo. Suas generalidades são resultados das relações anárquicas de competição entre os capitais em disputa. Logo, a totalidade social capitalista do sistema internacional é lastreada na violência, no conflito, na concorrência e nos antagonismos. O imperialismo concretiza-se e imiscui-se nas relações internacionais pela hierarquização dos espaços políticos e econômicos pelo mundo.

Irrompendo eras ou fases, o imperialismo ganha especificidade no capitalismo, estruturando-se em torno da dinâmica de acumulação, portadora de crises, e da organização política internacional em uma multiplicidade de Estados, mantendo-se e remodelando-se ao sabor das transformações na reprodução capitalista. Se no cenário internacional o capitalismo manifesta-se em sua plenitude, o imperialismo é o marco estrutural constitutivo do capitalismo, compreendendo um processo complexo e contraditório de valorização de capital e de luta de classes, que não pode ser entendido sem as suas características relações de forças político-sociais, que se dão particularizadas em fronteiras nacionais, como também, e principalmente, no espaço mundial. Desse modo, cabe enfatizar que o imperialismo não se apresenta como um mero desdobramento econômico ou político, mas é a materialização da forma política do capitalismo, como desdobramento das relações sociais concretas no terreno mundial do capital.

Em suma, na cena hodierna, em meio ao acirramento das contradições via desconstituições das miragens modernizantes do capitalismo pós-fordista, é premente revisitar o conceito de imperialismo, retomando sua grandeza, o que não é uma tarefa simples, mas demanda a assunção de uma postura teórica e prática, que impulsione o leitor para a fuga do conforto das certezas. Diante do cenário de brumas, o retorno à plena crítica gestada na década de 1970, mormente, ao debate da derivação do Estado faz-se imperioso por dois motivos. O primeiro é relativo à busca de válvulas de escape ao contexto atual de lutas. O segundo toca a necessidade de um horizonte teórico para conduzir a militância política à transformação. Compreender os rumos hodiernos é uma tarefa que perpassa inexoravelmente a discussão entre imperialismo, Estado e relações internacionais.

Nesse sentido, resta despertar os cachorros mortos.[3] Em outras palavras, resgatar as lições teóricas aprendidas no passado para que se compreenda o presente e se planeje o futuro, escapando de modismo e de soluções convenientes. O estudo do conceito-chave em meio às diversas abordagens e às transformações históricas fornece alternativas teóricas para impulsionar o motor da história. A caminhada é rumo à superação da miséria capitalista e ao estabelecimento de novos horizontes de mundo. Assim, vale a incursão na radicalidade e na genialidade das teorias derivacionistas, esquecidas da ascendência até o apogeu neoliberal, para que se possa desfazer o nó górdio do imperialismo, e assim, arrancar a peça estruturante da engrenagem capitalista.

---

3 Cf. Hirsch, 2002.

REFERÊNCIAS

AHMAD, Aijaz. O imperialismo de nosso tempo. In: PANITCH, Leo e LEYS, Colin (Ed.). *O novo desafio imperial*. Buenos Aires: CLACSO, 2004, p. 54-71.
ALAVI, Hamza. Viejo y nuevo imperialismo. In: SANTI, Paolo et al. *Teoría marxista del imperialismo*. Buenos Aires: Cuadernos de Pasado e Presente, 1973, p. 157-170.
ALBO, Gregory. A velha e a nova economia do capitalismo. In: PANITCH, Leo e LEYS, Colin (Eds.). *O novo desafio imperial*. Buenos Aires: CLACSO, 2004, p. 96-104-120.
ALTVATER, Elmar. Some problems of State interventionism. In: HOLLOWAY, John e PICCIOTTO, Sol (Eds.). *State and Capital:* a Marxist debate. Londres: Edward Arnold, 1978, p. 40-43.
ALTVATER, Elmar e HOFFMANN, Jürgen. The West Germany State derivation debate: the relation between economy and politics as a problem of Marxist State theory. *Social Text*. n. 24, Duke University Press, 1990, p. 134-155.
ALMEIDA, Silvio e CALDAS, Camilo. Revolução Russa, Estado e Direito: abertura para compreensão das formas sociais e das formações econômico-sociais. In: *Direito e Práxis*. Rio de Janeiro, vol. 8, n. 3, 2017, p. 2377-2404.
AMARAL, Marisa Silva. *Teorias do Imperialismo e da Dependência*: a atualização necessária ante a financeirização do capitalismo.

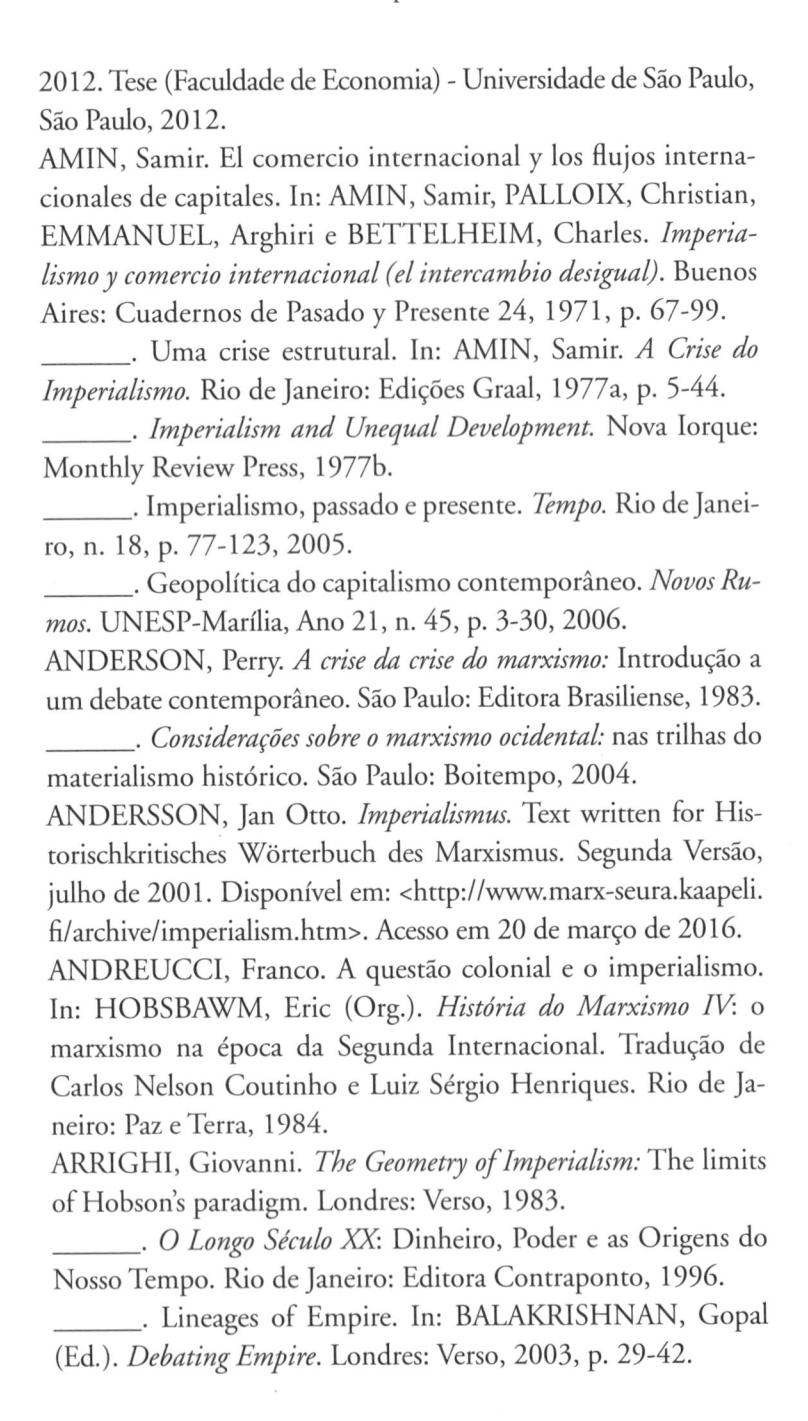

2012. Tese (Faculdade de Economia) - Universidade de São Paulo, São Paulo, 2012.

AMIN, Samir. El comercio internacional y los flujos internacionales de capitales. In: AMIN, Samir, PALLOIX, Christian, EMMANUEL, Arghiri e BETTELHEIM, Charles. *Imperialismo y comercio internacional (el intercambio desigual)*. Buenos Aires: Cuadernos de Pasado y Presente 24, 1971, p. 67-99.

_____. Uma crise estrutural. In: AMIN, Samir. *A Crise do Imperialismo*. Rio de Janeiro: Edições Graal, 1977a, p. 5-44.

_____. *Imperialism and Unequal Development*. Nova Iorque: Monthly Review Press, 1977b.

_____. Imperialismo, passado e presente. *Tempo*. Rio de Janeiro, n. 18, p. 77-123, 2005.

_____. Geopolítica do capitalismo contemporâneo. *Novos Rumos*. UNESP-Marília, Ano 21, n. 45, p. 3-30, 2006.

ANDERSON, Perry. *A crise da crise do marxismo:* Introdução a um debate contemporâneo. São Paulo: Editora Brasiliense, 1983.

_____. *Considerações sobre o marxismo ocidental:* nas trilhas do materialismo histórico. São Paulo: Boitempo, 2004.

ANDERSSON, Jan Otto. *Imperialismus*. Text written for Historischkritisches Wörterbuch des Marxismus. Segunda Versão, julho de 2001. Disponível em: <http://www.marx-seura.kaapeli.fi/archive/imperialism.htm>. Acesso em 20 de março de 2016.

ANDREUCCI, Franco. A questão colonial e o imperialismo. In: HOBSBAWM, Eric (Org.). *História do Marxismo IV*: o marxismo na época da Segunda Internacional. Tradução de Carlos Nelson Coutinho e Luiz Sérgio Henriques. Rio de Janeiro: Paz e Terra, 1984.

ARRIGHI, Giovanni. *The Geometry of Imperialism:* The limits of Hobson's paradigm. Londres: Verso, 1983.

_____. *O Longo Século XX*: Dinheiro, Poder e as Origens do Nosso Tempo. Rio de Janeiro: Editora Contraponto, 1996.

_____. Lineages of Empire. In: BALAKRISHNAN, Gopal (Ed.). *Debating Empire*. Londres: Verso, 2003, p. 29-42.

ARRIGHI, Giovanni. As escalas da turbulência global. *Margem Esquerda*. Ensaios marxistas n. 5. São Paulo: Boitempo, 2004, p. 58-63.

_____. As três hegemonias do capitalismo histórico. In: GILL, Stephen (Org.). *Gramsci:* materialismo histórico e relações internacionais. Tradução de Dinah de Abreu Azevedo. Rio de Janeiro: Editora UFRJ, 2007, p. 227-274.

BANFI, Rodolfo. A propósito de "El Imperialismo" de Lenin. In: SANTI, Paolo et al. *Teoría marxista del imperialismo*. Buenos Aires: Cuadernos de Pasado e Presente, 1973, p. 91-120.

BARAN, Paul e SWEEZY, Paul. *O Capital Monopolista*. Rio de Janeiro: Zahar Editora, 1966.

_____. Notes on the theory of imperialism. In: *Problems of Economic Dynamics and Planning:* Essays in Honor of Michal Kalecki. Warsaw: PWN, 1964.

BARKER, Colin. A note on the theory of capitalist States. In: CLARKE, Simon (Ed.). *The State debate*. Londres: Palgrave Macmillan, 1991, p. 182-191.

BARONE, Charles. *Marxist Thought on Imperialism*. Survey and Critique. Nova Iorque: M.E. Sharpe, Inc., 1985.

BEAUD, Michel. *História do Capitalismo:* de 1500 aos nossos dias. São Paulo: Editora Brasiliense, 1989.

BERRINGER, Tatiana. Nicos Poulantzas e o estudo de Relações Internacionais. *Quaestio Iuris/UERJ*. Vol. 7, n. 2, Rio de Janeiro, 2014, p. 433-452.

BETTELHEIM, Charles. Intercambio desigual y desarollo regional. In: AMIN, Samir, PALLOIX, Christian, EMMANUEL, Arghiri e BETTELHEIM, Charles. *Imperialismo y comercio internacional (el intercambio desigual)*. Buenos Aires: Cuadernos de Pasado y Presente 24, 1971, p. 38-66.

BLOCK, Fred. *Los Orígenes del Desorden Económico Internacional*: La política monetaria internacional de los Estados Unidos, desde la Segunda Guerra Mundial hasta nuestros días. México, D.F.: Fondo de Cultura Económica, 1989.

BIELSCHOWSKY, Ricardo. *Cinquenta Anos de Pensamento na CEPAL*. Rio de Janeiro: Editora Record, 2000.
BONEFELD, Werner. Más allá de las relaciones internacionales: acerca del mercado mundial y el estado-nación. In: KAN, Julián; PASCUAL, Rodrigo (compiladores). *INTEGRADOS (?)* Debates sobre las relaciones internacionales y la integración regional latino-americana y europea. Buenos Aires: Imago Mundi, 2013, p. 43-70.
_____. Postfordismus, Globalisierung und die Zukunft der Demokratie: zu Joachim Hirschs "Der nationale Wettbewerbsstaat". *Wildcat Zirkular*, n. 37, setembro de 1997, p. 5-26. Disponível em: <http://www.wildcat-www.de/zirkular/39/z39bonef.htm>. Acesso em 30 de abril de 2016.
BONEFELD, Werner e HOLLOWAY, John. Introduction: Post-Fordism and social form. In: _____. *Post-Fordism & social form*: A Marxist debate on the Post-Fordist State. Londres: Macmillan Academic and Professional LTD, 1991, p. 1-7.
BONNET, Alberto. Estado y capital: debates sobre la derivación y la reformulación del Estado. In: THWAITES-REY, Mabel (Org.). *Estado y marxismo*: un siglo y medio de debates. Buenos Aires: Prometeo Libros, 2007, p. 269-296.
BONNET, Alberto e PIVA, Adrián. Prólogo. In: BONNET, Alberto e PIVA, Adrián (compiladores). *Estado y capital*: El debate alemán sobre la derivación del Estado. Buenos Aires: Herramienta Ediciones, 2017, p. 9-26.
BORÓN, Atílio. *Império & Imperialismo:* uma leitura crítica de Michael Hardt e Antonio Negri. Buenos Aires: CLACSO, 2002.
_____. A Questão do Imperialismo. Tradução de Simone Rezende da Silva e Rodrigo Rodrigues. In: BORON, Atílio, AMADEO, Javier e GONZÁLEZ, Sabrina (Orgs.). *A Teoria Marxista Hoje*: Problemas e Perspectivas. Buenos Aires: CLACSO, 2006, p. 459-483.
BOUCHER, Geoff. *Marxismo*. Tradução de Noéli Correia de Melo Sobrinho. Petrópolis-RJ: Editora Vozes, 2015.
BOTTOMORE, Tom. Introdução à edição inglesa. Tradução de Wanda Nogueira Caldeira Brant. In: HILFERDING,

Rudolf. *O Capital Financeiro*. Tradução de Reinaldo Mestrinel. São Paulo: Nova Cultura, 1985, p. 9-24.
BOYER, Robert. *A Teoria da Regulação:* uma análise crítica. Tradução Renée Barata Zicman. São Paulo: Nobel, 1990.
_____. *Teoria da Regulação*: Os Fundamentos. São Paulo: Estação Liberdade, 2009.
BRAUNMÜHL, Claudia von. "Weltmarktbewegung des Kapitals, Imperialismus und Staat" In: BRAUNMÜHL, Claudia von, FUNKEN, Claus, COGOY, Mario e HIRSCH, Joachim. *Probleme einer materialistische Staatstheorie*. Frankfurt: Suhrkamp, 1973, p. 11-91.
_____. "Kapitalakkumulation im Weltmarktzusammenhang. Zum methodischen Ansatz einer Analyse des bürgelichen Nationalstaats". In: ERBERLE, Friedrich (Org.). *Gesellschaft: Beiträge zur Marxschen Theorie* 1. Frankfurt: Suhrkamp, 1974, p. 30-51.
_____. Die nationalstaatliche Organisiertheit der bürgerlichen Gesellschaft. Ansatz zu einer historischen und systematischen Untersuchung. In: ERBELE, Friedrich (Org.). *Gesellschaft:* Beiträge zur Marxschen Theorie 8/9. Frankfurt: Suhrkamp, 1976, p. 273-334.
_____. On the analysis of the bourgeois nation State within the world market context. In: HOLLOWAY, John e PICCIOTTO, Sol (Eds.). *State and Capital:* a Marxist debate. Londres: Edward Arnold, 1978, p. 160-177.
_____. Mercado mundial y Estado nación. *Cuadernos Políticos*. n. 35. México, D.F., Ediciones Era, p. 4-14, enero-marzo, 1983.
BRENNER, Robert. What is, and what not is, imperialism. *Historical Materialism*. Vol. 14:4 Brill: Leiden, p. 79-105.
BREWER, Anthony. *Marxist theories of imperialism*: a critical survey. 2. ed. Londres: Routledge, 1990.
BUGIATO, Caio. A cadeia imperialista das relações interestatais: a teoria do imperialismo de Nicos Poulantzas. *Quaestio Iuris/UERJ*. v. 7. Rio de Janeiro, 2014, p. 453-466.
BUKHARIN, Nicolai. *El imperialismo e la acumulación de capital*. Buenos Aires: Editorial Tiempo Contemporaneo, 1974.

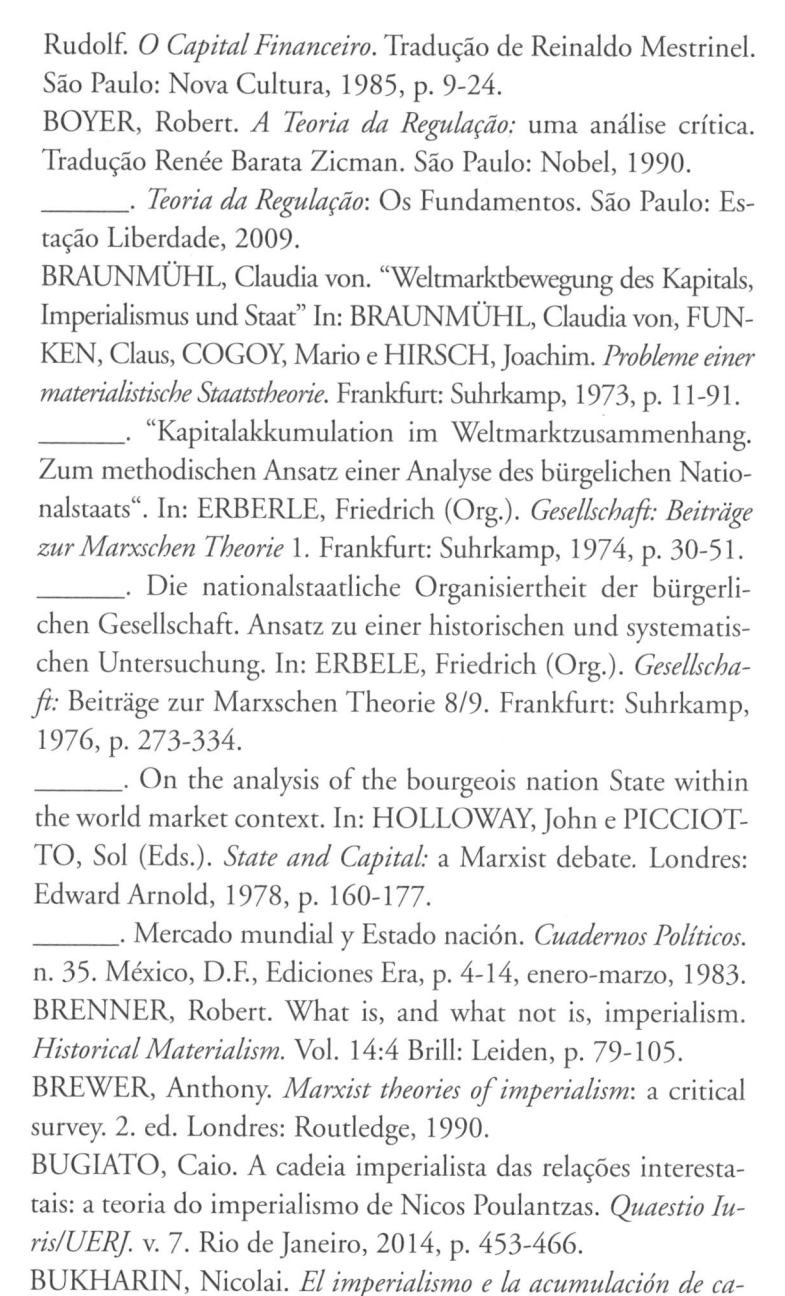

BUKHARIN, Nicolai. *A Economia Mundial e o Imperialismo*. Tradução de Raul de Carvalho. São Paulo: Abril Cultural, 1986.

BUSCH, Klaus. *Die multinationalen Konzerne* - zur Analyse der Weltmarktbewegung des Kapitals. Frankfurt: Suhrkamp Verlag, 1974.

CALDAS, Camilo Onoda Luiz. *Teoria da derivação do Estado e do direito*. São Paulo: Outras Expressões: Dobra Univeritária, 2015.

CALLINICOS, Alex. Toni Negri in perspective. In: BALAKRISHNAN, Gopal (Ed.). *Debating Empire*. Londres: Verso, 2003, p. 121-143.

_____. Igualdade e Capitalismo. Tradução de Simone Rezende da Silva e Rodrigo Rodrigues. In: BORON, Atílio, AMADEO, Javier e GONZÁLEZ, Sabrina (Orgs.). *A Teoria Marxista Hoje*: Problemas e Perspectivas. Buenos Aires: CLACSO, 2006, p. 253-270.

_____. *Imperialism and Global Political Economy*. Cambridge; Malden: Polity, 2009.

_____. As Múltiplas Crises do Imperialismo. *International Socialism*. ed. 144 de 10 de outubro de 2014, p. 16-36. Disponível em: <http://isj.swp.org.uk/www.isj.org.uk/indexe41c.html?id=1002&issue=144#144callinicos_3>. Acesso em 30 de agosto de 2015.

CAMPOS, Pedro Henrique Pedreira. O imperialismo brasileiro nos séculos XX e XXI: notas de pesquisa para uma discussão teórica. *Anais da XII Conferência Anual da Associação Internacional para o Realismo Crítico*: Realismo e Emancipação Humana. Um outro mundo é possível? Niterói, RJ, 2009, p. 1-22.

CAPUTO, Orlando e PIZZARO, Roberto. *Imperialismo, dependencia y relaciones económicas internacionales*. Buenos Aires: Amorrotu Editores, 1971.

CARNOY, Martin. *Estado e teoria política*. Campinas, SP: Editora Papirus, 1994.

CLARKE, Simon. The State Debate. In: CLARKE, Simon (Ed.) *The State Debate*. Londres: Palgrave Macmillan, 1991, p. 1-61.

CODATO, Adriano. Poulantzas 1, 2 e 3. In: CODATO, Adriano e PERISSINOTTO, Renato. *Marxismo como ciência social*. Curitiba: Editora UFPR, 2011, p. 93-126.

COHEN, Benjamin. *A Questão do Imperialismo*: A Economia Política da dominação e dependência. Rio de Janeiro: Zahar Editores, 1976.

CORRÊA, Hugo Figueira de Souza. *Teorias do imperialismo no século XXI:* (in)adequações no debate no marxismo. 2012. Tese (Programa de Pós-Graduação em Economia) - Universidade Federal Fluminense, Niterói, RJ, 2012.

COX, Robert. Gramsci, hegemonia e relações internacionais: um ensaio sobre o método. In: GILL, Stephen. *Gramsci, Materialismo Histórico e Relações Internacionais*. Rio de Janeiro: Editora UFRJ, 2007, p. 101-124.

CRAVEN, Matthew et al. "We are teachers of international Law". *Leiden Journal of International Law*. 17 (2), 2004, p. 363-374.

CURY, Vânia Maria. *História da Industrialização no século XIX*. Rio de Janeiro: Editora UFRJ, 2006.

DEL ROIO, Marcos. "Breve nota sobre a teoria do imperialismo". *Novos Rumos/UNESP*. Ano 22, n. 47, Marília, SP, 2007, p.33-39.

DINH, Nguyen Quoc, PELLET, Alain e DAILLIER, Patrick. *Direito Internacional Público* (2. ed.). Lisboa, Calouste Gulbenkian, 2003.

DOS SANTOS, Theotônio. The structure of dependence. *American Economic Review*. Nova Iorque, vol. 60, n. 2, p. 231-236, 1970.

_____. *Teoria da Dependência*: balanço e perspectivas. Rio de Janeiro: Civilização Brasileira, 2000.

_____. *Imperialismo y dependencia*. Caracas: Fundación Biblioteca Ayacucho, 2011.

DUMÉNIL, Gerard e LÉVY, Dominique. "El imperialismo en la era neoliberal". *Revista de Economía Crítica*. n. 3. Valladolid, janeiro de 2005, p. 9-35.

ELBE, Ingo. *Marx im Westen*: Die neue Marx-Lektüre in der Bundesrepublik seit 1965. Berlim: Akademie, 2010.

EMMANUEL, Arghiri. El intercambio desigual In: AMIN, Samir, PALLOIX, Christian, EMMANUEL, Arghiri e BETTELHEIM, Charles. *Imperialismo y comercio internacional (el intercambio desigual)*. Buenos Aires: Cuadernos de Pasado y Presente 24, 1971, p. 5-37.

ENGELS, Friedrich; KAUTSKY, Karl. *O Socialismo Jurídico*. São Paulo: Boitempo, 2012.

FAY, Margaret e STUCKEY, Barbara. "A friendly critique of Claudia von Braunmühl's *On the Analysis of the Bourgeoise Nation State within the World Context: an attempt to develop a methodological and theorical approach.*" *Kapitalistate*. Working papers on capitalist State. n. 8. Focus: Democratic Struggles and the State. Berkeley, 1980, p. 138-147.

FERNANDES, Luis. O Manifesto Comunista e a dialética da globalização. In: FILHO, Daniel Aarão Reis. *O Manifesto Comunista 150 anos depois*. São Paulo: Contraponto/Editora Perseu Abramo, 1998, p. 109-120.

FERNANDES, Marcelo Pereira. "Economia Política do Imperialismo: a questão da estabilidade do sistema". *Artigo apresentado no 5º Encontro Nacional da Associação Brasileira de Relações Internacionais/ABRI*. Belo Horizonte, de 29 a 31 de julho de 2015.

FERREIRA, Carla e LUCE, Mathias Seibel. Introdução. In: FERREIRA, Carla, OSORIO, Jaime e LUCE, Mathias Seibel (Orgs.). *Padrão de reprodução do capital*: contribuições da teoria marxista da dependência. São Paulo: Boitempo, 2012.

FERREIRA, Muniz Gonçalves. "Globalização: última etapa do capitalismo?". *Cadernos CRH*. n. 30/31. Salvador: jan/dez, 1999, p. 265-288.

FINE, Ben. Debating the "New" Imperialism. *Historical Materialism*. Vol. 14:4. Brill: Leiden, 2006, p. 133-156.

FIORI, José Luis. Formação, Expansão e Limites do Poder Global. In: _____ (Org.). *O Poder Americano*. Petrópolis: Ed. Vozes, 2007, p. 11-66.

FONTES, Virgínia. *O Brasil e o Capital-Imperialismo*: teoria e história. Rio de Janeiro: EPSJV/Editora UFRJ, 2010.

FOSTER, John Bellamy. O Redescobrimento do Imperialismo. Tradução de Simone Rezende da Silva e Rodrigo Rodrigues. In: BORON, Atílio, AMADEO, Javier e GONZÁLEZ, Sabrina (Orgs.). *A Teoria Marxista Hoje*. Problemas e Perspectivas. Buenos Aires: CLACSO, 2006, p. 431-448.

FRANK, Andre Gunder. *Capitalism and underdevelopment in Latin America*. Nova Iorque e Londres: Modern Reader Paperbacks, 1969.

GARCIA, Ana Saggioro. "Hegemonia e Imperialismo: Caracterizações da Ordem Mundial Capitalista após a Segunda Guerra Mundial". *Contexto Internacional*. Vol. 32, n. 1, jan/jun, 2010, p. 155-177.

GERSTENBERG, Heide. "The Historical Constitution of the political forms of capitalism". *Antipode*. A Radical Journal of Geography. Nova Iorque, Wiley Blackwell, vol. 43. n. 1, 2010, p. 60-86.

GOMES, Oziel. *Lenin e a Revolução Russa*. São Paulo: Expressão Popular, 1999.

GONÇALVES, Williams e MONTEIRO, Leonardo Valente. "O monopólio das teorias anglo-saxãs no estudo das Relações Internacionais". *Revista Século XXI/ESPM*. Vol. 6, n. 1. Porto Alegre, jan/jul de 2015.

GOUVÊA, Marina Machado de Magalhães. *Imperialismo*: aproximações ao debate marxista sobre a caracterização do capitalismo na virada do século XX. 2012. Dissertação (Programa de Pós-Graduação em Economia Política Internacional) - UFRJ, Rio de Janeiro, 2012.

GOWAN, Peter; PANITCH, Leo; SHAW, Martin. "The State, Globalization and New Imperialism: a roundtable discussion". *Historical Materialism*. Vol. 9. Leiden: Koninklijike Brill, 2001, p. 3-38

GRAMSCI, Antonio. *Americanismo e Fordismo*. Tradução de Gabriel Bogossian. Introdução de Ruy Braga. Notas de Álvaro Bianchi. São Paulo: Hedra, 2008.

HARDT, Michael e NEGRI, Antonio. *Império*. Rio de Janeiro: Record, 2001.

HARVEY, David. "O novo imperialismo: sobre rearranjos espaço-temporais e acumulação mediante despossessão". *Margem Esquerda*. n. 5. São Paulo: Boitempo, 2004.

_____. *O novo imperialismo*. São Paulo: Loyola, 2005.

HAUG, Wolfgang Fritz. "Imperium oder Imperialismus". *Das Argument*. 267, 48, Jg., 2003, p. 512-521.

HILFERDING, Rudolf. *O capital financeiro*. Tradução de Reinaldo Mestrinel. São Paulo: Nova Cultura, 1985.
HIRSCH, Joachim. Elemente einer materialistischen Staatstheorie. In: BRAUNMÜHL, Claudia von, FUNKEN, Claus, COGOY, Mario e HIRSCH, Joachim. *Probleme einer materialistische Staatstheorie*. Frankfurt: Suhrkamp, 1973, p. 199-264.
_____. Observações teóricas sobre o Estado burguês e sua crise. In: POULANTZAS, Nicos. *O Estado em crise*. Tradução de Maria Laura Viveiros de Castro. Rio de Janeiro: Edições Graal, 1977, p. 85-112.
_____. The State Apparatus and Social Reproduction: elements of a theory of the bourgeois State. In: HOLLOWAY, John e PICCIOTTO, Sol (Eds.). *State and Capital:* a Marxist debate. Londres: Edward Arnold, 1978, p. 57-107.
_____. "Internationale Regulation. Bedingungen von Dominanz, Abhängigkeit und Entwicklung im globalen Kapitalismus". *Das Argument*. Das Ende der Markt-Euphorie, Hamburgo, 1988, p. 195-222.
_____. *Der nationale Wettbewerbsstaat*. Staat, Demokratie und Politik im globalen Kapitalismus. Berlim: Edition ID-Archiv, 1995.
_____. "Globalização e a mudança social: o conceito da teoria materialista do Estado e a teoria da regulação". *Ensaios FEE*. Porto Alegre, vol. 19, n. 1, p. 9-31, 1998.
_____. "Vom Ultra zum Hyper. Das neue Gesicht des Imperialismus. *Blätter des Informationszentrums 3.Welt*. Der Imperialismus tritt zurück - Konjukturen eines Begriffs. Freiburg im Breisgau. Ausgabe 251. S. 33. Feb/Mar, 2001a.
_____. Die Internationalisierung des Staates. In: HIRSCH, Joachim, JESSOP, Bob e POULANTZAS, Nicos. *Die Zukunft des Staates. De-Nationalisierung, Internationalisierung, Re-Nationalisierung*. Hamburgo: VSA Verlag, 2001b, p. 101-138.
_____. Postfordismus: Dimensionen einer neuen kapitalistischen Formation. In: HIRSCH, Joachim, JESSOP, Bob e POULANTZAS, Nicos. *Die Zukunft des Staates. De-Nationalisierung,*

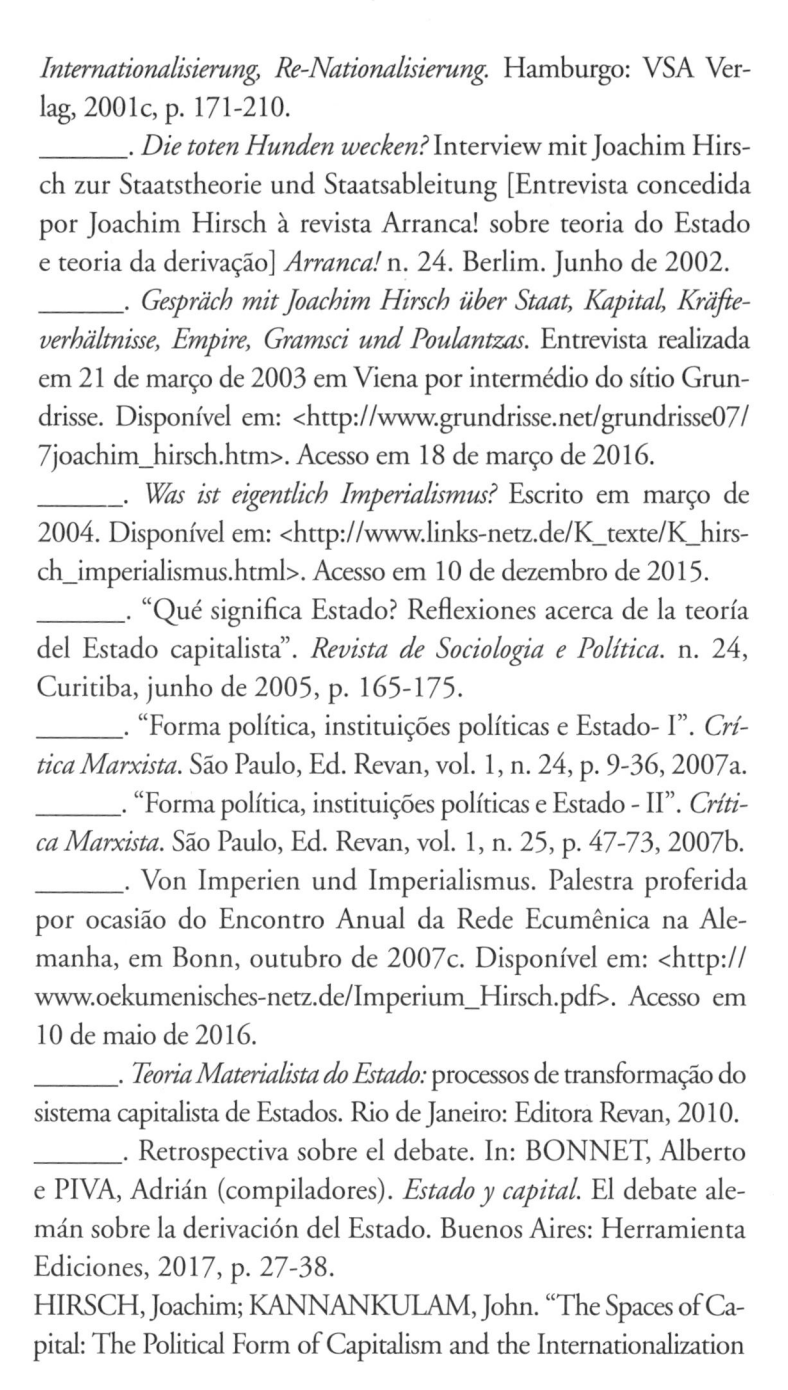

Internationalisierung, Re-Nationalisierung. Hamburgo: VSA Verlag, 2001c, p. 171-210.

_____. *Die toten Hunden wecken?* Interview mit Joachim Hirsch zur Staatstheorie und Staatsableitung [Entrevista concedida por Joachim Hirsch à revista Arranca! sobre teoria do Estado e teoria da derivação] *Arranca!* n. 24. Berlim. Junho de 2002.

_____. *Gespräch mit Joachim Hirsch über Staat, Kapital, Kräfteverhältnisse, Empire, Gramsci und Poulantzas.* Entrevista realizada em 21 de março de 2003 em Viena por intermédio do sítio Grundrisse. Disponível em: <http://www.grundrisse.net/grundrisse07/7joachim_hirsch.htm>. Acesso em 18 de março de 2016.

_____. *Was ist eigentlich Imperialismus?* Escrito em março de 2004. Disponível em: <http://www.links-netz.de/K_texte/K_hirsch_imperialismus.html>. Acesso em 10 de dezembro de 2015.

_____. "Qué significa Estado? Reflexiones acerca de la teoría del Estado capitalista". *Revista de Sociologia e Política.* n. 24, Curitiba, junho de 2005, p. 165-175.

_____. "Forma política, instituições políticas e Estado- I". *Crítica Marxista.* São Paulo, Ed. Revan, vol. 1, n. 24, p. 9-36, 2007a.

_____. "Forma política, instituições políticas e Estado - II". *Crítica Marxista.* São Paulo, Ed. Revan, vol. 1, n. 25, p. 47-73, 2007b.

_____. Von Imperien und Imperialismus. Palestra proferida por ocasião do Encontro Anual da Rede Ecumênica na Alemanha, em Bonn, outubro de 2007c. Disponível em: <http://www.oekumenisches-netz.de/Imperium_Hirsch.pdf>. Acesso em 10 de maio de 2016.

_____. *Teoria Materialista do Estado:* processos de transformação do sistema capitalista de Estados. Rio de Janeiro: Editora Revan, 2010.

_____. Retrospectiva sobre el debate. In: BONNET, Alberto e PIVA, Adrián (compiladores). *Estado y capital.* El debate alemán sobre la derivación del Estado. Buenos Aires: Herramienta Ediciones, 2017, p. 27-38.

HIRSCH, Joachim; KANNANKULAM, John. "The Spaces of Capital: The Political Form of Capitalism and the Internationalization of the State". *Antipode*. A Radical Journal of Geography. New York, Wiley Blackwell. Vol. 43, n. 1, p. 12-37, 2011.

HIRSCH, Joachim; KANNANKULAM, John; WISSEL, Jens. "A teoria do Estado do marxismo ocidental. Gramsci, Althusser e Poulantzas e a chamada derivação do Estado". *Revista Direito e Práxis*. Tradução de André Vaz Porto Silva. Revisão técnica de Luiz Felipe Brandão Osório. Vol. 8, n. 1, Rio de Janeiro, 2017, p. 722-760.

HIRSCH, Joachim e ROTH, Roland. *Das neue Gesicht des Kapitalismus: vom Fordismus zum Post-fordismus*. Hamburgo: VSA, 1986.

HOLLOWAY, John. "El debate sobre la derivación del Estado: Una reflexión reminiscente". In: BONNET, Alberto e PIVA, Adrián (compiladores). *Estado y capital*: El debate alemán sobre la derivación del Estado. Buenos Aires: Herramienta Ediciones, 2017, p. 39-46.

HOLLOWAY, John e PICCIOTTO, Sol. "Towards a materialist theory of the State". In: _____. *State and Capital:* a Marxist debate. Londres: Edward Arnold, 1978, p. 1-31.

JESSOP, Bob. *The capitalist State:* Marxist theories and methods. Oxford: Martin Robertson & Co., 1982.

_____. Regulation theory, post Fordism and the State. More than a reply to Werner Bonefeld. In: BONEFELD, Werner e HOLOWAY, John. *Post-Fordism & social form*. A Marxist debate on the Post-Fordist State. Londres: Macmillan Academic and Professional LTD, 1991, p. 69-91.

_____. Globalisierung und Nationalstaat. Imperialismus und Staat bei Nicos Poulantzas- 25 Jahre später. In: HIRSCH, Joachim, JESSOP, Bob e POULANTZAS, Nicos. *Die Zukunft des Staates. De-Nationalisierung, Internationalisierung, Re-Nationalisierung*. Hamburgo: VSA Verlag, 2001, p. 71-100.

JOXE, Alain. Atlantismo e a crise do Estado europeu: a crise militar. In: POULANTZAS, Nicos. *O Estado em crise*. Tradução de Maria Laura Viveiros de Castro. Rio de Janeiro: Edições Graal, 1977, p. 275-318.

KÁN, Julián. Una relación particular. Clase dominante, gobierno y orígenes del MERCOSUR. In: KAN, Julián; PASCUAL, Rodrigo (compiladores.). *INTEGRADOS (?) Debates sobre las relaciones internacionales y la integración regional latino-americana y europea*. Buenos Aires: Imago Mundi, 2013, p. 155-204.

KAUTSKY, Karl. "Ultra-imperialism". *MARXIST Internet Archives*. Originalmente escrito em 1914. Disponível em: <https://www.marxists.org/portugues/kautsky/1914/09/11-1.htm>. Acesso em 30 de agosto de 2014.

_____. "O Imperialismo (1913-1914)". Tradução de Andrea Cristina Gimenez. In: TEIXEIRA, Aloísio (Org.). *Utópicos, heréticos e malditos:* os precursores do pensamento social de nossa época. Tradução de Ana Paula Ornellas Mauriel et al. Rio de Janeiro: Editora Record, 2002, p. 443-464.

_____. Dois artigos para uma revisão. Tradução de Andrea Cristina Gimenez. In: TEIXEIRA, Aloísio (Org.). *Utópicos, heréticos e malditos:* os precursores do pensamento social de nossa época. Tradução de Ana Paula Ornellas Mauriel et al. Rio de Janeiro: Editora Record, 2002, p. 465-492.

KONDER, Leandro. *Marx*. Vida e Obra. São Paulo: Editora Paz e Guerra, 2011.

KURZ, Robert. *O colapso da modernização*. Da derrocada do socialismo de caserna à crise da economia mundial. Tradução de Karen Elsabe Barbosa. Rio de Janeiro: Editora Paz e Terra, 1992.

_____. *Weltordnungskrieg*. Das Ende der Souverität und die Wandlungen des Imperialismus im Zeitalter der Globalisierung. Berlin: Holermann Verlag, 2003.

LEITE, Leonardo de Magalhães. "Sobre as teorias do imperialismo contemporâneo: uma leitura crítica". *Economia e Sociedade*. Vol. 23, n. 2(51), Campinas, SP, agosto de 2014, p. 507-534.

_____. O Capital no mundo e o mundo do Capital: uma reinterpretação do imperialismo a partir da teoria do valor de Marx. 2017. *Tese de Doutorado* (Programa de Pós-Graduação em Economia) - Universidade Federal Fluminense, Niterói, 2017.

LÊNIN, Vladimir Ilitch. *O desenvolvimento do capitalismo na Rússia*. O Processo de Formação do Mercado Interno para a Grande Indústria. Tradução de José Paulo Netto. Coleção Os Economistas. São Paulo: Nova Cultural, 1988.

_____. *O Estado e a Revolução*. O que ensina o marxismo sobre o Estado e o papel do proletariado na revolução. Tradução de Aristides Lobo. São Paulo: Expressão Popular, 2010.

_____. *Imperialismo, estágio superior do capitalismo:* ensaio popular. São Paulo: Expressão Popular, 2012.

_____. *Que fazer?* Problemas candentes do nosso movimento. Tradução de Marcelo Braz. São Paulo: Expressão Popular, 2015.

LIGUORI, Guido e VOZA, Pasquale (Orgs.). *Dicionário Gramsciano (1926-1937)*. Tradução de Ana Maria Chiarini, Diego Silveira Coelho Ferreira, Leandro de Oliveira Galastri e Sílvia De Bernardinis. Revisão técnica de Marco Aurélio Nogueira. São Paulo: Boitempo, 2017.

LIPIETZ, Alain. *Miragens e Milagres.* Problemas da industrialização no Terceiro Mundo. Tradução de Catherine Marie Mathieu. São Paulo: Nobel, 1988.

LIST, Friedrich. *Sistema Nacional de Economia Política*. Coleção Os Economistas. 2. ed. São Paulo: Nova Cultura, 1986.

LUCE, Mathias. *A teoria do subimperialismo em Ruy Mauro Marini*: contradições do capitalismo dependente e a questão do padrão de reprodução do capital. A história de uma categoria. 2011. Tese (Programa de Pós-Graduação em História) - Universidade Federal do Rio Grande do Sul, Porto Alegre, 2011.

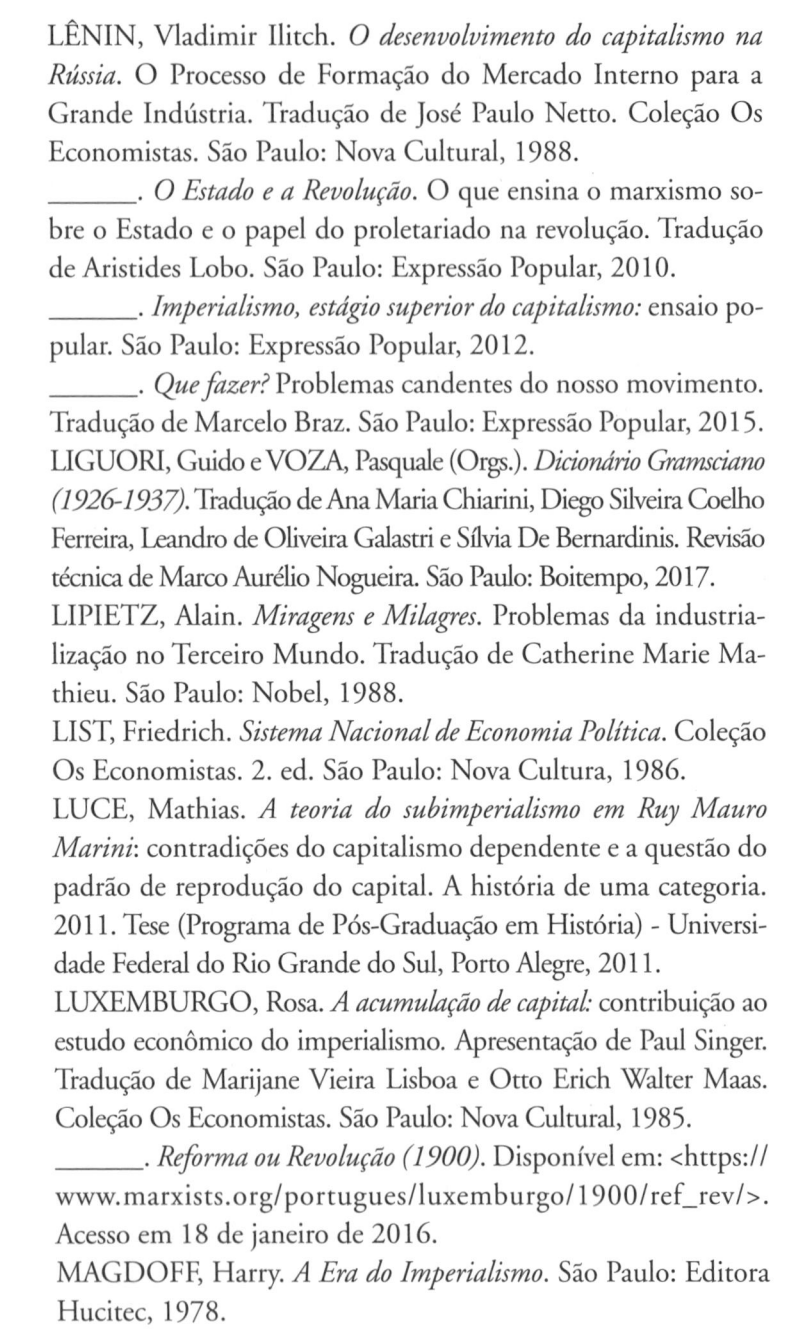

LUXEMBURGO, Rosa. *A acumulação de capital:* contribuição ao estudo econômico do imperialismo. Apresentação de Paul Singer. Tradução de Marijane Vieira Lisboa e Otto Erich Walter Maas. Coleção Os Economistas. São Paulo: Nova Cultural, 1985.

_____. *Reforma ou Revolução (1900)*. Disponível em: <https://www.marxists.org/portugues/luxemburgo/1900/ref_rev/>. Acesso em 18 de janeiro de 2016.

MAGDOFF, Harry. *A Era do Imperialismo*. São Paulo: Editora Hucitec, 1978.

MAGDOFF, Harry. *Imperialismo da era colonial ao presente*. Rio de Janeiro: Zahar Editores, 1979.
MAGDOFF, Harry; SWEEZY, Paul. *O fim da prosperidade e a economia americana na década de 1970*. Rio de Janeiro: Editora Campus, 1978.
MANDEL, Ernst. *O Capitalismo Tardio*. Apresentação de Paul Singer. Tradução de Carlos Eduardo Silveira Bastos, Regina de Castro Andrade e Dinah de Abreu Azevedo. Coleção Os Economistas. São Paulo: Nova Cultural, 1985.
MARINI, Ruy Mauro. Dialéctica de la Dependencia (1973). In: MARTINS, Carlos Eduardo. *América Latina, dependencia y globalización*. Fundamentos conceptuales Ruy Mauro Marini. Antología y presentación. Bogotá: CLACSO, 2008, p. 107-150.
_____. Dialética da Dependência, 1973. In: TRASPADINI, Roberta e STEDILE, João Pedro (Orgs.). *Ruy Mauro Marini. Vida e Obra*. São Paulo: Editora Expressão Popular, 2011, p. 131-172.
_____. Sobre a Dialética da Dependência, 1973. In: TRASPADINI, Roberta e STEDILE, João Pedro (Orgs.). *Ruy Mauro Marini. Vida e Obra*. São Paulo: Editora Expressão Popular, 2011, p. 173-186.
_____. "La acumulación capitalista mundial y el subimperialismo". *Cuadernos Políticos*. Cidade do México: Ediciones Era, abril-junho de 1977. Disponível em: <http://www.marini-escritos.unam.mx/052_acumulacion_subimperialismo.html>. Acesso em 29 de fevereiro de 2016.
MARIUTTI, Eduardo. "Interpretações Clássicas do Imperialismo". *Texto para Discussão/IE/UNICAMP*. n. 216. Campinas, 2013, p. 1-16.
_____. *Colonialismo, imperialismo e o desenvolvimento econômico europeu*. São Paulo: Hucitec, 2009.
MARTINS, Carlos Eduardo. *Globalização, dependência e neoliberalismo na América Latina*. São Paulo: Boitempo, 2011.
_____. "Imperialismo e Dependência: Revisitando um clássico". *Revista da Sociedade Brasileira de Economia Política*. n. 30. São Paulo: outubro de 2011, p. 33-60.

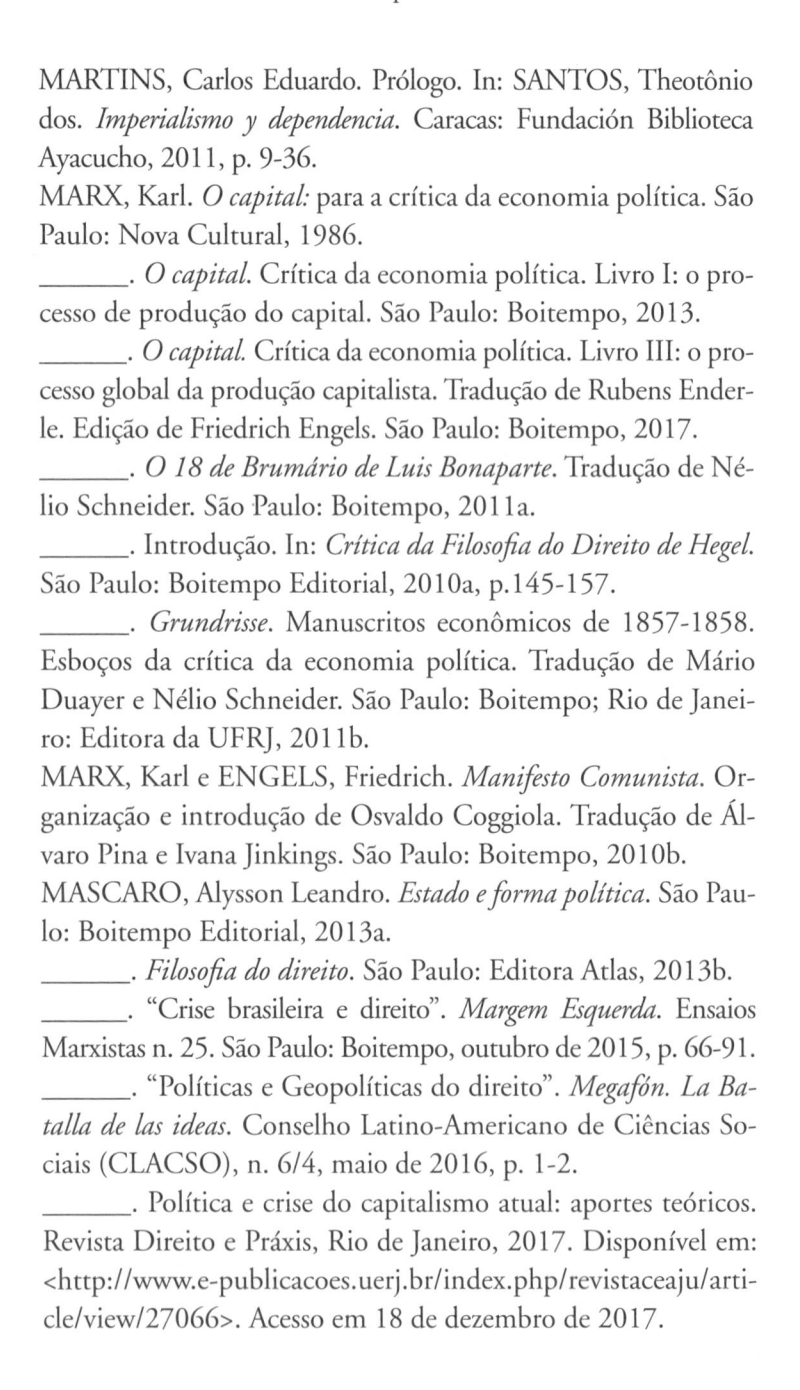

MARTINS, Carlos Eduardo. Prólogo. In: SANTOS, Theotônio dos. *Imperialismo y dependencia*. Caracas: Fundación Biblioteca Ayacucho, 2011, p. 9-36.
MARX, Karl. *O capital:* para a crítica da economia política. São Paulo: Nova Cultural, 1986.
_____. *O capital.* Crítica da economia política. Livro I: o processo de produção do capital. São Paulo: Boitempo, 2013.
_____. *O capital.* Crítica da economia política. Livro III: o processo global da produção capitalista. Tradução de Rubens Enderle. Edição de Friedrich Engels. São Paulo: Boitempo, 2017.
_____. *O 18 de Brumário de Luis Bonaparte.* Tradução de Nélio Schneider. São Paulo: Boitempo, 2011a.
_____. Introdução. In: *Crítica da Filosofia do Direito de Hegel.* São Paulo: Boitempo Editorial, 2010a, p.145-157.
_____. *Grundrisse.* Manuscritos econômicos de 1857-1858. Esboços da crítica da economia política. Tradução de Mário Duayer e Nélio Schneider. São Paulo: Boitempo; Rio de Janeiro: Editora da UFRJ, 2011b.
MARX, Karl e ENGELS, Friedrich. *Manifesto Comunista.* Organização e introdução de Osvaldo Coggiola. Tradução de Álvaro Pina e Ivana Jinkings. São Paulo: Boitempo, 2010b.
MASCARO, Alysson Leandro. *Estado e forma política*. São Paulo: Boitempo Editorial, 2013a.
_____. *Filosofia do direito*. São Paulo: Editora Atlas, 2013b.
_____. "Crise brasileira e direito". *Margem Esquerda*. Ensaios Marxistas n. 25. São Paulo: Boitempo, outubro de 2015, p. 66-91.
_____. "Políticas e Geopolíticas do direito". *Megafón. La Batalla de las ideas*. Conselho Latino-Americano de Ciências Sociais (CLACSO), n. 6/4, maio de 2016, p. 1-2.
_____. Política e crise do capitalismo atual: aportes teóricos. Revista Direito e Práxis, Rio de Janeiro, 2017. Disponível em: <http://www.e-publicacoes.uerj.br/index.php/revistaceaju/article/view/27066>. Acesso em 18 de dezembro de 2017.

MEDEIROS, Carlos Aguiar de. A Economia Política da Internacionalização sob Liderança dos EUA: Alemanha, Japão e China. In: FIORI, Jose Luis (Org.). *O poder americano.* Petrópolis: Vozes, 2004, p. 139-178.
MELLO, Gustavo Moura de Cavalcanti. *Teorias marxistas sobre o capitalismo contemporâneo.* 2012. Tese (Faculdade de Filosofia, Letras e Ciências Humanas) - Universidade de São Paulo, São Paulo, 2012.
MÉSZÁROS, István. *O Século XXI:* Socialismo ou Barbárie? São Paulo: Boitempo, 2001.
MIÉVILLE, China. "Anxiety and the Sidekick State: British International Law after Iraq". *Harvard International Law Journal.* vol. 46. n. 2. Summer, 2005, p. 441-458.

_____. *Between equal rights*: a Marxist theory of international law. Leiden, Boston: Brill, 2006.

_____. "Multilateralism as Terror: International Law, Haiti and Imperialism". *Finnish Yearbook of International Law* 19, 2009, p. 63-92. Disponível em: <http://eprints.bbk.ac.uk/783/>. Acesso em 30 de agosto de 2015.

_____. "The Commodity-Form Theory of International Law: An Introduction". In: MARKS, Susan (Ed.). *International Law on the Left.* Re-examing Marxist Legacies. Cambridge: Cambridge University Press, 2011, p. 92-133.

_____. "Coerção e forma jurídica: política, direito (internacional) e o Estado". Tradução de Pedro Davoglio. Disponível em: <https://lavrapalavra.com/2016/11/04/coercao-e-forma-juridica-politica-direito-internacional-e-o-estado/>. Acesso em 20 de novembro de 2016.

_____. A favor de Pachukanis: exposição e defesa da teoria jurídica da forma-mercadoria. In: PACHUKANIS, Evgeni. *Teoria Geral do Direito e Marxismo.* Tradução de Paula Vaz de Almeida. Revisão técnica de Alysson Leandro Mascaro e Pedro Davoglio. São Paulo: Editora Boitempo, 2017, p. 201-204.
MÍGUEZ, Pablo. El estado capitalista, la crisis financiera y el debate império-imperialismo. In: KAN, Julián e PASCUAL, Rodrigo (compiladores). *INTEGRADOS (?)* Debates sobre las

relaciones internacionales y la integración regional lationoamericana y europea. Buenos Aires: Imago Mundi, 2013, p. 89-122.

_____. "El debate contemporáneo sobre el Estado en la teoría marxista: su relación con el desarollo y la crisis del capitalismo". *Estudios Sociológicos de El Colegio de México*. Vol. XXVIII. n. 84, septiembre-diciembre 2010, p. 643-689.

MOFFIT, Michael. *O Dinheiro no Mundo*. São Paulo: Editora Paz e Terra, 1984.

MOLLO, Maria de Lourdes Rollemberg. *A concepção marxista de Estado:* considerações sobre antigos debates com novas perspectivas. Disponível em: <http://biblioteca.clacso.edu.ar/Cuba/if-mctma/20130625122658/Rollember_Mollo.pdf>. Acesso em 8 de janeiro de 2016.

MOLNÁR, Miklós. *Marx, Engels et la politique internationale*. Paris: Éditons Gallimard, 1975.

MOMMSEN, Wolfgang. *Theories of Imperialism*. Nova Iorque: Random House, 1980.

MOORE JR., Barrington. *Social origins of dictatorship and democracy*: Lord and peasant in the making of the modern world. Boston: Beacon Paperback, 1966.

MOTTA, Luiz Eduardo. "Os limites teóricos (e políticos) da teoria das organizações e da administração pública". *Novos Rumos*. n. 2. vol. 50. UNESP-Marília, 2013, p.1-22.

_____. *A Favor de Althusser*: Revolução e ruptura na teoria marxista. Rio de Janeiro: Gramma: FAPERJ, 2014.

MÜLLER, Wolfgang e NEUSÜSS, Christel. The Welfare-State Illusion and the contradiction between wage labour and capital. In: HOLLOWAY, John e PICCIOTTO, Sol (Eds.). *State and Capital*: a Marxist debate. Londres: Edward Arnold, 1978, p. 32-39.

NACHTWEY, Oliver e TEN BRINK, Tobias. "Lost in Translation. The German World Market Debate in the 1970s". *Historical Materialism*. 16:1, 2008, p. 37-70.

NAVES, Márcio Bilharinho. *Marxismo e direito*: um estudo sobre Pachukanis. 2. ed. São Paulo: Boitempo, 2000.

NAVES, Márcio Bilharinho. *Marx:* Ciência e Revolução. São Paulo: Editora Quartier Latin, 2008.

_____. Evgeni Bronislavovitch Pachukanis (1891-1937). In: NAVES, Márcio Bilharinho Naves (Org.). *O discreto charme do direito burguês:* ensaios sobre Pachukanis. Coleção Ideias 8. Campinas, SP: UNICAMP/IFCH, 2009, p. 11-20.

_____. Prefácio ao livro O Socialismo Jurídico. In: ENGELS, Friedrich e KAUTSKY, Karl. *O Socialismo Jurídico.* São Paulo: Boitempo, 2012, p. 9-16.

_____. *A Questão do Direito em Marx.* São Paulo: Expressão Popular, 2014.

NETTO, José Paulo. *Introdução ao Estudo do Método em Marx.* São Paulo: Expressão Popular, 2011.

NETTO, José Paulo e BRAZ, Marcelo. *Economia Política:* uma introdução crítica. São Paulo: Cortez, 2006.

NEUSÜSS, Christel. *Imperialismus und Weltmarktbewegung des Kapitals.* Erlangen: Politladen, 1972.

OSORIO, Jayme. "El marxismo latinoamericano y la dependencia". *Cuadernos Políticos.* n. 38. Ediciones Era, Cidade do México, janeiro/março, 1984, p. 40-59.

OSORIO, Luiz Felipe Brandão. A Estrutura da Organização das Nações Unidas e seus desafios contemporâneos: reforma institucional e proteção de direitos humanos. In: BERNER, Vanessa Oliveira Batista e BOITEUX, Luciana (Orgs.). *A ONU e as questões internacionais contemporâneas.* Rio de Janeiro: Editora Freitas Bastos/FAPERJ, 2014, p. 104-130.

_____. *Um estudo crítico da União Europeia:* contradições de seu desenvolvimento institucional e normativo. 2015. Tese (Programa de Pós-Graduação em Economia Política Internacional) - UFRJ, Rio de Janeiro, 2015.

_____. "Forma política e integração regional via União Europeia". *Brazilian Journal of Internacional Relations.* UNESP-Marília, 2017, vol. 6, p. 280-305.

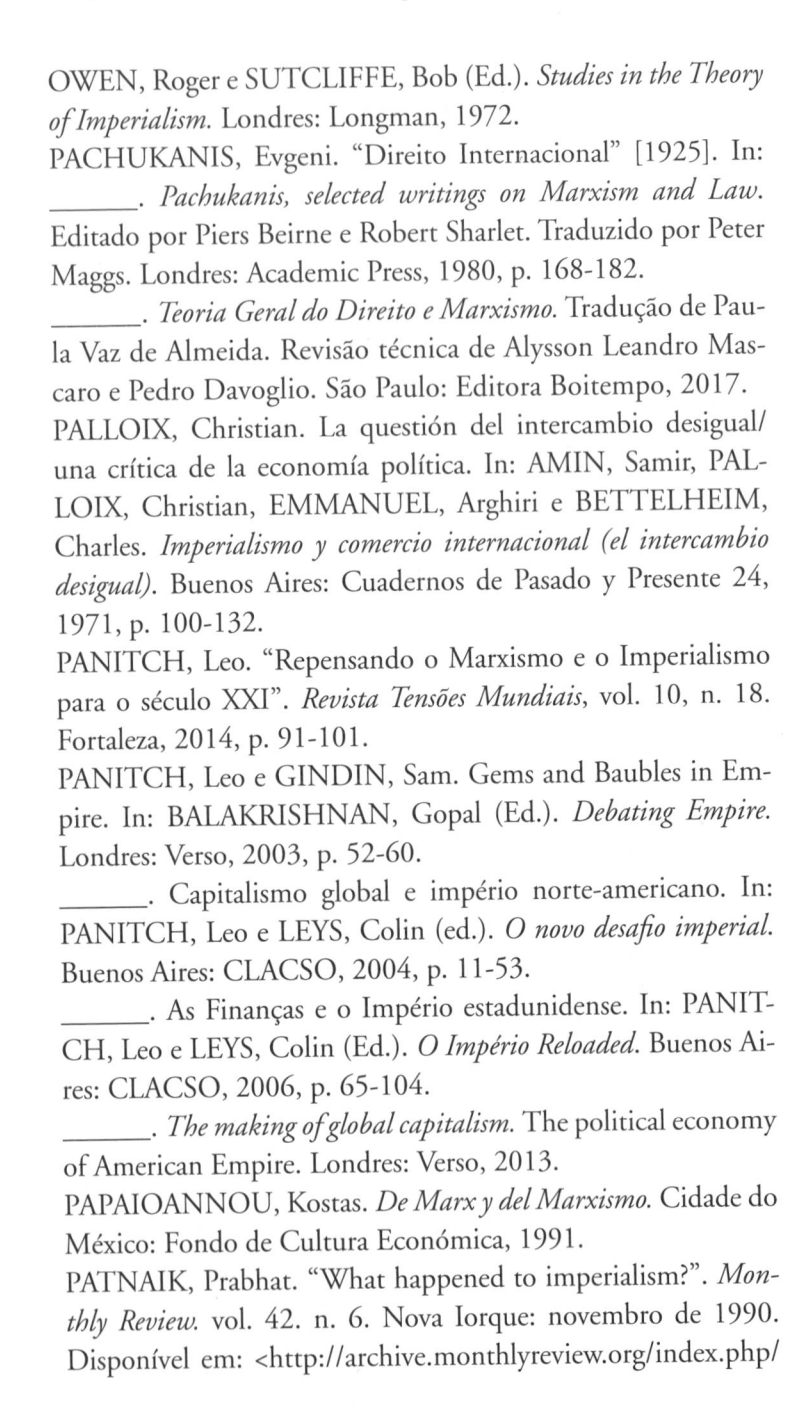

OWEN, Roger e SUTCLIFFE, Bob (Ed.). *Studies in the Theory of Imperialism*. Londres: Longman, 1972.
PACHUKANIS, Evgeni. "Direito Internacional" [1925]. In: _____. *Pachukanis, selected writings on Marxism and Law*. Editado por Piers Beirne e Robert Sharlet. Traduzido por Peter Maggs. Londres: Academic Press, 1980, p. 168-182.
_____. *Teoria Geral do Direito e Marxismo*. Tradução de Paula Vaz de Almeida. Revisão técnica de Alysson Leandro Mascaro e Pedro Davoglio. São Paulo: Editora Boitempo, 2017.
PALLOIX, Christian. La questión del intercambio desigual/ una crítica de la economía política. In: AMIN, Samir, PALLOIX, Christian, EMMANUEL, Arghiri e BETTELHEIM, Charles. *Imperialismo y comercio internacional (el intercambio desigual)*. Buenos Aires: Cuadernos de Pasado y Presente 24, 1971, p. 100-132.
PANITCH, Leo. "Repensando o Marxismo e o Imperialismo para o século XXI". *Revista Tensões Mundiais*, vol. 10, n. 18. Fortaleza, 2014, p. 91-101.
PANITCH, Leo e GINDIN, Sam. Gems and Baubles in Empire. In: BALAKRISHNAN, Gopal (Ed.). *Debating Empire*. Londres: Verso, 2003, p. 52-60.
_____. Capitalismo global e império norte-americano. In: PANITCH, Leo e LEYS, Colin (ed.). *O novo desafio imperial*. Buenos Aires: CLACSO, 2004, p. 11-53.
_____. As Finanças e o Império estadunidense. In: PANITCH, Leo e LEYS, Colin (Ed.). *O Império Reloaded*. Buenos Aires: CLACSO, 2006, p. 65-104.
_____. *The making of global capitalism*. The political economy of American Empire. Londres: Verso, 2013.
PAPAIOANNOU, Kostas. *De Marx y del Marxismo*. Cidade do México: Fondo de Cultura Económica, 1991.
PATNAIK, Prabhat. "What happened to imperialism?". *Monthly Review*. vol. 42. n. 6. Nova Iorque: novembro de 1990. Disponível em: <http://archive.monthlyreview.org/index.php/

mr/article/view/MR-042-06-1990-10_1>. Acesso em 29 de fevereiro de 2016.
PEREIRA, Luiz Ismael e ERKERT, Jonathan Erik von. "Uma radiografia marxista do Estado e do direito". *Margem Esquerda*. n. 26. São Paulo: Boitempo, 1º semestre de 2016, p. 147-150.
PETRAS, James e VELTMEYER, Henry. *Globalization Unmasked*: imperialism in the 21st century. Londres: Zed Books, 2001.
PRADO, Eleutério. "Pós-grande indústria: trabalho imaterial e fetichismo: uma crítica a A. Negri e M. Hardt". *Crítica Marxista*, vol. 1, n. 17. São Paulo: Ed. Revan, 2003, p.109-130.
PRADO, Fernando Correa. "História de um não debate: a trajetória da teoria da dependência marxista no Brasil". *Revista Comunicação & Política*. Vol. 29. n. 2, Rio de Janeiro, 2011a, p. 68-94.
_____. "Vânia Bambirra e o marxismo crítico latino-americano". *Rebela*. Revista Brasileira de Estudos Latino-Americanos. Vol. 1. n. 1, Florianópolis, Junho de 2011b, p. 152-160.
POSTONE, Moishe. "Teorizando o mundo contemporâneo. Robert Brenner, Giovanni Arrighi, David Harvey". *Novos Estudos*. São Paulo: CEBRAP, n. 81, 2008, p. 79-97.
POULANTZAS, Nicos. "A Internacionalização das Relações Capitalistas e o Estado-Nação". In: _____. *As Classes Sociais no Capitalismo de Hoje*. Rio de Janeiro: Zahar Editores, 1975, p. 45-96.
_____. "As transformações atuais do Estado, a crise política e a crise do Estado". In: _____. *O Estado em crise*. Tradução de Maria Laura Viveiros de Castro. Rio de Janeiro: Edições Graal, 1977, p. 3-41.
QUARTIM DE MORAES, João. "A Grande Virada de Lenin". *Revista Crítica Marxista*. n. 34. Campinas, SP, 2012, p. 9-32.
RAMOS, Leonardo. "Ordem e poder na economia política global: a contribuição neogramsciana". *Contexto Internacional*. Vol. 34, n. 1, Rio de Janeiro, Janeiro/Junho, 2012, p. 113-150. Disponível em: <http://www.scielo.br/pdf/cint/v34n1/v34n1a04.pdf>. Acesso em 18 de janeiro de 2017.
RODRÍGUEZ, Octavio. *O Estruturalismo latino-americano*. Tradução de Maria Alzira Brum Lemos. Rio de Janeiro: Civilização Brasileira, 2009.

ROSDOLSKY, Roman. *Gênese e Estrutura de O Capital*. Tradução de César Benjamim. Rio de Janeiro: Editora Contraponto/ Editora UERJ, 2001.
ROWTHORN, Robert. O imperialismo na década de 1970: unidade ou rivalidade? In: _____. *Capitalismo, Conflito e Inflação*. Rio de Janeiro: Zahar Editores, 1982, p. 46-73.
RUBIN, Isaac. *História do Pensamento Econômico*. Rio de Janeiro: Editora UFRJ, 2014.
_____. *Teoria marxista do valor*. São Paulo: Editora Polis Ltda., 1987.
RUSH, Alan. A Teoria Pós-Moderna do Império (Hardt e Negri) e seus críticos. In: BORON, Atílio (Org.). *Filosofia Política Contemporânea*: Controvérsias sobre Civilização, Império e Cidadania. Buenos Aires: CLACSO, 2006, p. 307-327.
SADER, Emir. *Século XX uma biografia não autorizada*: O século do imperialismo. São Paulo: Fundação Perseu Abramo, 2000.
_____. *Estado e Política em Marx*. São Paulo: Boitempo, 2014.
SANTI, Paolo. El debate sobre el imperialismo en los clásicos del marxismo. In: SANTI, Paolo et al. *Teoría marxista del imperialismo*. Buenos Aires: Cuadernos de Pasado e Presente, 1973, p. 11-66.
SERRANO, Franklin. "Do Ouro Imóvel ao Dólar Flexível". *Revista Economia e Sociedade*, Campinas, v. 11, n. 2 (19), jul/dez de 2002, p. 237-253.
_____. Relações de poder e a política macroeconômica americana, de Bretton Woods ao padrão dólar flexível. In: FIORI, José Luís C. (Org.). *O poder americano*. Petrópolis: Ed. Vozes, 2007, p. 179-224.
SINGER, Paul. Apresentação. In: LUXEMBURGO, Rosa. *A acumulação de capital:* contribuição ao estudo econômico do imperialismo. Tradução de Marijane Vieira Lisboa e Otto Erich Walter Maas. Coleção Os Economistas. São Paulo: Nova Cultural, 1985, p. 7-42.
TAVARES, Maria da Conceição. Apresentação. In: HOBSON, John. *A Evolução do Capitalismo Moderno*. Coleção Os

Economistas. Tradução de Benedicto de Carvalho. São Paulo: Nova Cultural, 1985, p. 7-22.
_____. A Retomada da Hegemonia Americana. In: FIORI, José Luis (Org.). *Poder e Dinheiro:* uma economia política da globalização. Petrópolis: Editora Vozes, 1997, p. 27-53.
TAVARES, Maria da Conceição e BELLUZZO, Luiz Gonzaga. A Mundialização do Capital e a Expansão do Poder Americano. In: FIORI, José Luis (Org.). *O Poder Americano*. Petrópolis: Editora Vozes, 2007, p. 111-138.
TEIXEIRA, Aloísio. "Capitalismo monopolista de Estado: um ponto de vista crítico". *Revista de Economia Política*. Vol. 3, n. 4, Campinas, SP: outubro-dezembro/1983, 85-105.
_____. *Utópicos, Heréticos e Malditos:* os precursores do pensamento social de nossa época. Rio de Janeiro: Record, 2002.
TEN BRINK, Tobias. *Staatenkonflikte*. Zur Analyse von Geopolotik und Imperialismus- ein Überblick. Estugarda: Lucius & Lucius, 2008.
TESCHKE, Benno. *The Myth of 1648: Class, Geopolitics and the Making of Modern International Relations*. Londres: Verso, 2003.
_____. *Repensando as relações internacionais:* uma entrevista com Benno Teschke. Entrevista realizada por George Souvlis e Aurélie Andry. *Outubro Revista*. ed. 27. Novembro de 2016.
TRASPADINI, Roberta e STEDILE, João Pedro. Introdução. In: TRASPADINI, Roberta e STEDILE, João Pedro (Orgs.). *Ruy Mauro Marini:* Vida e Obra. São Paulo: Editora Expressão Popular, 2011, p. 17-50.
TREIN, Franklin. "Relações Internacionais: uma introdução ao seu estudo". *Sinais Sociais/ Serviço Social do Comércio*. Departamento Nacional. Vol. 3. n. 9 (janeiro/abril). Rio de Janeiro, 2009, p. 76-113.
VALENCIA, Adrián Sotelo. Neo-imperialismo, dependência e novas periferias na economia mundial. In: MARTINS, Carlos Eduardo e VALENCIA, Adrián Sotelo. *A América Latina e os Desafios da Globalização*: Ensaios em Homenagem a Ruy Mauro Marini. Rio de Janeiro: Editora PUC, 2009, p. 111-134.

VALIER, Jacques. La teoría del imperialismo de Rosa Luxemburgo. In: SANTI, Paolo et al. *Teoría marxista del imperialismo*. Buenos Aires: Cuadernos de Pasado e Presente, 1973, p. 65-90.

WALLERSTEIN, Immanuel. *The Modern World System*. Capitalist Agriculture and the Origins of the European World-Economy in the Sixteenth Century. Londres: Academic Press, 1974.

_____. *O Capitalismo Histórico*. São Paulo: Brasiliense, 1985.

_____. Mudando a geopolítica do sistema-mundo: 1945-2025. In: MARTINS, Carlos Eduardo e VALÊNCIA, Adrián Sotelo. *A América Latina e os Desafios da Globalização*: Ensaios em Homenagem a Ruy Mauro Marini. Rio de Janeiro: Editora PUC, 2009.

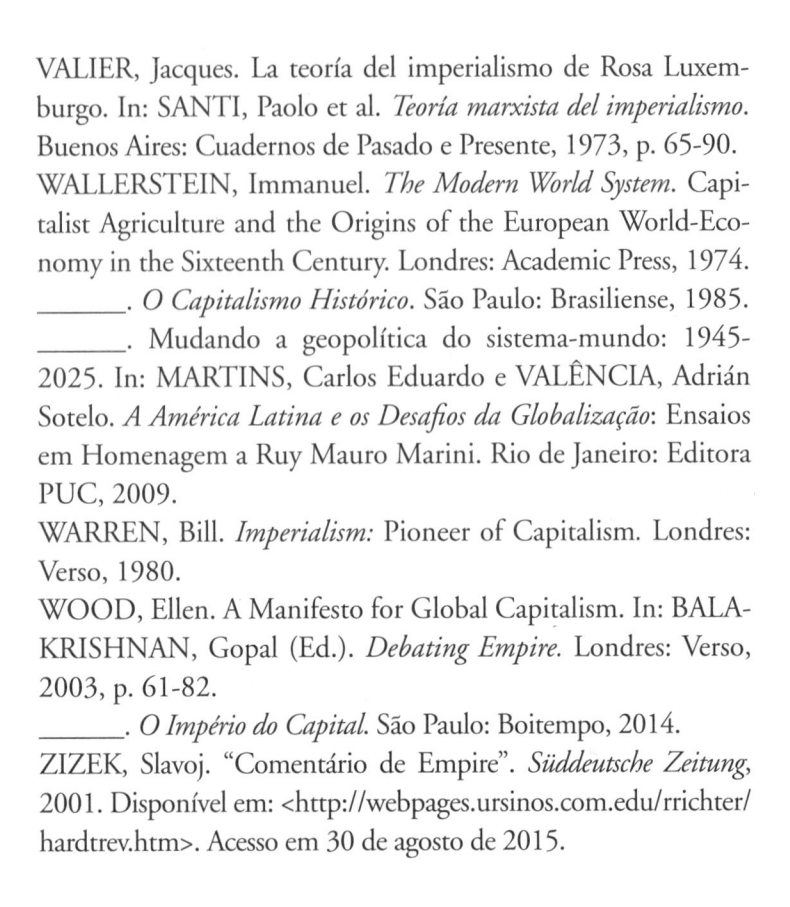

WARREN, Bill. *Imperialism:* Pioneer of Capitalism. Londres: Verso, 1980.

WOOD, Ellen. A Manifesto for Global Capitalism. In: BALAKRISHNAN, Gopal (Ed.). *Debating Empire*. Londres: Verso, 2003, p. 61-82.

_____. *O Império do Capital*. São Paulo: Boitempo, 2014.

ZIZEK, Slavoj. "Comentário de Empire". *Süddeutsche Zeitung*, 2001. Disponível em: <http://webpages.ursinos.com.edu/rrichter/hardtrev.htm>. Acesso em 30 de agosto de 2015.

Esta obra foi composta em CTcP
Capa: Supremo 250g – Miolo: Pólen Soft 80g
Impressão e acabamento
Gráfica e Editora Santuário